Menschen am Kaiserdamm

Oliver Ohmann

Menschen am Kaiserdamm

BeBra Verlag

Inhalt

Judy Winter in der Küche ihrer Kaiserdamm-Wohnung

Kaiserdamm, mon amour

Wer am Kaiserdamm wohnt, wohnt nicht im Wald. Es ist Großstadt, und das spürt man. Ich möchte das auch spüren, bin ein Großstadtmensch. Die Luft ist lausig, aber man merkt es nicht. In den schönen Linden zwitschern die Vögel.

Was ich liebe an der Straße, das ist ihre Breite. Sie ist großzügig. Am Kaiserdamm kann ich atmen, aufatmen. Der Kaiserdamm ist lebendig. Hier ist Leben.

Wie lange lebe ich schon hier? 30 Jahre, etwas mehr sogar. Es ist mein Zuhause, hier bleibe ich. Früher hatte die Straße noch mehr Charakter. Heute ist sie etwas beliebiger geworden. Aber es bleibt meine Straße, hier fühle ich mich beschützt.

Ich liebe New York, ich liebe Paris, aber der Kaiserdamm ist meine Heimat. You do something to me.

Draußen mag es laut sein, aber in der Wohnung hört man keinen Lärm. Sie ist alt, sie hat Charakter, sie hat viele Leben gesehen. Meine Wohnung weiß mehr von mir als ich selbst. Sie weiß, wann ich glücklich bin und wann ich heule, und sie vergisst es nicht.

Es war höchste Zeit für eine Liebeserklärung an den Kaiserdamm!

Judy Winter

Für Elisa

Einleitung

»Auf Wiedersehn, Diele …«
(Judith Kerr, Als Hitler das rosa Kaninchen stahl, 1971)

Kaiserdamm, unendliche Breite. Wo fängt man an, wo hört man auf? Mit welchen Sinnen kommt man dieser Straße auf die Spur? Immer geradeaus, Augen verlieren sich. Ohren vom Lärm betäubt, es duftet nach Stadt. Wer zugreift, fühlt Steine, Asphalt und Staub. Hat diese Straße in Charlottenburg nur Gestalt oder auch eine Seele? Seele muss sein, sonst lohnt sich eine Beschreibung nicht. »Prachtstraße« stand auf der Geburtsurkunde. Selten erfüllen sich fromme Wünsche. Man steht heute prächtig im Stau. Immerhin, der Kaiserdamm lebt und die Menschen mit ihm.

Schwer zu sagen, was mich so anzieht. Kaiserdamm-Liebe – kann man das jemandem erklären? Die Straße erzählt Stadtgeschichte, bürgerliches Brennglas. Häuser sind genug da, so viel ist sicher. Darin leben und arbeiten Menschen. Menschen haben Geschichten zu erzählen. Menschen von früher haben Geschichten aufgeschrieben. Man müsste das alles einmal zusammentragen. Sich erinnern und stehen bleiben – nicht immer weiterfahren. Bin ausgerechnet ich derjenige? Kind vom Kaiserdamm. Zugegeben. Aber wie das klingt. So als müsse man da rauswachsen. Bin ich auch, wenn ich es recht bedenke. »Aufm Kaiserdamm liegt Schnee, und das Denken tut mir weh«. Klaus Hoffmann hat wieder einmal recht. Sänger müsste man sein …

Wie fängt man's an, wenn man nur Prosa kann? Einmal, zweimal hin. Zwanzigmal, zweihundertmal. Dann rauflaufen und wieder runterlaufen. Immer rauf und runter. Spurensuche vom Theo bis zum Sophie. Meine Tochter heißt auch Sophie, mit zweitem Namen. Sie mag den Kaiserdamm aber nicht. Zu laut. Bei meinem ersten Rendezvous mit der Straße – das war 1978 – dachte ich genauso.

Jetzt wieder hin. Nachsitzen. Zur Vermessung des Kaiserdamms und seiner Mentalität. Wo sind die Menschen? Hinter Schaufenstern und Gardinen, in Büros und Praxen, an Ladentheken und Kneipentischen. Jagdfieber, fast zwei Jahre. Man muss sie anspringen und dann ausfragen. Bewährte Methode eines Reporters. Dabei nie vergessen: Oft sagen Details und kleine Gesten mehr als stundenlange Vorträge und stapelweise Papier.

1680 Meter, mitten in Berlin. Baujahr 1906. Ungewöhnlich jung, wenn man es bedenkt. Dazu der Name. Kaiserdamm, ein Damm für den Kaiser. Kolossale Erwartungshaltung! Wurde sie je erfüllt? Nicht wirklich. Bedeutende Sehenswürdigkeiten an der Straße? Fehlanzeige. Berühmter Boulevard wie der Kudamm? Nicht im Geringsten. Nicht einmal verewigt in Gassenhauern. Der Kaiserdamm machte wenig Tamtam.

Abseits vom Rampenlicht zu sein hat aber auch Vorteile. Noch wurde nicht jede Gehwegplatte umgedreht und mit historischen Anmerkungen versehen. Ich werde mich hüten, jetzt damit anzufangen. Tausche Fabulieren gegen Fußnoten!

So beginne ich einfach zu erzählen. Meine Frau sagt: »Schreibe auch von dir, aber nicht zu viel und gib nicht so an!«

Ich will es versuchen.

Wohnung

Vom netten Nachmieter, einem Bausenator in Feierlaune, dem Herrn Kommerzienrat und mir selbst als verzweifeltem Kind

Samstag, 5. November. Der Kaiserdamm ist proppenvoll. Tausende Autos schieben sich gen Theo. Im Olympiastadion spielt Hertha gegen Bayern. Volle Hütte. Frank Zander stimmt gleich vor der Ostkurve seine Hertha-Hymne an. Anstoß um 15.30 Uhr.

Um diese Zeit habe ich in Westend eine andere Verabredung und klingele am Haus Kaiserdamm 27. Zander schmettert »Nur nach Hause geh'n wir nicht«, ich betrete nach 30 Jahren wieder die Wohnung, in der ich aufgewachsen bin. »Die meisten Menschen legen ihre Kindheit ab wie einen alten Hut. Sie vergessen sie wie eine Telefonnummer, die nicht mehr gilt.« Mein Opa schrieb mir diesen Kästner ins Poesiealbum. 302 19 98 – ich kenne meine alte Nummer noch und habe jetzt Lampenfieber.

Dr. Henri Brandies öffnet unsere Wohnungstür und lächelt. Wir kannten uns vorher nur aus E-Mails. Er ist 20 Jahre jünger als ich und bittet mich freundlich in die Diele. »Fühl' dich wie zu Hause!« – 1:0 für den Kaiserdamm.

Die letzten drei Jahrzehnte sah ich das Haus nur von außen. Stopp auf der Kreuzung, Blick hoch zum Fenster. Der Schriftzug des Hotels fällt ins Auge. »Brandies« in Leuchtbuchstaben. Darüber unsere Wohnung. Ein paar Sekunden sentimental sein, dann wird hinten gehupt.

Diese Ecke, dieses Haus, diese Wohnung und diese Straße – das steckt sehr tief in mir.

Mindestens so tief wie Charlottenburg in meiner Familie. Vor rund 200 Jahren kam der erste Ohmann an. Ein Bauernsohn aus einem Kaff bei Trier. Wenigstens nicht barfuß, denn er war Schuhmacher. Damals lebten im Städtchen kaum 10.000 Bürger, und Charlottenburg endete im Westen an der heutigen Zillestraße. Der Kaiserdamm blieb noch Jahrzehnte ein namenloses Nichts im Niemandsland.

Im Januar 1831 leistete der Schuhmacher seinen Bürgereid, und der ging so: »Ich, Johann Peter Ohmann, gelobe und schwöre, dass ich, nachdem ich von dem hiesigen Magistrat zum Bürger angenommen worden, Seiner Königlichen Majestät von Preußen, meinem allergnädigsten Könige und Herrn, getreu und unterthänig, auch dem Magistrat dieser Stadt gehorsam und gewärtig seyn will. Ferner schwöre ich, das Beste dieser Stadt und Bürgerschaft nach meinem Vermögen zu befördern, Schaden und Nachtheil abzuwenden, und alle mir als Bürger obliegenden Pflichten gewissenhaft zu erfüllen.«

Der alte Bürgerbrief liegt neben mir auf dem Schreibtisch. Bin ich noch an den Eid gebunden? Man weiß ja nie. Meine Vorfahren waren jedenfalls treue Bürger. Johanns Sohn Adolf wurde Konfitürenhändler, Enkel Willi hortete olle Scharteken in seinem Musikantiquariat, Carmerstraße 7. Meine Großmutter Feodora träumte vom Film und landete als Buchhalterin in einer Bank. Mein Vater war zuletzt Leitender Magistratsdirektor im Rathaus. Aus diesem charlottenbürgerlichen Amalgam mag mein Faible fürs Schwelgen in Erinnerungen stammen. Die könnten alle reden! Aber wo sind die Vorfahren, wenn man sie braucht? Antwort: im Bibliotheksschrank von Urgroßvater Willi. Darin Zeugnisse, Meisterbriefe und Diplome, Geburts-, Tauf-, Heirats- und Sterbeurkunden. Geschäftsunterlagen, Briefe, Fotos und der Mietvertrag vom Kaiserdamm.

Die Altbauwohnung am Kaiserdamm 27 bezogen meine Eltern 1978. Als moderne Menschen hatten sie es zuvor mit Neubau versucht. Allerdings fiel ihnen in Charlottenburg-Nord bald die niedrige Decke auf den Kopf. Christa und Achim wollten zurück zum Stuck. Die Annonce stand in der »Mopo«, und die Verhandlung war kurz und schmerzlos. Erste Nachricht vom Hausbesitzer: »Bitte vereinbaren Sie mit dem Übergangsmieter einen Besichtigungstermin.« Dann wurde für eine Summe Geld »eine kleine Möbelübernahme« vereinbart, im Gegenzug auf das Eigenbedarfsrecht verzichtet. Ergebnis: Sechs Zimmer, 200 Quadratmeter, typisch Kaiserdamm. Monatsmiete 631 DM kalt, 822 DM warm.

August 1978. Unser Opel Commodore braust über den Stadtring, Ausfahrt »Kaiserdamm Ost«. An der Hand meiner Mutter betrete ich die Wohnung. Es ist ziemlich duster. Am Boden Parkett, wie in Burgen und Schlössern, die wir im Urlaub besuchen. Aber hier gibt es keine Filzlatschen. Ich schaue mich um. Es riecht wie im Museum, hallt, knarzt und quietscht. Diese Wohnung macht Geräusche! Türen über Türen. Dann zieht mich eine Hand den Flur entlang. »Hier Olli, das wird dein Zimmer«, sagt Mama. Ich blicke in einen Raum mit einem Fenster zum Hof. Trübe Aussichten durch milchige Scheiben. Von den Wänden blättert Tapete. Dahinter kommen alte Zeitungen zum Vorschein. »Berliner Lokalanzeiger« als Makulatur. Meine Eltern lächeln. Sie sind glücklich und aufgeregt. Ich bin es nicht. Ich bin neun Jahre alt, und man will mich in dieses Totenreich entführen. Fußballplätze habe ich auf dem Weg auch nicht gesehen. Wie komme ich überhaupt zur Schule? Ich will nicht zum Kaiserdamm!

Mein Vater skizzierte den Grundriss der Wohnung, eine Landkarte für 200 Quadratmeter. Drei große Zimmer zur Straße, zwei davon mit Balkon, zwei Zimmer zum Hof und mittendrin eine Diele. Dazu die Küche, Speisekammer und noch ein Zimmer für Personal. Anders als im Einfamilienhaus kennt das Leben in einer Kaiserdamm-Wohnung keine Treppen (es gibt natürlich Ausnahmen). Man lebt »villenlos glücklich« auf einer Etage.

Woher kommt der viel besungene Altbaucharme? Vielleicht von fehlender Sachlichkeit. In Neubauwohnungen sind alle Räume zweckbestimmt. Wohnzimmer, Schlafzimmer, Kinderzimmer, dazu Flur, Küche und Bad. Oft ist der Platz für Möbel vorbestimmt und alternativlos. Das Leben am Kaiserdamm ist diesbezüglich unübersichtlicher. Mehrere Wohnzimmer, Verbindungstüren, Kammern und Hängeböden, ein Nebeneingang zur Hintertreppe. Zweck lass nach! Man darf nicht vergessen: Wohnungen sind mehr als Behausung und Obdach. Viel mehr! Eine Adresse in der Feine-Leute-Gegend oder im Szenekiez galt und gilt als Statussymbol. Oft ist Geltungssucht Begleiter der Wohnungssuche. Was dem Mittelalterfürsten seine Burg, war dem Industriekapitän im Kaiserreich die Grunewaldvilla – oder eben eine Zwölfzimmerwohnung am Kaiserdamm. Unsere 200 Quadratmeter waren Durchschnitt. Wohnungen im Eckhaus Kaiserdamm 118 sind mehr als doppelt so groß. Die Apartments des neusachlichen »Junggesellenhauses« Kaiserdamm 25 passen nahezu in unsere Diele.

Der Reichtum an Räumen hatte nicht nur repräsentative Gründe. Früher waren bürgerliche Haushalte größer. Heute: Vater, Mutter, Kind. Früher: Herrschaft, Kinderschar und Personal. Je großbürgerlicher, desto mehr Bedienstete. Man »hielt« sich Dienstmädchen. In aller Regel junge Frauen, nicht selten vom Lande. Sie putzten, wienerten, polierten und servierten. Sie machten täglich die Betten und einmal im Monat »große Wäsche«. Drei Tage Knochenarbeit. Wer es sich leisten konnte, hatte eine Köchin. Wer Kinder hatte, ein oder mehrere Kindermädchen. Sie alle lebten unter einem Dach, und der Grundriss einer Kaiserdamm-Wohnung bildet dieses Leben ab. Vorn zur Straße große Gesellschaftsräume. Zum Hof der Dienstbotenbereich. Vorn empfängt, wohnt, speist und tanzt man auf Parkett, hinten wird geschlafen, gekocht und geschuftet. Bei privater Nutzung ist die Teilung heute unbedeutend. Wer beschäftigt noch eine Köchin, die in einer Kammer neben der Küche lebt? Meine Eltern hatten kein Personal. Das wäre über unsere Verhältnisse gegangen und ihnen auch persönlich gegen den Strich. In einer Arztpraxis oder Kanzlei kann die Zweiteilung dagegen praktisch sein. Vorn Behandlung oder Büro, hinten Labor und Kaffeeküche. Unser Vormieter war Arzt. Für seine Praxis hatte er aber nur zwei Räume notdürftig auf Vordermann gebracht. Die Diele diente als Wartezimmer. Er zog weiter in die Reichsstraße, hinterließ uns aber seine Telefonnummer. Noch Jahre später riefen Patienten an, um einen Termin mit Dr. Norderhus zu machen.

Wäre es naheliegender gewesen, mit einem Blick auf die alten Hausfassaden zu beginnen? Große Straßen sind seit der Antike immer auch ein Statement – der Stadt, des Staates oder eines Herrschers. Ich möchte die Fassaden dennoch zunächst in die zweite Reihe bitten. So schön sah unser Haus damals auch gar nicht aus. Die Fassade hatte einen Krieg hinter und eine Sanierung erst vor sich. Außerdem bin ich überzeugt: Man muss mit der Wohnung beginnen, wenn man vom Kaiserdamm und seinen Menschen erzählt.

Die Altbauwohnungen von heute waren zu Kaisers Zeiten der Gipfel der Modernität. Ihre Ausstattung galt als luxuriös und neuzeitlich. Baulich verziert waren die herrschaftlichen Häuser mit Schmuckelementen aller Art und Qualität. Im Eingangsbereich dominierten Marmor, Spiegel und Holztäfelungen. Fahrstühle waren obligatorisch, ebenso Treppenhausbeleuchtung, beheizte Kellerräume, Trockenböden und Nebentreppe. Zur Grundausstattung der Wohnungen zählten Eichenparkett, Flügeltüren und vier Meter hohe Stuckdecken, dazu Mädchenkammern, Tresor und Eisschrank. Innentoiletten und Bäder waren eine Selbstverständlichkeit, nicht dagegen Garagen für Automobile. Technisch erwarten durften Mieter Strom- und Warmwasseranschluss, Zentralheizung und eine Staubsaugeranlage. Man nannte das »mit allem Komfort der Neuzeit«.

Naturgemäß benötigten große Wohnungen jede Menge Möbel. Bei Auszug oder Todesfall kam bisweilen das Mobiliar einer Kaiserdammwohnung unter den Hammer. Auktionskataloge sind erhalten. Im Oktober 1927 versteigerte man eine »hochelegante Einrichtung der Frau Dr. N.O.« vom Kaiserdamm 34. Im März 1929 am Kaiserdamm 77 die »Einrichtung einer Bühnenkünstlerin« und im April 1930, im selben Haus, die »künstlerische Wohnungseinrichtung« von Kommerzienrat Ernst Ribbert. Solche Kataloge sind erstaunliche Dokumente, Inventare großbürgerlichen Lebens. Kommerzienrat Ribbert hinterließ beispielsweise eine Sammlung von 50 Gemälden und diversen französischen Sitz- und Ziermöbeln (»Louis-seize«), dazu Kunst und Kunstgewerbe verschiedener Zweige, alte Porzellane, Skulpturen und Schnitzereien, 20 persische Teppiche, zwei Spazierstöcke, ein Dutzend Lampen und Kronleuchter, Kamin- und Tischuhren, einen Flügel, »Brehms Tierleben« und einen Gong. Das Mobiliar der Frau N.O. wurde dagegen zimmerweise versteigert: Bauernzimmer, Küche, Nussbaumzimmer, Weißes Zimmer, Esszimmer, Empire-Salon.

Bissig beschrieb 1912 der Berlin-Korrespondent der »Kölnischen Zeitung«: »Die Wohnungen zwischen Tauent-

Christa und Joachim Ohmann, die Eltern des Autors vor der Bücherwand in ihrer Kaiserdamm-Wohnung, 1981

zienstraße und dem Kaiserdamm sind in erster Linie auf herrschaftlichen Glanz hergerichtet, und das Schicksal minderer Sterblicher geht sie nichts an. Sie sollen nicht nur bequem sein, sondern gleichsam eine neue Menschwerdung hervorrufen; jeder, der hier haust, wird ›Herrschaft‹; auch wenn er vorher in einem unwürdigen Vorstadium verharrte.« In seinem Gesellschaftsporträt »Berlin W.« nannte Edmund Edel die Luxuswohnung »Protzburg des Geldes«. Modern und oberflächlich, dekorativ statt künstlerisch, dabei wechselhaft wie die Moden. Eine im Grunde stillose Lebensform, ohne Tradition und getrieben von der Jagd nach Spekulation und Modernität. Edels literarisches Sittengemälde über den Berliner Westen erschien 1906, zeitgleich mit dem Kaiserdamm. Solche Parvenü-Vorwürfe zielten weniger auf den Einzelnen als vielmehr auf den Zeitgeist. Ein kleiner Teil des Bürgertums war zu großen Vermögen gekommen und spielte nun

Fürstenhof. Andererseits: Hatte sich nicht auch der Kaiser für sich und seine Gattin im Westflügel des Berliner Schlosses eine Wohnung einrichten lassen? Ansichten daraus waren den Zeitgenossen bekannt. Womöglich hatte so mancher, der sich am Kaiserdamm hochherrschaftlich einrichtete, dieses »höchstherrschaftliche« Domizil vor Augen.

Das preußisch-deutsche Kaiserreich des Wilhelminismus war ein seltsamer Staat. Das Gepränge geht einem heute ein wenig auf die Nerven. Sein Beherrscher verkörperte dabei den Zeitgeist der Epoche wie kein anderer. Der Historiker Hagen Schulze beschrieb Wilhelm als einen Mann der Pose und Äußerlichkeiten. Im Grunde ein arroganter ewiger Kadett und technikverliebter Träumer. Nicht dumm, aber bigott erzogen, absurd romantisch und seelisch verletzt. Seine autokratische Herrschaft war geprägt von Konservatismus, Militarismus und Weltmachtpolitik. In Wirklichkeit war das Kaiserreich innerlich zersplittert. Soziale, territoriale und konfessionelle Gräben wurden nie beseitigt. Die »innere Reichsgründung« war nicht gelungen. Wie trat der Staat auf? Säbelrasselnd, mit überfrachteten Symbolen und neobarocker Architektur. Die »Puppenallee« im Tiergarten ist ein Beispiel dafür, der Berliner Dom, die Gedächtniskirche und der als Prachtstraße angelegte Kaiserdamm.

Hier lebte der Herr Kommerzienrat neben dem Spekulanten, Tür an Tür. Die Miete konnten sich beide leisten. Wen interessierte am Ende, woher das Geld kam? Sozialdemokraten gab es, wenn überhaupt, in der Portiersloge oder im Gartenhaus. Das Angebot des Kaiserdamms war für seriöse Professoren und neureiche Snobs gleichermaßen attraktiv: Luxus und Repräsentanz einer Villa, aber mitten in der Stadt, flexibel zur Miete und ohne Ärger mit einem Gärtner. Zur Oper und zum KaDeWe mit der Untergrundbahn, dieses

Kunststück vermochte die »Villa auf einer Etage«. Manch einer hatte noch ein Gärtchen irgendwo. Wir unsere Laube in Charlottenburg-Nord (»Kolonie Heimat«). Bankier Heinz Borchardt vom Kaiserdamm 77 chauffierte vor 100 Jahren zu seinem märkischen Landsitz in Michelsdorf, nahe Kloster Lehnin. Jeder nach Façon und Geldbeutel.

Gesellschaftliche Lebensumstände ändern sich. Mit Fortschritt aller Art, wirtschaftlichen Entwicklungen und politischen Machtwechseln. Jede Generation lebte an ihrem eigenen Kaiserdamm. Bestand hatte bei alledem nur die einfache Wahrheit: Man muss sich den Kaiserdamm leisten können. So ist das Stichwort endlich gefallen. Bringen wir das unsympathische Thema Geld schnell hinter uns.

Das Mietpreisniveau am Kaiserdamm war von Beginn an hoch und blieb es bis in die 1940er-Jahre. Zeitungsinserate für Wohnungen geben seit der Kaiserzeit Auskunft. Im »Berliner Tageblatt« fand man vor dem Ersten Weltkrieg täglich die größte Auswahl. Für den Neuen Westen konnte man als Miet-Faustregel 300 Mark pro Zimmer und Jahr rechnen. Eine Sechszimmerwohnung am Kaiserdamm war 1912 für 1800 Mark Jahresmiete zu haben. Das Durchschnittseinkommen damals: 90 Mark im Monat. Nach dem Zweiten Weltkrieg waren die Mieten zeitweilig moderater. Grund war der vernachlässigte Zustand mancher Häuser und Wohnungen. Auch als Hausbesitzer muss man sich den Kaiserdamm leisten können. Mit dem Fortschritt von Sanierungen stiegen die Mieten wieder. Doch erst seit der Berliner Wohnungsmarkt groteske Züge aufweist, ist es auch am Kaiserdamm schier unmöglich, eine bezahlbare Wohnung zu bekommen. Noch vor 20 Jahren bezogen meine Frau und ich am Kaiserdamm 30 eine 82-Quadratmeter-Wohnung im dritten Stock. Sie hatte drei schöne Parkettzimmer und war die kleinere Hälfte einer geteilten Riesenwohnung. Warmmiete 695 Euro. *The Times They Are a-Changin'*.

Eigentumswohnungen am Kaiserdamm kosten heute so viel wie früher ein ganzes Haus. 2022 ging ein modernes 182-Quadratmeter-Penthouse für 1,5 Millionen Euro weg. Selten werden noch Grundstücke verkauft und bebaut. Man denke an BMW an der Messedamm-Ecke oder die beiden Neubauten Ecke Witzlebenstraße. Grundstücke vermaß man Anfang des 20. Jahrhunderts noch in Quadratruten. In Preußen galt sie 14,18 Quadratmeter (der 180. Teil eines Morgens). 1902 verkaufte die »Terrain-Aktiengesellschaft Park Witzleben« die Quadratrute am künftigen Kaiserdamm für 1200 Mark. Drei Jahre später bereits für 1358 Mark. Im Verhältnis noch günstig. Eine Quadratrute Friedrichstraße, Ecke Unter den Linden kostete damals das 40-Fache! 1928 konnte man ein großes Haus am Kaiserdamm für 150.000 bis 200.000 Mark kaufen. Ein Mietshaus in Friedrichshain kostete weniger, eine mittelgroße Villa in Grunewald dagegen mehr.

Als »schönsten Wohnsitz Groß-Berlins« priesen Makler den Kaiserdamm an. Interessenten zu finden, war dennoch nicht leicht. Vielerorts entstanden vornehme Häuser, und alle buhlten um solvente Mieter. Dazu gab es auch in der wirtschaftlich florierenden Kaiserzeit kurze Flauten. Von 1902 bis Frühjahr 1907 herrschte Konjunktur, dann kündigte sich eine Krise an. Sie dauerte bis Herbst 1908. Diese Mini-Depression fiel genau in die Anfangsjahre des Kaiserdamms. Es ist verbürgt, dass damals Hausbesitzer an sonnigen Tagen vor ihren Häusern standen und Spaziergänger ansprachen. Bauernfängerei für Luxuswohnraum!

Hertha verlor an diesem Nachmittag 2:3 gegen die Bayern. Aber ich hatte für 90 Minuten mein altes Zuhause wiedergewonnen …

Zieht jemand vor unserer Wohnungstür an dem Messingring, schrillt es bis hinten in die Küche. Wer eintritt, steht in der Diele. Sie ist quadratisch, vier Meter hoch und so gut wie leer. 25 Quadratmeter, scheinbar ohne Sinn. An einer Wand steht ein Nussbaum-Sekretär. Gegenüber in der Ecke ein antiker Aktenbock, darauf eine Lampe. Teppich auf dem Boden, an der Decke ein Leuchter. Mehr wird dem Auge des Gastes nicht geboten. Der Mantel kann in der Garderobe verschwinden. Erste Tür links. Ein Quadratmeter groß, vielleicht auch zwei. Darin ein kleiner Heizkörper und farbige Antikglasscheiben zum Innenhof. Kaiserdamm-Liebe steckt im Detail. Eine Diele öffnet die Wohnung mit verschwenderischer Großzügigkeit. Ich sprach mit einem Dutzend Kaiserdamm-Bewohnern über ihre Dielen. Alle machten ihr eine Liebeserklärung. Ohne Ausnahme.

Meine Schwester heiratet 1981. Ich ziehe daraufhin vom Hofzimmer ins »Herrenzimmer«. Eintritt durch zwei Türen, wie eine Luftschleuse. Es ist das rechte der drei großen Zimmer zur Straße. Hier kam ich durch Lektüre und Liebe dem Leben sehr nahe. Einmal auch dem Tod. Bei einer Flipperbastelei blieb ich am Strom hängen. Mein Freund Marcus zog den Stecker und rettete mein Leben. Jahrzehnte früher trafen sich Männer im Herrenzimmer nach dem Diner. Nicht um sich vor dem Abwasch zu drücken (das erledigten Angestellte), sondern um Cognac zu trinken und Zigarren zu qualmen. Früher hingen an der Wand Stillleben in Öl (wie bei Kommerzienrat Ribbert), Doktordiplome und Jagdtrophäen. Bei mir sieht man Poster von John, Paul, George und Ringo.

Rauch und Alkohol gab es bei uns dagegen auch. Höhepunkt war die Party am 17. November 1979. Man kann es im Zeitungsarchiv nachlesen, alle großen Berliner Blätter berichteten. »Der Abend« schrieb: »Harry Ristock, Berlins

Die Diele – scheinbar sinnlos groß und beinahe leer

Bausenator, hatte am Wochenende zum zweiten alljährlichen Stelldichein von Politikern und Journalisten diesmal an den Kaiserdamm, in die weitläufige Wohnung seines Parteifreundes Ohmann geladen.« Barbara Jänichen weiter in der »B.Z.«: »Der Regierende Bürgermeister Dietrich Stobbe blieb 40 Minuten. Sein Vorgänger Klaus Schütz (jetzt Botschafter in Israel) blieb über vier Stunden: Bausenator Harry Ristock zählte auf seiner Winterfete über 200 Gäste. TU-Direktor Joachim Ohmann und Ehefrau Christa stellten ihre Altbauwohnung am Kaiserdamm zur Verfügung. Die Gastgeberin hatte in den acht Stunden 345 Buletten gebraten. Hausherr Joachim Ohmann sorgte für 20 Pfund Hackepeter, Brote, Schusterjungs, einen großen Eimer Rollmöpse, 20 Kästen Bier, 20 Flaschen Wein, sieben Flaschen griechischen Metaxa, 10 Flaschen Apfelkorn, 50 Flaschen Wodka.« Die »BILD« ergänzte: »Im

Sommer feiert Ristock stets auf seiner Kleingarten-Parzelle – für ein Winterfest ist seine Wohnung in Hermsdorf zu klein. Auf Christas blauem Sofa hätten sogar wichtige Beschlüsse gefasst werden können – fast der gesamte Senat war gekommen. Aber man war ja privat.«

Der Regierende Bürgermeister hatte seinen Sohn mitgebracht. Wir spielten in der Diele und langweilten uns. Stobbe und Stobbe Junior dampften dann bald wieder ab, dafür kam immer mehr Journalisten-Politiker-Meute. Wilde Mischung! 200 Gäste tranken nicht nur viel (wie die Zeitungen wahrheitsgemäß berichteten), sie rauchten dazu ohne Unterlass. Mir wurde schlecht, und man schickte mich ins Schlafzimmer. Der einzige Raum, den die »Journaille« (wie Ristock sein Fest ironisch nannte) nicht geräuchert hatte. Ich schlief irgendwann ein, zwischen Jacken und Mänteln der Gäste. Am Montag war meine Mutter erschüttert. Über die Zeitungsberichte. Sie hatte die 345 Buletten nicht selbst gebraten, und unser Sofa war braun, nicht blau. »Aber offenbar der Schmierfink«, schimpfte sie. Ihr Zorn war ungerecht. Die Journalisten schrieben mehr über sie als über die Politstars. Auch Ex-Bürgermeister Klaus Schütz hatte sie um den Finger gewickelt. Er schrieb in einem Brief: »Lieber Achim Ohmann, zurück in Israel möchte ich mich bei Deiner Frau und Dir dafür bedanken, dass ich an dem interessanten Abend bei Euch sein konnte.«

Eine Tür verbindet das Herrenzimmer direkt mit dem Salon. So heißt der Raum im Grundriss des Architekten. Wir sagen »Bücherzimmer«, weil es darin eine ganze Menge Bücher gibt. Dazu Möbel-Erbstücke vom Musikantiquar Willi. Bibliotheksschrank, Schreibtisch, Rollkontor, Schachtisch. Im Bücherzimmer gibt es einen Durchbruch. Ursprünglich verschließbar mit zwei Schiebetüren. Dahinter das Speisezimmer, das wir Wohnzimmer nennen. Weil dort die Couch steht und ein Fernseher. 8,20 Meter mal 4,80 Meter, zuzüglich Balkon. Speisezimmer sind am Kaiserdamm meist die größten Räume der Wohnung. Öffnete man die Flügeltüren zu weiteren »Gesellschaftsräumen«, hatte man zusammengenommen 100 Quadratmeter oder mehr, um Gäste zu empfangen. Das wusste offenbar auch der Bausenator Ristock als er die Journaille zu uns einlud.

Im Wohnzimmer kann man fernsehen oder einfach zum Stuck-Studium an die Decke gucken. Schöne Ornamente, dazwischen zwei verschleierte Damen. Stilistisch reicht der Gipsstuck am Kaiserdamm von Jugendstil bis zu purem Kitsch. Bei uns ist er fein erhalten. Anderswo ins Kleisterhafte übertüncht. Zu viel Weißheit ist nicht weise. Man renoviert zu oft und zu gründlich. Ein weiterer großer Raum geht von der Diele ab, aber zur Hofseite. Das kennzeichnet das Schlafzimmer wohl als »nichtöffentlichen« Raum. Hier haben Besucher nichts zu suchen, darum auch nur Holzdielen statt Parkett. Ebenso im angrenzenden Berliner Zimmer. Erst im Grundriss entdeckte ich später, dass Speisezimmer und Schlafzimmer ursprünglich durch eine Tür verbunden waren. Durch diesen Zugang konnte früher serviert werden. Andere Kaiserdamm-Wohnungen haben zu diesem Zweck ein eigenes Anrichtezimmer mit »Küchenbalkon« zum Hof.

Vom Durchgangszimmer geht es bei uns über einen kleinen Flur ins Bad. Es ist klein. Wanne, Waschbecken, Klosett. Mit Mühe passt noch eine Waschmaschine hinein. Aber nur, weil ein Vormieter die Gästetoilette verschwinden ließ. Er hatte offenbar wenig Besuch und kein Personal. Ansonsten hätte er keine Waschmaschine gebraucht. Diese schwere Arbeit erledigte die Muskelkraft der Dienstmädchen. Bei meinem Besuch sah ich, dass es heute ein Gäste-WC gibt. Der Urzustand der Wohnung wurde wiederhergestellt. Dem-

Der geschmückte Weihnachtsbaum im Wohnzimmer

entsprechend musste jedoch die Waschmaschine umziehen. Ringtausch in die Speisekammer – eine smarte Lösung. Als wir einzogen, stand in der Küche eine Kochmaschine. Man befeuerte sie einst mit Brennholz oder Kohlenbriketts. Der antike Herd war nicht einsatzbereit, bestimmt kein Schmuckstück und so ersetzte ihn ein Gasherd. Unter dem deckenhohen Fenster ein alter Eisschrank. Darin kühlte man Lebensmittel mit Stangeneis, mehrmals in der Woche angeliefert. Meine Eltern vertrauten einem konventionellen Kühlschrank. In Flur und Küche sind Decken abgehängt. Es gibt noch einen deckenhohen Einbauschrank, und an die Küche schließt sich ein Mädchenzimmer an. Nicht zu vergessen eine Tür, welche ins hintere Treppenhaus führt.

In unserer Wohnung wurde gewohnt und wird auch heute noch gewohnt. Natürlich verführt Größe zu gewerblicher

Nutzung. Schon immer praktizierten Ärzte und Anwälte am Kaiserdamm, gab es Büros und anderes mehr. »Teilgewerbliche Nutzung« stand auch in unserem Mietvertrag. Man staunt, was aus Kaiserdamm-Wohnungen alles werden konnte. Pensionen, Ateliers, Schauspielschulen, Botschaften, Sportstudios und Verkaufsräume aller Art. Es ist ja Platz genug. Die Berliner Wohnung (es gibt 1,9 Millionen davon) misst heute im Schnitt 70 Quadratmeter. Die durchschnittliche Kaiserdamm-Wohnung ist dreimal so groß.

Im Jahr 1900 gab es in Berlin 251.550 Einzimmerwohnungen, in denen offiziell 768.837 Menschen lebten. Durch »Schlafgänger« und Untervermietung erhöhte sich diese Zahl sicher zur Million. Einzimmerwohnung hieß: Wohnzimmer und Küche. Kein Bad, kein WC, kein Balkon. Oft fünf, sechs, sieben oder mehr Menschen auf engsten Raum. Ständig umgeben von feuchter Wäsche und Qualm aus Herd und Ofen. Schimmel und Schwindsucht waren ständige Begleiter des Elends der Mietskasernen. Die »gute Stube« ist ein Mythos.

Wie anders das Leben der Menschen am Kaiserdamm!

Balkon

Vom Baurat mit Visionen und dem Kaiserdamm-Kaiser, einem Kurzauftritt Konrad Adenauers und dem langen Schatten Albert Speers

Prachtstraßenhäuser haben Balkone. Jede Kaiserdamm-Wohnung einen oder mehrere. Wir hatten zwei. Geranien gießen, Silvesterfeuerwerk, oft waren wir nicht auf dem Balkon. Dieser Lärm! Für eine Übersicht ist der Balkon dagegen sehr geeignet. Ein Blick zurück.

Der Kaiserdamm war nie ein Trampelpfad, der über sich hinauswuchs. Er wurde in voller Länge und Breite erdacht, binnen weniger Jahre angelegt und bebaut. Der Erfinder hieß Ludwig Hercher, und der mächtigste Förderer war Kaiser Wilhelm II. Dabei gab es ursprünglich viel utopischere Pläne. Die Story ist verwickelt. Man sollte am »Knie« beginnen.

Die Hauptverbindung vom Schloss in Berlin zum Schloss in Charlottenburg führte seit jeher durch den Tiergarten zum »Knie«. Am heutigen Ernst-Reuter-Platz zweigte die Chaussee im gebeugten Kniewinkel ab. Daher der Name. Der Knick am Knie war kein Zufall. Er folgte dem Lauf der Spree, ihrerseits ein wichtiger Verkehrsweg. Straßen, Flüsse und Schienen sind kulturgeschichtlich enge Verwandte.

Den beschriebenen Weg kutschierten Preußens Könige seit Anfang des 18. Jahrhunderts zu ihrer Sommerresidenz, die Berliner dann später ins Vergnügen. Charlottenburg lockte mit Lokalen jeder Couleur, von Kegelkneipe bis Festsaal. Nicht nur in Rixdorf war Musike. Wohlhabende Berliner gönnten sich Sommerhäuschen, Bauland war noch günstig. Wer am Knie dagegen geradeaus steuerte, landete bis ins 19. Jahrhundert auf einem Feldweg. An der heutigen Bismarckstraße standen einige Windmühlen, umgeben von Wiesen, Hopfenfeldern und Obstbäumen. Heinrich Zille fotografierte 1898 in der Gegend noch Reisigsammlerinnen mit Bollerwagen. Dieser Mühlenweg führte bis zum »Schwarzen Graben«, einem sumpfigen Wasserlauf in Höhe der heutigen Kaiser-Friedrich-Straße. Das spätere Kaiserdamm-Terrain war auf einer Karte von 1802 noch *Terra incognita*.

1828 wurde der Mühlenweg geschottert, einige Jahrzehnte später gepflastert und zur Mühlenstraße befördert. Wo sie die Baumallee nach Wilmersdorf kreuzte, erwarben einige Pioniere Grundstücke. Zu ihnen gehörte Johann Peter Ohmann. Seit dem Revolutionsjahr 1848 gehörte meinem Vorfahren dort ein Obstgarten. Das Grundstück Bismarckstraße, Ecke Wilmersdorfer Straße behielt er aber nur zehn Jahre. Aus Erbensicht: Fehlentscheidung.

Im März 1867 wurde die Mühlenstraße nach Bismarck benannt. Lohn für den siegreichen Krieg gegen Österreich. Der Reichskanzler bekam eine sogenannte »7-Ruten-Straße«, denn die gegenüberliegenden Hausfassaden waren sieben Ruten voneinander entfernt, 26,4 Meter. Die Straßenbreite betrug 7,50 Meter. Rund 50 Häuschen standen damals an der unbedeutenden Vorstadtchaussee. Sie waren niedrig und alt. Erst die Eröffnung des Bahnhofs Charlottenburg 1882 brachte frischen Wind. Nun wollte man die Schlossgegend an die Stadtbahn anbinden. Hierzu wurde der Schwarze Graben trockengelegt. Eine stinkende sumpfige Kloake, in die Charlottenburger Fäkalien einleiteten (das »Nasse Dreieck« ist ein Überbleibsel davon). Der Ex-Graben wurde zur Kaiser-Friedrich-Straße, und bei dieser Gelegenheit verlängerte man die Bismarckstraße weiter bis zum Sophie-Charlotte-Platz. Dahinter führte nur eine schmale Stichstraße zu einem

Schießhaus, Überrest eines alten Exerzierplatzes. Dann war Schluss.

Wie blind der Magistrat von Charlottenburg war! Wer ein kurzes Stück über Feld und Heide weiterwanderte, gelangte zu einem flachen eiszeitlichen Graben. In ihm dampfte bereits seit 1877 die Ringbahn. Dahinter war seit 1866 eine Villenkolonie nach englischem Vorbild entstanden. Sie entwickelte sich kaum, denn die Verkehrsanbindung war miserabel. Noch im Dreikaiserjahr 1888 dachte niemand an das Naheliegende: eine Verlängerung der Bismarckstraße nach Westend und darüber hinaus, Richtung Grunewald und Havel. Warum es schließlich doch dazu kam? Kurz, die Zeiten hatten sich geändert. Nach der Thronbesteigung Wilhelms II. wuchs das Kraft- und Prachtgefühl. Die Zeit wurde reif für einen Kaiserdamm.

Im Forschungssaal des Geheimen Staatsarchivs liegt die »Bauakte Kaiserdamm« vor mir, Signatur: I. HA Rep. 89, Nr. 28665, daneben die »Personalakte Hercher«. In der historischen Magistratsbibliothek im Rathaus Charlottenburg kann ich Dokumente des Magistrats und der Stadtverordnetenversammlung einsehen. Alles zusammen ergibt einen Kaiserdamm-Krimi. In den Hauptrollen: ein junger Architekt, der Charlottenburger Magistrat und seine Majestät, der Kaiser.

Der Auftakt: ganz harmlos. Am 22. September 1897 in Charlottenburg. Sitzung der Stadtverordneten, Tagesordnungspunkt 8: »Asphaltierung der Bismarckstraße«. Keine große Sache. Nur ein paar Vorgärten müssen verschwinden, für einen schmalen Fahrdamm und neue Straßenbahnschienen. Baukosten: 80.000 Mark. Das Projekt wird verabschiedet und amtlich vermeldet. Ein Referendar der preußischen Bauverwaltung wird darauf aufmerksam. Ludwig Hercher,

Reisigsammlerinnen auf dem Feld mit Blick nach Charlottenburg. Fotografie von Heinrich Zille, 1898

am 11. August 1874 in Gera geboren, wohnt selbst in Charlottenburg. Seit 1892 studierte er an der Technischen Hochschule das »Hochbaufach«, bestand 1896 sein erstes Bauführerexamen. Die Bismarckstraßen-Pläne findet er halbherzig, darum schmiedet er selbst welche. Am 19. Februar 1898 druckt die Zeitschrift »Deutsche Bauwelt« seine Überlegungen mit dem Titel: »Zur Umgestaltung der Bismarckstraße in Charlottenburg«. Herchers Vision: eine zwölf Kilometer lange Prachtstraße, »wie sie die Zierden anderer Großstädte z.B. Paris sind«. Er möchte die Vorstadtstraße auf 60 Meter verbreitern und bis Pichelswerder verlängern. So entstünde die kürzeste Verbindung von Berlin zum Grunewald. Dort wird gerade der Kaiser-Wilhelm-Gedächtnisturm auf dem Karlsberg gebaut, der heutige Grunewaldturm. An eine »Heerstraße«, weiter zum 1895 gebauten Döberitzer Truppenübungsplatz, denkt er nicht. Die Berliner sollen auf der Prachtstraße ihre Ausflüge gen Havel machen. Eine halbe Stunde Fahrt, vom Brandenburger Tor zum Grunewald.

Der 24-jährige Hercher hatte Ambitionen. Darum gibt er seiner verlängerten Bismarckstraße (der Name Kaiserdamm war noch nicht gefunden) nicht nur ein Ziel, sondern auch Funktion und Bedeutung. Schaufenster des Kaiserreichs soll sie sein. »Das unbebaute Gelände zwischen Charlottenburg und Westend ist vorzüglich zu einer späteren Weltausstellung geeignet. Der Flächenraum ist ebenso groß wie der der Pariser Weltausstellung; unbepflanzte Flächen und Parkanlagen mit Wasser (Park Witzleben) stehen in gleicher Weise zur Verfügung; die Höhenunterschiede lassen sich zu Terrassen und Kaskaden reizvoll verwerten, Verkehrsmittel sind in großem Umfang leicht zu schaffen.«

Weltausstellungspläne rund um den Lietzensee gab es bereits 1892. Darin spielt jedoch die Bismarckstraße keine Rolle. Hercher denkt alles eine Nummer größer. Auf dem heutigen Theodor-Heuss-Platz sollte ein Friedensdenkmal stehen, als Aussichtsturm auf der höchsten Anhöhe von Westend. Seine wahre Bestimmung: »Die Männer zu verewigen, die ihre Kraft dem Ausbau des Deutschen Reichs gewidmet haben, die geschart um den Friedensfürsten Kaiser Wilhelm II. an der Verbreiterung deutscher Kultur gearbeitet haben.« Kurz: eine Walhalla in Westend. Am westlichen Ende dann noch ein Aussichtplateau an der Havel. Daneben ein öffentlicher Platz für zwanglose Volksspiele und Wettspiele aller Art. Olympiagelände und Waldbühne um Jahrzehnte vorweggenommen!

Wie reagiert die »reichste Stadt Preußens«, als diese galt Charlottenburg bis zur Eingemeindung 1920 nach Berlin? Hercher möchte ihr immerhin »eine der schönsten Straßenanlagen der Welt« verpassen. Kurz gesagt: gar nicht. Ganz anders seine Majestät. Auch Wilhelm II. liest die »Bauwelt«, und der Kaiser, der dem Kaiserdamm acht Jahre später seinen Namen geben wird, ist begeistert. Herchers Prachtstraßen-Plan trifft den Nerv des Herrschers. Man versetze sich in seine Lage: 1886 hatte der 71-jährige Reichskanzler Bismarck einen Knüppelweg zum »Kurfürstendamm« ausbauen lassen. Nun liegen dem jungen Monarchen, Wilhelm war 1898 erst 39 Jahre alt, Ausbaupläne auf dem Tisch, die seiner Geltung entsprechen. Prachtboulevard à la Paris, Weltausstellung, Ruhmeshalle. Das war alles sehr nach seinem Geschmack.

Der Minister der öffentlichen Arbeiten wird gerufen. Er soll den Charlottenburger Magistrat auffordern, sich zum Plan zu erklären. Am 18. Mai 1899 kommt das Schreiben im Rathaus an.

Die Charlottenburger sind alarmiert. Der Stadtkasse drohen horrende Kosten. Der Magistrat spielt daraufhin auf Zeit. Erst am 9. Dezember 1899 trudelt beim Minister eine Antwort ein, an Larmoyanz kaum zu übertreffen. Man könne eine Prachtstraße bis zur Havel nicht finanzieren. Außerdem: Warum trägt Berlin nicht die Hauptlast? Schließlich wollen die Berliner ins Grüne. Auch das Militär könnte zahlen, wenn die Garnison Interesse an einer Verbindung nach Döberitz hätte.

Ein Jahr verstreicht. Hatte die freche Reaktion Erfolg? Womöglich hätte der Kaiser die Sache tatsächlich vergessen. Doch am 24. Januar 1901 liest er einen Artikel in der »Nationalzeitung«. Sie berichtet, dass Pläne zum »projektierten Bau einer Prachtstraße Berlin-Döberitz« stocken. Es gäbe Kritik an der Gradlinigkeit, Ärger mit Grundstücksbesitzern, und »landesherrliche Genehmigungen kosten viel Zeit«. Dem Kaiser platzt der Kragen.

Wilhelm ruft den Oberpräsidenten Theobald von Bethmann Hollweg. Er soll umgehend einen Sachstandsbericht liefern. Bethmann muss sich erkundigen, fragt schriftlich in Charlottenburg nach. Der Magistrat schickt ihm eine Antwort am 18. Februar 1901, und der Oberpräsident diktiert daraufhin einen Bericht.

Am 12. März liegt er dem Kaiser vor. 20 Seiten. Wilhelm studiert ihn Wort für Wort, unterstreicht mit Bleistift wichtige Passagen. – »Besondere Vortheile bieten sich der Militärverwaltung durch den Fortfall des Umweges über Spandau nach Döberitz.« Vom Kaiser unterstrichen. – »Von dem Projekte ist ferner eine große Verschönerung der Königlichen Residenzstadt und ihrer westlichen Umgebung zu erwarten. Wie in London oder Paris hat die bauliche Entwicklung Berlins dahin geführt, daß diejenigen Straßenzüge, welche durch ihre prächtige Ausgestaltung und die Eleganz ihres Verkehres einer Stadt das Gepräge einer Weltstadt verleihen, sich von dem Königsschlosse als dem Mittelpunkte nach dem Westen ziehen.« Die Passage ist ebenfalls vom Kaiser unterstrichen. – Einige alte Häuser müssen abgerissen, die Eigentümer abgefunden werden. 7,5 Millionen Mark koste das Projekt vermutlich. Dazu kein kaiserlicher Kommentar.

Wer baut? Charlottenburg vom Knie bis zur Schloßstraße. Die Terraingesellschaft Park Witzleben von der Schloßstraße bis zum Königsweg. Die Deutsche Bank vom Königsweg bis zum Grunewald. Die Bank hatte im Vorfeld mit Charlottenburg einen Vertrag geschlossen, um den südlichen Teil von Westend zu erwerben und für die Bebauung zu erschließen.

Wer zahlt? Alle. Anteilig die Deutsche Bank, die Städte Charlottenburg und Berlin sowie der preußische Forst- und Militärfiskus. »Sollte sich noch ein Fehlbetrag ergeben, so möchte bei der Bedeutung des Projektes für die Allgemeinheit vielleicht der Weg einer Lotterie in Aussicht zu nehmen sein.« An diesen ungewöhnlichen Vorschlag setzt der Kaiser ein Fragezeichen. Der Vorschlag ist vom Tisch. Bethmann schließt mit der Bitte um weitere Befehle seiner Majestät. Dann könne er in Verhandlungen mit Charlottenburg und der Deutschen Bank treten.

Der Kaiser antwortet prompt, lässt Bethmann am 21. März mitteilen, »daß das Projekt der Anlage einer Prachtstraße Berlin-Döberitz die volle Sympathie Seiner Majestät des Kaisers und Königs gefunden hat«. Anbei die Genehmigung für die erforderliche Änderung der Bauverordnung und neue Bebauungspläne. Denn bis dahin war in Westend keine großstädtische, sondern nur eine landhausmäßige Bebauung gestattet. Am 20. Juli 1901 beginnen Verhandlungen zwischen dem Oberpräsidenten und dem Magistrat von Charlottenburg. Sie dauern Monate und führen zu einem Kaiserdamm-Deal.

Charlottenburg verbreitert und verlängert die Bismarckstraße, baut eine Brücke über die Ringbahn. Dafür darf die Stadt günstig einen großen Exerzierplatz am Grunewald (180 Morgen) und einen Teil der Jungfernheide (800 Morgen) kaufen. Daraus werden später das Messegelände und der Volkspark Jungfernheide. Der Clou: Charlottenburg kann Teilflächen als Bauland sofort wieder veräußern und Erschließungskosten für die Prachtstraße einspielen. Am 21. Mai 1902 tagt der »Ausschuss zur Vorbereitung der Vorlage betr. Verbreiterung der Bismarckstraße«. Ab 18 Uhr im Bibliothekszimmer des Realgymnasiums in der Schillerstraße. Was erarbeitet wird, steht eine Woche später als Drucksache Nr. 209 auf der Tagesordnung der Stadtverordnetenversammlung. Die Herren Rosenberg und Kaufmann vom Ausschuss referieren das »Angebot der Staatsregierung« und empfehlen die

Aufnahme einer Zwölf-Millionen-Anleihe zum Straßenbau. Die Vorschläge werden angenommen. Damit ist der Weg frei für den Kaiserdamm. Aber wie soll er aussehen?

Vier Jahre waren seit dem Artikel in der »Bauwelt« vergangen. Da macht sich Ludwig Hercher noch einmal Gedanken. Am 24. August 1902 druckt das »Centralblatt der Bauverwaltung« seine Überarbeitung der Prachtstraßenpläne. Zunächst dankt er für das »tatkräftige Eingreifen des Kaisers«. Sicher hofft er, an der Realisierung beteiligt zu werden. Wie auch immer. Hier nun seine neuen Vorschläge. Eine Allee vom Knie bis Pichelsdorf kann man unmöglich »ohne ermüdende Eintönigkeit« praktisch und künstlerisch gestalten. Hercher nimmt gleich diese Hauptkritik ins Visier und entgegnet: »Ich teile die erhobenen Bedenken gegen die übergroße Länge vollkommen und behaupte sogar, dass die Länge der einzelnen Straßenabschnitte (Knie – Schloßstraße – Westend – Havel) das Maß des künstlerisch Zulässigen überschreitet.« Dann machte er deutlich, »wie sich die dem Bismarckstraßenzug von Natur gegebene große Länge (...) teils mildern, teils vermeiden, teils zu reizvoller Gestaltung umwandeln ließe.«

Vom Knie bis zur Schloßstraße sollte alles gradlinig bleiben. Der folgende Abschnitt bis Westend – der spätere Kaiserdamm – müsse dagegen dem »Auge etwas bieten«. Für den Sophie-Charlotte-Platz schlägt Hercher eine »monumentale Platzanlage« (Denkmalanlage mit hohen Baumgruppen) und ein breites öffentliches Gebäude vor. Den heutigen Kaiserdamm möchte er nicht mehr gradlinig nach Westend führen, sondern Schwung verpassen. »Eine leichte Krümmung der Straßenwandungen würde (...) der Bismarckstraße auf dieser Strecke ein ganz verändertes Aussehen geben und eine wohltuende Abwechslung in den bis dahin unbegrenzten

Verlauf der Häuserfluchten bringen.« Im Artikel findet sich eine Skizze, wie er sich das vorstellt. Der Kaiserdamm sollte sich in zwei langgezogenen Bögen von Platz zu Platz ziehen. Die Bögen würden dabei eine neue Stadthalle und eine »Bismarcksäule« umschiffen. Ein eleganter Plan.

Was Hercher nicht weiß: Der Kaiser hat längst die Gradlinigkeit beschlossen und dabei die Anbindung zum Truppenübungsplatz gleich mit. Am 13. Juni 1902 ließ Wilhelm den Landwirtschaftsminister Victor von Podbielski wissen: »Seine Majestät wollen, dass die Bismarckstraße in Charlottenburg in gerader Linie und in einer Breite von fünfzig Meter bis über die Havel fortgeführt und eine Brücke in Höhe der anliegenden Ufer errichtet werde.« Das Projekt »Verlängerte Bismarckstraße« sollte nun »energisch bewirkt« werden. Von Herchers »swingenden« Kaiserdamm-Bögen nimmt niemand mehr Notiz.

Der Architekt bestand 1901 sein zweites Bauführerexamen (Note: »ziemlich gut«) und trat als Hochbaubeamter in den höheren Staatsbaudienst ein. 1904 promovierte Hercher mit einer Arbeit über »Großstadterweiterungen« in Darmstadt zum Dr. Ing. 1913 wurde er zum Regierungs- und Baurat ernannt. Er leitete den Neubau des Oberbergamtsgebäudes in Bonn und den Bau eines Gymnasiums in Münster. Einige Jahre lebte Hercher in Wiesbaden. In dieser Zeit erkrankte seine Frau an Tuberkulose. Sie stammte aus Charlottenburg, war die Tochter des Kunstverlegers Kirmse. Als Leutnant der Reserve wurde Hercher im April 1917 in die Kriegsamtsstelle Kassel eingezogen, »zur Bearbeitung fachwirtschaftlicher Aufgaben«. An die Front musste er nicht. Seit 1918 war er Wohnungsaufsichtsbeamter für den Regierungsbezirk Düsseldorf, Besoldung nach Gruppe 12 (»Bauräte in Sonderstellungen«). 1921 Beförderung zum Oberbaurat und hochbautechnischer Generaldezernent. Jahressalär: 1200 Reichsmark. 1926 begann er mit dem Bau eines Hauses in Düsseldorf, Lützowstraße 9. Das Ehepaar Hercher hatte drei Töchter. Zum 1. Dezember 1933 versetzte man den 59-Jährigen vorzeitig in den Ruhestand. Seine Stelle wurde eingespart, für eine andere kam er nicht infrage. Im Briefwechsel seiner Vorgesetzten hieß es: »Auch in Bezug auf die politische Einstellung halte ich Oberregierungs- und Baurat Dr. Ing. Hercher (Demokrat) als staatlichen Wohnungsaufsichtsbeamten des gesamten Regierungsbezirks nicht für tragbar.« Karl Heinrich Hermann Ludwig Hercher starb 1954 in Düsseldorf. Wie sah der vom Monarchisten zum Demokraten gewordene Vordenker des Kaiserdamms aus? Leider fand ich kein Porträt vom ihm.

Bis April 1904 wurden zur Verbreiterung Teilgrundstücke der Vorstadtchaussee enteignet, gegen Entschädigung versteht sich. Witwe Elisabeth von Schönberg gab 866 Quadratmeter vom Grundstück Bismarckstraße 72 ab. Bäckermeister Rudolph Knaack (Nummer 73) 397 Quadratmeter, Rentier Wilhelm Blanke (Nummer 74) 603 Quadratmeter, Rentier Friedrich Schulze (Nummer 80) 487 Quadratmeter, Apotheker Felix Weill (Nummer 81) 386 Quadratmeter und Witwe Elisabeth Sydow (Nummer 88) 405 Quadratmeter. Dutzende Anrainer waren betroffen. Gezahlt wurden bis zu 20 Mark pro Quadratmeter. Doch es gab Beschwerden. So soll sich ein Magistratssekretär bei einer Taxierung vor Ort als Bausachverständiger aufgespielt haben. In Wirklichkeit war er nur untergeordnet für Kanalisations- und Kloakenwesen zuständig.

Der Ausbau des Straßenzugs erfolgte zügig, wie es der Kaiser gewünscht hatte. Zeitgenossen sprachen von »rasender Geschwindigkeit«, mit der die Bresche Richtung Westend geschlagen wurde. Das in der Eiszeit geformte Terrain musste für den Damm ausgeglichen werden. Darüber berichtete am 19. Februar 1904 die Charlottenburger »Neue Zeit«: »Eine ungeheure Umwälzung vollzieht sich gegenwärtig auf den ausgedehnten Ländereien zwischen Westend und Schloßstraße. Nachdem das Schützenhaus abgebrochen und sämtliche Bäume und Sträucher, die den Schützenplatz umgaben, entfernt worden sind, hat man mit der Anlegung der neuen Straße begonnen. (...) Das Terrain der neu anzulegenden Straße (...) wird acht Meter über dem jetzigen Niveau erhöht. Diese Erhöhung ist bereits in einer Breite von vier Metern erfolgt. Die hierzu erforderlichen Erdmassen werden durch eine große Dampflokomotive, welche zwanzig Wagen schleppt, vom Spandauer Berg herbeigeschafft.« Der Kaiserdamm war im wahrsten Sinne auch ein Damm.

Den künftigen Straßenquerschnitt beschrieb am 3. März 1904 ein Ministerialbericht an den Kaiser. Er entsprach Herchers ursprünglichen Vorschlägen: »Es sind zu beiden Seiten der Straße unmittelbar neben den Häuserfronten je 6,35 m breite Bürgersteige vorgesehen, an die sich je 5,50 m breite Fahrdämme anschließen. Neben diesen Fahrdämmen ist auf der Südseite ein Reitweg von 6,50 m Breite und auf der Nordseite ein von Steinen eingefasster 5,10 m breiter Straßenbahnkörper angeordnet. Die Mitte des Straßenzuges soll von einem 10,90 m breiten dritten Fahrdamm eingenommen werden, unter dem der Baukörper der Untergrundbahn eingebaut werden wird.« Bei der Befestigung der Straßen kam neben Asphalt auch Holzpflaster zum Einsatz. Verwendet wurden Klötze aus schwedischem Kiefernholz, steirischer Gebirgslärche und australischem Hartholz. Zur Bepflanzung hieß es 1906 im Verwaltungsbericht: »Die gärtnerischen Arbeiten auf der verbreiterten Bismarck-Straße sind fast vollendet. Dieser Straßenzug ist mit vier Reihen Alleebäumen bepflanzt und in seinem besonderen Straßenbahnkörper mit Grassamen besät worden. Die Herstellung der zu beiden Seiten der Straßenbahnschienen vorgesehenen schmalen Blumenstücke ist vom Knie bis Leibniz-Straße bereits erfolgt. Die weitere Ausschmückung soll im nächsten Jahre vorgenommen werden. Der auf der Südseite der Straße gelegene Reitweg hat an der nach außen gelegenen Kante einen schmalen Rasenstreifen erhalten, welcher zur Verhinderung des Überschreitens mit einer Weingirlande versehen worden ist.«

Warum der Kaiserdamm keine Vorgärten bekam, steht wiederum im vorgenannten Ministerialbericht: »Die Anlegung von Vorgärten ist im Bebauungsplan nicht vorgesehen, weil die Straße sich voraussichtlich zu einer lebhaften Geschäftsstraße entwickeln wird; die Vorgärten würden den freien Zugang zu den Ladeneingängen und den Schaufenstern versperren und dadurch den Geschäftsverkehr beeinträchtigen.« Gab es für die spätere Ausgestaltung Pläne oder Vorbilder? Aber ja! »Einen besonderen Wert haben die Charlottenburger Gemeindebehörden darauf gelegt, ein auch in ästhetischer Hinsicht großartiges Straßenbild zu schaffen. (...) Der zweite Höhenrücken auf dem Platz B würde später durch ein monumentales Bauwerk abzuschließen sein, so daß hier eine ähnliche Wirkung erzielt werden würde, wie sie in Paris für Champs Elysées durch den Triumphbogen geschaffen ist.« Wilhelm II. war zufrieden und unterschrieb am 7. März 1904 folgendes Dokument. Es ist die Seite 37 der Bauakte: »Auf Ihren Bericht vom 3. März d.J. will Ich Mein Einverständnis damit erklären, daß die Bismarckstraße in Charlottenburg nebst ihrer Verlängerung nach Westen bis zur Berlin-Hamburger Anschlussbahn nach Maßgabe der anbei zurückfolgenden Pläne eingetheilt wird.«

Als Geburtsstunde des Kaiserdamms wird oft der 1. November 1906 genannt. An diesem Tag soll die neue Prachtstraße im Beisein des Kaisers feierlich dem Verkehr übergeben worden sein. Freilich noch unter dem Namen »Verlängerte Bismarckstraße«. »Kaiserdamm« taufte man sie – so steht es ebenfalls oft zu lesen – am 18. Dezember 1906. In Wirklichkeit sind die Fakten etwas bescheidener.

Der Kaiser hatte am 1. November einen Schnupfen. Zugezogen auf einer Automobilfahrt von Berlin nach Potsdam. Vier Tage später hatte der 47-jährige Monarch seine Unpässlichkeit überwunden und besuchte eine Automobilausstellung am Zoologischen Garten. Wilhelm interessierte sich für Omnibusse und Lastautos. Am 7. November fuhr der Kaiser zum Gut des Fürsten Eulenburg. Es ging zur Jagd. Am 13. November weilte das Kaiserpaar in München, anschließend in Donaueschingen. Am 19. empfing Wilhelm das dänische Königspaar in Berlin, und am 22. November fuhr er mit einem Sonderzug nach Kiel. Vier Tage später ging er wieder auf die Jagd, diesmal im Revier des Herzogs von Ratibor. Von Kaiserdamm im kaiserlichen Terminkalender keine Spur! Am 18. Dezember 1906 wurde tatsächlich in Anwesenheit des Kaiserpaars getauft. Aber nicht der Kaiserdamm in Charlottenburg, sondern der Liniendampfer »Schleswig-Holstein« in Kiel.

Der Name »Kaiserdamm« geisterte erstmals 1898 durch Berlin und seine Vororte. Damals wollte Wilmersdorf eine Prachtstraße dieses Namens anlegen. Sie sollte die Kaiserallee mit dem Grunewald verbinden. Ihr Straßenverlauf entsprach etwa dem heutigen Hohenzollerndamm. Das Projekt scheiterte an horrenden Forderungen der Grundstücksbesitzer. Acht Jahre später erfuhr die Öffentlichkeit erstmals vom Charlottenburger »Kaiserdamm«. Am 16. November

1906 notierte das »Berliner Tageblatt«: »Den Namen Kaiserdamm soll nach einem Plan des Charlottenburger Magistrats die Döberitzer Heerstraße in ihrer ganzen Ausdehnung oder in ihrer westlichen Hälfte in Zukunft führen.« Die Notiz ist seltsam. Die westliche Hälfte wäre die heutige Heerstraße gewesen. Dass der Magistrat von seinem Vorschlagsrecht für Straßennamen Gebrauch machte, ist nicht aktenkundig. Die Nachricht beweist, dass lange Unklarheit herrschte. Es gab auch das Gerücht, die Bismarckstraße würde ihren Namen verlieren und die gesamte Prachtstraße zum Kaiserdamm. Die offizielle Benennung der Planstraßen 7b, 8 und 33 in Kaiserdamm erfolgte auf dem Papier – am Sonnabend, dem 8. Dezember 1906, und zwar aufgrund »A.K.O.«, Allerhöchster Kabinettsorder, sprich direktem Kaiserbefehl. Die Presse meldete den Vollzug erst drei Wochen später, am 28. Dezember 1906 im »Berliner Tageblatt«: »In Charlottenburg ist jetzt eine Reihe bisher namenloser Straßen getauft worden. Die schöne breite Bismarckstraße hat ihren Namen behalten, ihrer Verlängerung vom Sophie Charlottenplatz (sic!) ab nach Westen bis zum Grunewald ist, wie schon angekündigt, der Name Kaiserdamm gegeben, und der im Zuge dieser Straße gelegenen Brücke die Bezeichnung Kaiserdammbrücke beigelegt worden.«

Ein Damm verweist auf einen Straßenneubau oder Ausbau. Ein Knüppeldamm führt auf Holzbohlen durch feuchtes Moor oder Sumpf, der Bahndamm trägt den Schienenstrang. Befestigung und Aufschüttung charakterisieren einen Damm, ebenso das »Langgestrecktsein«. Wer »nicht auf dem Damm ist«, dem geht es redensartig nicht gut. Eltern warnen ihre Kinder: »Pass' auf, wenn du über den Damm gehst!«, älteren Menschen hilft man »über den Damm«. In diesen Fällen meint man den gefährlichen Fahrdamm, in Abgrenzung zum Gehsteig. Straßen mit »Damm« im Namen sind breit und viel befahren. Berliner Beispiele sind Columbiadamm, Hermsdorfer Damm, Lichtenrader Damm, Mehringdamm, Oraniendamm, Spandauer Damm, Tempelhofer Damm und andere mehr. Die berühmteste Straße Berlins ist der Kurfürstendamm, die allererste Hauptstraße im Mittelalter war der Mühlendamm.

Auf der Wilmersdorfer Kaiserallee musste der letzte Hohenzollernkaiser 1950 abdanken. Sie wurde zur Bundesallee. Seinen Damm in Charlottenburg durfte er zunächst behalten. Aber nur, bis sich Gelegenheit fand, sich seiner auch hier zu entledigen. Diese kam 1967. Konrad Adenauer war am 19. April im fernen Rhöndorf verstorben. Berlins CDU-Chef Franz Amrehn schlug vor, den Altkanzler im Straßenland von West-Berlin prominent zu würdigen – und zwar sofort. Die Wahl fiel auf den Kaiserdamm, der nur eine Woche später »Adenauerdamm« zu heißen hatte. Ähnliche Sofortmaßnahmen gab es seinerzeit in Köln, Bonn, Lübeck und Stuttgart.

Wieder liegt eine Akte vor mir. Diesmal sitze ich im Archiv des Museums Charlottenburg-Wilmersdorf, unter dem Dach der Villa Oppenheim. Die »Akte Adenauerdamm« ist ein Leitz-Ordner voller Dokumente. Gleichzeitig ein Lehrbuch des erfolgreichen Bürgerprotests.

Bereits das Vorspiel war seltsam. Bezirk und Senat, mehrheitlich sozialdemokratisch, hatten die Umbenennung widerspruchslos durchgewunken. Sie ahnten nicht, was kommen würde. Die Anwohner am Kaiserdamm waren von der Nacht-und-Nebel-Aktion entsetzt. Sofort organisierte sich Protest und Widerstand gegen die oktroyierte Neutaufe. Federführend waren Karl-Georg Welker vom Berliner Bürger Verein und der Patentanwalt W. A. Becker, der seit 1965 seine Kanzlei im Bolle-Neubau Kaiserdamm 12 betrieb. Am

22. April erreichte den Bezirksbürgermeister Günter Spruch (SPD) folgendes Telegramm: »Widerspreche als Anwohner jeder Umbenennung des Kaiserdamms stop werde alle gegebenen rechtlichen Möglichkeiten gegen Umbenennung ausschöpfen stop Patentanwalt Becker«.

Drei Tage später telegrafierte Becker nach Rhöndorf und bat die Familie Adenauer, der Umbenennung zu widersprechen, »weil sie entgegen dem erklärten Willen der Anwohner erfolgen würde«. Abschriften erhielten der Regierende Bürgermeister Heinrich Albertz und die Redaktionen von »Welt« und »RIAS«. Das Timing des Anwalts war miserabel. Das Telegramm erreichte die Familie am 25. April, dem Tag der Beisetzung Adenauers.

In wenigen Tagen sammelte die Initiative am Kaiserdamm 1200 Unterschriften, angeblich 92 Prozent aller Anwohner. Binnen weniger Wochen wurden es in ganz Berlin 140.000. Anfang Mai rief die »Arbeitsgemeinschaft Berlin-Kaiserdamm« in Flugblättern dazu auf, »im gesamten Sprach- und Schriftgebrauch, insbesondere bei Drucksachen im Geschäfts- und Inseratenverkehr den Kaiserdamm zu erhalten«. An vielen Häusern sah man Schilder im Format 20 x 60 cm. Aufschrift: HAUS KAISERDAMM und die jeweilige Hausnummer. Für 4,60 DM gab es den Vereinsstempel »Wir bleiben dabei: KAISERDAMM«.

Am 22. Juni eine Protestkundgebung in den Charlottenburger Festsälen an der Königin-Elisabeth-Straße 41–45. Motto: »Heute der Kaiserdamm! Morgen der Kurfürstendamm? Das geht uns alle an!« Eine weitere Zusammenkunft am 14. September vor dem Restaurant »Zum Raband« am Kaiserdamm 32. Zahlreiche Geschäftsleute reichten beim Bezirksamt Protestschreiben ein, darunter Konditorei Kammann (Kaiserdamm 8), Buch & Kunst (Kaiserdamm 19), Ju-

Unterschriftensammlung gegen die Umbenennung des Kaiserdamms in Adenauerdamm, 1967

welier Schubert Jordan, Radio Maes (beide Kaiserdamm 20), Engelhard am Kaiserdamm (Kaiserdamm 22), Konditorei Fröhlich (Kaiserdamm 26) und die Kunstwerkstätten Rosel (Kaiserdamm 112). Politiker und Journalisten erhielten Schreiben vom Verein, der nimmermüde Informations- und Überzeugungsarbeit leistete. Aktenkundig ist der Entwurf einer Klageschrift des Bürgervereins gegen das Land Berlin.

Doch zur Klage kam es nicht. Tatsächlich ruderten Bezirk und Senat zurück. Charlottenburgs Bürgermeister Günter Spruch erklärte zum Ende der Politposse: »Gleich Anfang Januar geht die Sache über die Bühne.« So musste der verblichene Ex-Bundeskanzler aus dem Rheinland die Straßen- und U-Bahnschilder am 15. Januar 1968 wieder räumen. Nach nur neun Monaten sollten die Charlottenburger ihren Kaiser

Wilhelm wieder haben. »Der Krieg ist aus – der Kaiser hat gewonnen«, titelte »BILD«. Der Schilder-Bürgerstreich hatte ein Ende, und in den Kneipen am Kaiserdamm gab es Freibier. Für Adenauer fand man 1973 Ersatz am Kurfürstendamm. Er durfte einen neu geschaffenen dreieckigen Platz benennen (immerhin auch mit U-Bahnhof). Waren Aufstand und Zorn gegen Adenauer berechtigt? Viele Berliner empfanden Unterstützungsreden des ersten Bundeskanzlers für Berlin als Lippenbekenntnisse. Reden für Berlin gab es von Adenauer in Hülle und Fülle. Er sagte etwa 1950 nach der Blockade auf einer CDU-Tagung in Dortmund: »Berlin steht als äußerster Vorposten gegenüber Sowjetrussland da, und die Leute in Berlin haben mit der größten Tapferkeit diesen Vorposten gehalten. Wir halten ihnen die Treue, und der Bund wird für Berlin tun, was irgendwie in seiner Macht steht.«

Adenauer war auch am Kaiserdamm. Am 2. Februar 1953 meldete »BILD«: »Kanzler im Haus der Tränen«. Ein Foto zeigt Männer an einem Tisch, der Kanzler kaum zu erkennen. Der Text erklärt: »Unscheinbar im Hintergrund hielt sich Bundeskanzler Dr. Adenauer, als er am Wochenende bei seinem zweitägigen Berliner Besuch einem Notaufnahmeverfahren für Ostflüchtlinge beiwohnte. Am Kaiserdamm steht das ›Haus der Tränen‹, erste Etappe der Menschen, die den Weg in die Freiheit suchen. Drei Männer schilderten dem Kanzler ihr Schicksal: ein junger Schlosser, der befürchtete, zur ›Volksarmee‹ eingezogen zu werden, ein Jungbauer, dem ein Sabotageprozess drohte, und ein Bürgermeister aus der Mark Brandenburg. In einer Pressekonferenz setzte sich Dr. Adenauer für eine Verbesserung des Notaufnahmeverfahrens ein. Berlin müsse entlastet werden.« Tatsächlich war die Meldestelle des Senats nicht am Kaiserdamm, sondern in der Kuno-Fischer-Straße 8, aber Adenauer war da. Beim

Mauerbau am 13. August 1961 blieb er dagegen in Bonn. Das kam in Berlin nicht gut an. Als zwei Jahre später John F. Kennedy triumphal empfangen wurde, stand Willy Brandt neben dem charismatischen US-Präsidenten. Konrad Adenauer wirkte an diesem 26. Juni 1963 wie eine Randfigur. Einem »Kennedydamm« hätte man nach dem Attentat in Dallas womöglich ohne Protest zugestimmt. General Clay bekam als Vater der Luftbrücke ohne Murren (und noch zu Lebzeiten) 1949 die Kronprinzenallee. Nach dem Volksaufstand in der DDR wurde 1953 die Charlottenburger Chaussee zur Straße des 17. Juni. Im selben Jahr starb Ernst Reuter, vier Tage später erhielt das berühmte »Knie« seinen Namen. Damals von Charlottenburger Unmut keine Spur. Beim Kaiserdamm lag nach Adenauers Tod eine denkwürdige Konstellation vor: Der bestehende Name war nicht unerwünscht genug und der neue Name nicht gewünscht genug.

Der politische Zeitgeist des 21. Jahrhunderts rückte eine Straßennamen-Abdankung wieder ins Visier. Seit September 2021 steht ein Dossier über 290 »Straßen- und Platznamen mit antisemitischen Bezügen« im Raum, erarbeitet im Auftrag des Landes Berlin. Auf Seite 26 geht es um den Kaiserdamm und seinen Namensgeber: »Wilhelm II. äußerte sich offen antisemitisch. So vermutete er hinter dem ersten und zweiten Weltkrieg eine jüdische Weltverschwörung. In einem Brief aus dem Jahr 1927 schrieb er etwa, dass ›die hebräische Rasse‹ sein ›Erz-Feind im Inland wie auch im Ausland‹ sei. Es seien ›Lügenschmiede und Drahtzieher von Unruhen, Revolution und Umsturz‹. Dabei radikalisierte sich sein Weltbild immer weiter. Dennoch distanzierte er sich von den antisemitischen Novemberpogromen.« Wie bei allen untersuchten Straßennamen folgt am Ende eine Handlungsempfehlung. Sie lautet: »Kontextualisierung, gegebenenfalls Umbenennung«.

Es bleibt abzuwarten, wie lange sich der Kaiser auf dem Kaiserdamm behaupten kann.

Ein weltberühmter Boulevard wie die Champs Elysées in Paris, der Newskij Prospekt in Sankt Petersburg oder die Fifth Avenue in New York war der Kaiserdamm nie. Friedrichstraße und Linden, Tauentzien und Kurfürstendamm lehrten den Berliner das Flanieren. Sie sind die »Straßenbühnen demokratischen Stadtfrohsinns«, wie Franz Hessel es ausdrückte. Der Kaiserdamm war dem Berlin-Flaneur in »Berliner Boulevards« keine Zeile wert. Er steht selten prominent im Vordergrund, erstaunlich bei seiner Größe und Einzigartigkeit. Es gibt sonst nirgendwo einen Kaiserdamm. Abgesehen von einem antiken »Kaiserdamm« (Band-e Kaisar) im heutigen Iran und einer Dorfstraße in Riede (Niedersachsen). Nicht einmal eine liebevolle Abkürzung à la T-Damm oder Kudamm ist in Gebrauch. Die Deutsche Bundespost Berlin verewigte bis 1990 nahezu jede Sehenswürdigkeit der Stadt. Sogar die Stadtautobahn bekam 1965 eine Marke gewidmet, der Kaiserdamm nie. Man sucht ihn in den meisten Reiseführern vergeblich. Hier einen Spaziergang zu wagen – das bleibt Geheimtipp. Meine Schwiegereltern aus der Kaiser-Friedrich-Straße pflegten ihn zeitlebens, den »Kaiserdamm-Bummel«. Da sie fast jeden Abend unterwegs waren, vom Sophie bis zum Theo, muss ich Christa und Karlheinz Rutkowski eigentlich früher begegnet sein als meiner Frau …

Historische Ansichtskarten der Straße gibt es, aber nur wenige Motive. Als die Sammelmanie vor 100 Jahren abebbte, war der Kaiserdamm gerade erst in Gang gekommen. Dasselbe gilt für Reklamemarken. Literarische Kaiserdamm-Spuren finden sich, sind aber ohne Bedeutung. Bisweilen hat man die Straße gemalt oder gezeichnet. Otto Günther-Naumburg hielt um 1905 den U-Bahnbau auf einem Aquarell fest. Max

Mailin Ohmann, die Schwester des Autors, am Tag ihrer Hochzeit auf dem Balkon der Kaiserdamm-Wohnung

Beckmann malte den Kaiserdamm 1911 in Öl, doch nicht als detailgetreue Stadtlandschaft. Die Perspektive scheint ihn mehr beeindruckt zu haben als die Bebauung. Detlev Nitschke schuf 1965 ein Aquarell, Blick Richtung Osten. Das Bild war als Postkarte sehr verbreitet. Man hatte dabei den Eindruck, die Siegessäule stünde auf dem Ernst-Reuter-Platz. Kein Komponist hatte Heimweh nach dem Kaiserdamm. Wurde er je besungen? Klaus Hoffmann tat es einmal, das war 1998. Sein schönes Lied »Die Antwort« beschreibt eine komplizierte Beziehung. Der Kudamm ist vom Rummel um seine Berühmtheit verklärt, der Kaiserdamm nicht. Ist das nicht auch etwas wert?

Wer jemals auf einem Kaiserdamm-Balkon stand, der muss zugeben: Der Kaiserdamm ist vielleicht nicht berühmt, dafür laut. Seit Anbeginn hingen Abgase in der Luft. Als fetter, schwarzer Belag landet der Auspuffqualm der Verbrennungsmotoren an Fensterrahmen und in Gardinen. Ein Wunder, dass Balkonpflanzen dies überstehen und die tapferen Kaiserdamm-Linden. Wahre Überlebenskünstler, die zwischen Lärm und Luftverschmutzung wachsen. Junge Bäume reichen mit ihren Kronen gerade bis zum ersten Stock, die ältesten bis zur Unterkante von Dächern. So reihen sich die Linden am Kaiserdamm auf wie die Töne in einer Partitur. Meist großblättrige Sommerlinden, nur wenige Winterlinden sind darunter. Laubkleid und Baumkronen sind eher schmal, denn man pflanzte die Linden eng. Ihr Abstand beträgt kaum zehn Meter. Die Bäume sorgen dafür, dass man bei Regen keinen Schirm braucht, bei brütender Sommersonne sind sie Schattenspender. Die Linden sind Freunde der Spaziergänger, aber grimmige Feinde der Autofahrer und Radfahrer. Klebriges Blattsekret verschmiert Ende Mai die Scheiben geparkter Wagen, und die kraftvollen Lindenwurzeln verwandeln den Radweg in eine holprige Piste.

Ich wohnte nicht unter den Linden, vom Balkon schaute ich in die Linden. Ringelnatz hatte am Sachsenplatz, dem heutigen Brixplatz, seine Nachtigall. Ich hatte die Amseln. Morgendliche Nerventöter nach langer Nacht. Oh, wie sie mir den Schlaf raubten! Der Raub des Sternenhimmels ging dagegen auf Kosten der Laternen. Sie strahlen zwischen den Linden. Alle zwei, drei Bäume eine. Vor meinem Balkon Laterne Nummer 54 und Linde Nummer 82. Laternen und Linden sind am Kaiserdamm nummeriert: 176 Laternen und 250 Linden. Korrektur am 3. Februar 2023: Um 15 Uhr wurde Linde Nr. 250 gefällt. Dauerte nur zehn Minuten, erzählten mir die freundlichen Damen vom »Sehwerk«. Vor ihrem Schaufenster am Kaiserdamm 118 stand der Baum. Aus dem Bezirksamt bekomme ich wenig später die Begründung des Todesurteils: »Holzzersetzender Pilz am Stammfuß, Stand-

und Bruchsicherheit gefährdet.« In summa aktuell: 249 Linden.

Tatsächlich leuchteten nie Gaslaternen am Kaiserdamm. Seit Anbeginn gab es elektrische Beleuchtung. Zunächst provisorisch Hängelampen an Holzmasten. 1910 wurden Kandelaber ausgesucht, und die Öffentlichkeit war empört. »Welch eine Geschmacksverirrung«, hieß es in einem anonymen Leserbrief an die »Neue Zeit«: »Besonders ausgestattete Beleuchtungsmasten nennt sie der Magistrat wahrscheinlich deshalb, weil sie ganz besonders mit Geschmacklosigkeit ausgestattet sind.«

Die heutigen Laternen werden oft zuerst genannt, wenn von Kaiserdamm-Geschichte die Rede ist. Sie sind Überbleibsel der Nazizeit. In den »Germania«-Plänen führte ein 50 Kilometer langer Hauptstraßenzug als »Ost-West-Achse« durch die ganze Stadt. Verwirklicht wurde nur ein Teilstück in der Innenstadt. 1938 hatten die Umbauarbeiten begonnen. Dabei wurden 703 zweiarmige Kandelaber zur Beleuchtung aufgestellt. Am 20. April 1939 feierte Hitler seinen 50. Geburtstag. Zu diesem Anlass wurde ein sieben Kilometer langes Teilstück eröffnet. Goebbels kündigte an: »Am Vorabend des Geburtstages des Führers, am 19. April, wird die nunmehr fertiggestellte Ost-West-Achse der Reichshauptstadt vom Brandenburger Tor bis zum Adolf-Hitler-Platz feierlich dem öffentlichen Verkehr übergeben. Der Führer wird als erster diese monumentale, neue Straße durchfahren.« Die Fahrt begann um 21 Uhr. Am nächsten Tag folgte ab 11 Uhr eine Parade, die Hitler vor dem Hauptgebäude der Technischen Hochschule abnahm. Dort fehlten die neuen Laternen. Der Platz war für die Ehrentribüne reserviert.

Entworfen wurden die Laternen von Albert Speer. Ein erster Entwurf von Eberhard von der Trappen, der Leiter der

Berliner Stadtbeleuchtung war, gefiel Hitlers Leibarchitekten nicht. So skizzierte Speer im Frühjahr 1938 selbst eine Laterne, in seinem Privatbüro, Lindenallee 18. Im Mai wurde eine Versuchsstrecke am Kaiserdamm installiert, um verschiedene Leuchtkörper und Spezialoptiken zu testen. Schließlich wurde ein ausgewähltes Modell im Juli zur Begutachtung im Garten der Reichskanzlei aufgestellt. Hitler genehmigte die Kaiserdamm-Laterne, ohne Kommentar und Änderungswunsch.

Eine technische Beschreibung überlasse ich einer kunsthistorischen Studie von 1975: »Die Masten haben jeweils einen achteckigen Schaft. Diesen durchdringt (scheinbar) ein von Konsolen unterstützter Querbalken. Dessen kreuzförmige Enden tragen je einen Zylindrischen Leuchtkörper. Das Material der sichtbaren Teile ist Granit (in der Bodenplatte), Gusseisen, Schmiedestahl und Riffelglas. Die kantigen, gradlinigen Formen des Schaftes erinnern an steinerne Bauten, am deutlichsten in den Sockelstufen. Die kreuzförmigen Balkenenden unter den Leuchtkörpern ähneln Tischlerarbeiten.« Die mittlere Lichtpunkthöhe der Laternen beträgt 5,83 Meter, die Glashöhe 83 Zentimeter bei 54 Zentimetern Durchmesser. Die Berliner Firmen Industrie-, Bergbau- und Eisenbahnbedarf (IBB) und Rieth & Sohn sowie Benteler aus Bielefeld lieferten die bis zu 6,60 Meter hohen Masten. AEG und die Firma Berger & Weiser steuerten Leuchten und Optik bei, die Bewag die Montage. Jede Laterne verbrauchte zweimal 1500 Watt Strom, die Beleuchtungsstärke betrug 60 Lux (damals sechsmal heller als die Laternen Unter den Linden).

Solche technischen Details täuschen über etwas Wesentliches hinweg. Die eigentliche Funktion einer Straßenlaterne, nämlich Gehweg und Fahrdamm zu erhellen, war Nebensache. Die »Speer-Leuchten« sollten einen Straßenzug schmücken, der die Diktatur bei Paraden ins rechte Licht setzt. Sie boten dem Betrachter an der Ost-West-Achse Orientierung auf dem kilometerlangen Straßenzug. Die Laternen waren parallel zur zehnspurigen Fahrbahn ausgerichtet und so niedrig, dass sie stets im Blickwinkel blieben und eine geschlossene Reihe bildeten. Um die optische Wirkung zu perfektionieren, ging man so weit, die Masthöhen an vorhandene Bodenunebenheiten anzupassen. Durch diese Nivellierung entstand eine scheinbar perfekte Kette von Leuchtkörpern. »Der Maßstab des Einzelmenschen weicht dem Maßstab der Formation« hieß es 1939 in einem zeitgenössischen Bericht. Die Laternen ordnen und versinnbildlichen einen gradlinigen Zug von Marschierenden, einen »straffen Weg der Kolonnen«. Die Laternen erfüllten also vor allem eine ideologische Funktion. Dies erklärt vielleicht, warum sie nach Kriegsbeginn nicht sofort wieder eingeschmolzen wurden. Pro Stück immerhin 875 Kilo Stahl für Rüstungszwecke.

Zur Machtinszenierung wurde der Kaiserdamm zu bestimmten Anlässen mit Fahnen und anderen symbolträchtigen Zeichen förmlich verkleidet. Entlang der Triumph- und Paradestraße waren alle 18 Meter Grundpfeiler für Fahnenmasten installiert und elektrische »Speisekabel« verlegt. Als Festschmuck dienten viereinhalb Meter hohe Aufbauten, gekrönt von Flammenschalen mit Adlern und Hakenkreuzen. Sie wurden bei Dunkelheit angestrahlt. An Häuserfronten spannte man meterlange Stoffbahnen, quer oder längs. Mit solchem »Gürtelschmuck« konnten auch bestehende Baulücken leicht verdeckt werden. Meist dominierte dabei das Rot der Hakenkreuzfahnen. Für den Propagandafestschmuck war der 1936 zum »Reichsbühnenbildner« ernannte Architekt Benno von Arent verantwortlich. Speer betonte 1972, er empfand Fahnenmeer und Flammenschalen als deplatziert. Er habe auch nie mit Arent zusammengearbeitet, die Ausschmückung der Ost-West-Achse sei in direktem Kontakt zwischen Hitler und Arent zustande gekommen. Man mag dies glauben oder nicht.

Nach anfänglichen Bedenken ließ man Speers Laternen nach 1945 am demokratischen Kaiserdamm und den Straßen der ehemaligen Ost-West-Achse stehen. Eine gute und richtige Entscheidung, denn sie passen in Form und Proportion an die Straße. Nach dem Krieg war es vor allem eine Vernunftentscheidung. Nur die meisten zylindrischen Glaskörper waren zu Bruch gegangen, das Gros der Laternen unbeschädigt. Seit den 1950er-Jahren hat man sie mehrfach technisch modernisiert und umgerüstet. Leuchtstoffröhren drosselten den Stromverbrauch pro Leuchtkörper von 1500 auf 288 Watt, heute werden sie peu à peu auf moderne LED-Technik umgerüstet.

Am Reißbrett hatte man der Straße die Paradefunktion praktisch in die Wiege gelegt. Gradlinigkeit und Breite waren eine städtebauliche Steilvorlage für die totalitäre Machtinszenierung nach 1933. Beim flüchtigen Blick auf den Stadtplan sprang der Straßenzug als »Via Triumphalis« förmlich ins Auge. Der Kaiserdamm als Teil einer scheinbar endlosen Achse, in Form und Farbe gleichgeschaltet. Nichts lag dem Erfinder des Kaiserdamms ferner! Als Ludwig Hercher um 1900 die Prachtstraße erdachte, wollte er ihr zuletzt Schwung und elegante, langgezogene Bögen verpassen. Man hatte seine Idee nicht verstanden und daher nie umgesetzt. Es gab für den Regierungsbaumeister dennoch ein versöhnliches Ende. Am 14. Dezember 1910 verlieh der Kaiser dem Vordenker des Kaiserdamms für seine Mitwirkung den Roten Adlerorden IV. Klasse.

Haus

Von Architektenfreundschaft, Hausmeister Krause und namenlosen Dienstmädchen, einem seltsamen Miethai und Scharouns Junggesellen

Auf einer Ansichtskarte, die 1905 kursierte, steht auf der Bildseite: »Neuangelegte Döberitzer Heerstraße, die in 22 km langer, gerader Linie das Schloss in Berlin mit dem Truppenübungsplatz in Döberitz verbindet.« Eigentlich sieht man nur eine Schneise durch den Grunewald. Noch 1908 sprach man von einer »Wüstenbahn«, als die U-Bahn unter dem Kaiserdamm eröffnet wurde. Aber sie führte nicht lange durch die Wüste.

Wie lange braucht es, um eine Prachtstraße zu bebauen? Im »Berliner Tageblatt« vom 25. April 1909 steht die Antwort: »Mit fast amerikanischer Schnelligkeit beginnen am Kaiserdamm, der verlängerten Bismarckstraße, die anliegenden Häuser aus der Erde zu wachsen. Sie haben bis zur Ringbahn bereits eine fast lückenlose, breite Einfassung gebildet, die das namentlich im Süden noch der Erschließung harrende Gelände den Blicken entzieht.« Der Schriftsteller Hans Brennert war damals auch vor Ort und beschrieb den Blick vom Sophie-Charlotte-Platz nach Westen: »Geschlossene Häuserreihen, nachher mit Rohbauten und einzelnen Prunkbauten besetzt, die mit massiger Silhouette sich wie Wolkenkratzer gegen den Himmel zeichnen.«

Der neue Kaiserdamm erinnerte die Zeitgenossen offenbar an Manhattan und Chicago. Tatsächlich baute man sehr schnell. Noch vor Beginn des Weltkriegs war der Kaiserdamm 1914 fast durchgehend von repräsentativen Mietshäusern gesäumt. Nur die Ansichtskartenverlage waren sich noch nicht einig. Heißt es Kaiserdamm, Kaiser-Damm oder Kaisers Damm?

Man reservierte mir Tisch und Stuhl in der historischen Magistratsbibliothek. Sie befindet sich im Rathaus Charlottenburg, gleich neben dem Büro der Bezirksbürgermeisterin. Dort war früher auch das Büro meines Vaters. Er war Direktor beim Bezirksamt, Chef der Verwaltung. In Berlins schönster Bibliothek studiere ich Protokolle der Stadtverordnetenversammlung. Sie sind spannender als erwartet. Der Magistrat schlug beispielsweise im Februar 1908 vor, Prämien an Bauherren zu zahlen, um am Kaiserdamm »architektonischen Karneval« und »bauliche Wildheit« à la Kurfürstendamm zu unterbinden. Durcheinander von Stilarten und Häufung von Motiven und Ornamenten führe zu »parvenüartigem Charakter«, erklärte der Magistrat. Er wolle dagegen eine vornehme, ruhige und geschlossene Architektur. Nur einzelne »Hauptmomente«, wie Eckhäuser an Hauptstraßen, müssten betont werden. Sie sollen das Auge fesseln. Man muss sich solche Sitzungen vorstellen. Die Stadtverordneten – natürlich alles Männer – reden und verhandeln über die Zukunft ihrer Stadt. Oft mit Leidenschaft. »Es ist allerhöchste Zeit, meine Herren, sonst ist die Sache überhaupt nicht mehr zu retten«, erklärte Stadtbaurat Christian Heinrich Seeling und verteidigte die Prämien. Der Stadtverordnete Gebert argumentierte dagegen: »Die Herren, die da bauen wollen, werden Geld genug haben, um den infrage kommenden Gebäuden ein gutes Aussehen zu geben.« Und die Mieten werden eine solche Höhe annehmen, fügte er hinzu, »dass der betreffende Bauherr seinen Bau wieder gut bezahlt bekommt.« Schließlich wurden 50.000 Mark für Bauprämien beschlossen, gegen die Stimmen der Sozialdemokraten.

Auch das Thema Türmchen kam zur Sprache. »Dass natürlich an einzelnen hervorragenden Stellen in dieser großen, langen Straßenanlage Aufbauten erwünscht sind, liegt auf der Hand«, erklärte der Stadtverordnete Richard Wolffenstein. Verlange das architektonische Gefühl an einer Stelle einen turmartigen Aufbau – und liefere ihn der Bauherr nicht freiwillig –, so sollte er für den Bau entschädigt werden. Einen Kaiserbefehl für Türmchen an allen Kaiserdamm-Eckhäusern, wie so oft behauptet, hat es meines Wissens nie gegeben. Den Wunsch aber sicherlich.

Mit oder ohne Prämie, die Häuser wurden prächtig. Allein die Eingangsportale! Über den Türen oft antikisierende Giebel. Sie sind mit allerlei Zierrat geschmückt, meist aus Sandstein gefertigt. Man entdeckt Ornamente, Figuren und Fantasiewappen. Tritt man ein, steht man in einem Vestibül. Es sind oft Empfangshallen, keine Hausflure. Es muss ein Fest für Architekten gewesen sein, sich solche Häuser auszudenken!

Zwei von ihnen sollen vorgestellt werden. Denn ohne Conrad Heidenreich und Paul Michel würde es das Haus, in dem ich aufwuchs, gar nicht geben. Das Architektenpaar baute ein halbes Dutzend Gebäude am Kaiserdamm. Sie waren stilprägend und wie viele Architekten damals zugleich Bauherren. Heidenreich & Michel arbeiteten dabei im Team. Conrad Heidenreich wurde 1873 in Eutin (Holstein) geboren, Paul Michel 1877 in Eilenburg bei Leipzig. Als Studenten lernten sie sich an der Technischen Hochschule in Charlottenburg kennen. 1906 machten sie sich selbstständig. Wobei Heidenreich für den kaufmännischen, Michel für den künstlerischen Bereich verantwortlich zeichnete. In Michels Nachlass, den das Architekturmuseum der TU bewahrt, entdeckte ich, was er seit Studententagen skizzierte. Gebäude, Land-

Kaiserdamm 33–26. Ansichtskarte, um 1940

schaften und Akte, Kürbisse, Blumen und Vögel, Stillleben mit Backzutaten und chinesische Stadtansichten. Sein Skizzenblock war immer dabei. 1908 zogen die Freunde mit ihrem Büro in das selbst entworfene Eckhaus Kaiserdamm 26. 1912 verlegten sie ihren Wohn- und Firmensitz an den Kaiserdamm 33. Dieses im Krieg zerstörte Eckhaus an der Soorstraße war ebenfalls ihr Werk. Man kann nur ahnen, wie schön die Ecke einst war. Für die wohlhabenden Kaufleute Carl Huth und Otto Schuster plante das Architektenduo die hochherrschaftliche Wohnhausgruppe am Reichskanzlerplatz 10 und 12, ebenso das berühmte Weinhaus Huth nahe Potsdamer Platz. Rund um Berlin schufen sie Kirchen, Schulen, Gutshäuser und Villen. »Bei allen Schöpfungen war der Grundriss die Hauptsache. Das Äußere musste sich dem voll und ganz unterordnen. Schmuck und Architekturbeiwerk blieben nur Mittel zum Zweck.« So ihr architektonisches Credo.

Ihr Engagement beschränkte sich nicht nur auf Gebäude. 1910 initiierte Paul Michel eine Kaiserdamm-Petition an den Magistrat. Sie forderte mehr Verkehrsmittel (Ringbahnhof, Straßenbahn) und vor allem eine Beseitigung der Staubplage. Da viele Seitenstraßen noch nicht reguliert und gepflastert waren, wehten ständig »kolossale Staubwolken« auf den Damm. Auch gäbe es immer noch Ödländereien mit Lumpen, alten Stiefeln, Konservenbüchsen und Sand. Die Petition wurde beraten und – bis auf Weiteres vertagt. Conrad Heidenreich starb 1937 in Berlin, Paul Michel 1938 ebenda. Sie waren bis zuletzt befreundet.

Heidenreich & Michel entwarfen herrschaftliche Häuser. Aber wer baute sie? Ein Glücksfund gibt darüber Auskunft. In der Bibliothek des Deutschen Museums München fand ich eine Broschüre, die Bauten und Entwürfe von Heidenreich & Michel vorstellt. Das erwähnte Credo stammt aus dem Vorwort. Im Anhang präsentieren sich Firmen, die sie mit dem Bau ihrer Häuser beauftragten. Für Maurerarbeiten war das Baugeschäft P. Dudel aus Görlitz zuständig, mit »allen neuzeitlichen Maschinen« ausgestattet. Für ein großes Kaiserdamm-Haus brauchte man etwa eine halbe Million Mauersteine. Die Firma Alfred Stapf aus der Magdeburger Straße 9 war Spezialist für Eisenbeton und Massivdecken, die Firma Gustav Adolf Wernicke aus Moabit deckte die Dächer. Gas- und Wasserinstallationen übernahm Otto Grenzig aus der Bismarckstraße 23, Experte für Zentralheizungsbau war Joseph Junk aus der Ritterstraße 59. Heizungs- und Warmwasseranlagen installierten Dormeyer & Lange aus der Nostizstraße 40. Auf Fenster und Türen waren Schiermeyer & Co. aus der Wexstraße 29 spezialisiert, auf Klempnerarbeiten Firma Karl Radetzki, Dennewitzstraße 33. Ein langjähriger Kompagnon der Architekten war Emil Schmidt, der am Kaiserdamm 28 ein Baugeschäft betrieb und ihre Maler- und Zimmererarbeiten übernahm. Bildhauerarbeiten an der Fassade führten Albert Bachmann & Söhne aus, Firmensitz Bremer Straße 68. Karl Rödel aus der Cicerostraße 16 führte in den Wohnungen Stuckarbeiten in Weißputz aus. Für Parkett und Intarsien war Eduard Roch aus der Holsteinischen Straße 43 zuständig, für Bautischlerei A. Weise aus der Sickingenstraße 4, für Schmiedearbeiten die Charlottenburger Kunstschmiede und Bauschlosserei GmbH, Sophie-Charlotten-Straße 28. Die Weddinger Firma Otto & Weiss war Konstrukteur der Fahrstuhlanlage. Die Holzarbeiten für Treppe und Treppenhaus übernahm August Schwidetzky aus der Ackerstraße 48. Für dekorative Malerei engagierte man Birkle & Thomer aus der Goethestraße 30, Edmund Kröber aus der Schloßstraße 30/31 war verantwortlich für Tapeten und Wandstoffe. P. O. Ulbrich sorgte für die Elektroinstallation, fertigte an der Neuen Kantstraße 17 Lampen und Beleuchtungskörper. Hoflieferant J. C. Spinn aus der Leipziger Straße 83 sorgte für Bauverglasung und Glasmalerei. Das Firmenlogo von Spinn ist bis heute an Glasfenstern im Treppenhaus Kaiserdamm 27 zu erkennen.

Das Haus wurde entworfen und gebaut. Dabei vergingen keine zwei Jahre. Nun konnten Mieter einziehen. Anhand der sehr zuverlässigen amtlichen Adressbücher von Berlin (und seiner Vororte) lassen sich die ersten Mieterjahre der Kaiserdammhäuser gut rekonstruieren. Nehmen wir meine 27 als Beispiel.

- 1908 wurde der Kaiserdamm erstmals im Adressbuch verzeichnet. Noch ohne Hausnummern. Genannt wurden nur Querstraßen zur Orientierung. Dazwischen las man »Baustelle« und die Namen einiger Bauherren: Scherl (Baugeschäft), Dalchow (Weinhändler), Lorenz (aus Wilmersdorf), Bothe (Architekt) und Heider (Fabrikbesitzer).

- 1909 gab es im Adressbuch dann Hausnummern. Kaiserdamm 27–29 zusammengefasst unter »Baustellen«.
- 1910 hieß es zu 27: »Neubau«. Die Eigentümer Heidenreich & Michel (Baugeschäft) waren als Bewohner im Nebenhaus 26 verzeichnet.
- 1911 wurde Michel als Eigentümer von 27 genannt, Beruf: Regierungsbaumeister. Dazu waren erste Mieter eingezogen: Dr. S. Goldschmidt (Rechtsanwalt), B. Holdheim (Fabrikbesitzer), Frau Dr. H. Treitel, G. Werckmeister (Verlagskunsthandlung) und H. Writzner (Kaufmann).
- 1912 verkaufte der Bauherr die Immobilie, nun heißt der Besitzer Wilhelm Christian, ein Ingenieur. Als neue Mieter kamen dazu: A. Dresel (Privatier), A. Kellner (Karosserie GmbH.), Dr. H. Rosemann (Fabrikbesitzer), W. Steinhoff (Ingenieur) und P. Bocholz (Direktor).
- 1913 keine Spur mehr vom Privatier Dresel, dafür lebte Direktor F. Boldt im Haus.
- 1914 fungiert F. Lahn als Portier, die Witwe C. Oppenheimer war eingezogen und der Rechtsanwalt L. Kempner. Dr. Goldschmidt hatte man zum Gerichtsassessor befördert. Erst jetzt, nach rund fünf Jahren, war das Haus komplett vermietet.

Hinter der Tür eines typischen Kaiserdammhauses findet man nicht selten einen Kamin. Allerdings Blendwerk, darin verbirgt sich ein Heizkörper. Alt und schwer, um die Wärme lange zu speichern. Darüber ein Spiegel, daneben eine Sitzgelegenheit. Am Boden Naturstein, Marmor, Parkett oder

Schmuckfliesen. An Wänden und Decke Stuck, Malereien und Jugendstilleuchten. Nach oben geht es über die Treppe oder im Fahrstuhl. Als wir einzogen, bekamen wir vom Vermieter ein halbes Dutzend alter Schlüssel ausgehändigt. Nur mit ihnen konnte man den »Selbstfahrer« nutzen. »Bitte den Fahrstuhl nicht überlasten. Maximal 3 Personen mit Gepäck«. Viele Fahrstühle am Kaiserdamm sind Oldtimer. Der Schacht ist offen, die Treppe wickelt sich um das Gitterwerk. »Das Aufzugsgitter sitzt im Treppenhausauge«, sagt der Fachmann. Er heißt Christian und betreut in Berlin moderne Aufzüge und Klassiker. Wir sind seit vielen Jahren befreundet, und er ist erstaunt, warum ich mich plötzlich für seinen Beruf interessiere. In einem Fahrstuhlseminar für Anfänger erfahre ich: 110 Jahre alte Fahrstühle sind im Grunde sehr einfache Konstruktionen. Ein Motor im Keller, oben zwei Räder, über die dicke Zugkabel geführt sind. Die ältesten Aufzüge laufen an Holzschienen, und die Steuerungselektronik besteht aus vier Relais. Es gibt am Kaiserdamm viele gepflegte alte Anlagen, und die sollte man auch erhalten, betont Christian. »Warum? Damit du bis zur Rente deinen Job machen kannst?« – »Nee, weil eine Modernisierung in aller Regel sauteuer ist und am Ende oft mehr Ärger bringt als vorher. Ganz abgesehen vom Aussehen.« Die eine oder andere Nachrüstung zur Personensicherheit muss ohnehin vorgenommen werden, keine unwesentliche Belastung für Hausbesitzer.

In der Kaiserzeit gab es viele tödliche Unfälle mit Fahrstühlen. Die Polizeiberichte sind voll davon. Im Oktober 1913 verunglückte das Kindermädchen Bertha Hansen am Kaiserdamm 87. Die Fahrstuhltür im dritten Stock stand offen. Das Kindermädchen hob gerade einen Säugling aus dem Fahrkorb. Da setzte er sich in Bewegung, fuhr nach unten

Typischer Fahrstuhl in einem Kaiserdamm-Haus

und quetschte die 24-Jährige zu Tode. Das Baby des Kaufmanns Steinhagen blieb unverletzt. Warum sich die Fahrkontakte bei geöffneter Tür schließen konnten, blieb unklar.

Neben dem Fahrstuhl am Kaiserdamm 27 befindet sich eine Tür. Durch sie huschen Hotelgäste zur Raucherecke im Hof. Früher klingelte man dort bei Krauses. Das Hauswartsehepaar bewohnte die Portierswohnung, seit Ende der 1950er-Jahre. Ich hatte mächtig Bammel vor ihnen. Herrn Krause rief man, wenn der Wasserhahn tropfte oder bei Rohrbruch (und es war oft Rohrbruch). Dann schlug er die antiken Fliesen ab, reparierte den Schaden und flieste neu. Meist unpassend in Farbe und Form. Er murmelte vor sich hin, rauchte und trank das Bier, das meine Mutter ihm anbot. Er war der Mann, der die Wohnungen versorgte. Seine Frau herrschte über Hof und Nebeneingang. Dort standen Mülltonnen – und mein Fahrrad. Wehe, es war nass! Wehe es trug Herbstblätter oder Schnee hinein! Wehe, wehe! Frau Krause würde es merken und sogleich zu Gericht sitzen und ihr Urteil fällen. Ich fürchtete nichts mehr auf der Welt. Womöglich tue ich den Krauses unrecht, und sie waren in Wirklichkeit ganz anders. Ich glaube, erst starb sie und dann er. Vielleicht war es auch umgekehrt. Sie waren wie die Portiers der Kaiserzeit. Sie wussten, wer wo wohnte, kannten so manche Heimlichkeit und was wir Kinder auf dem Kerbholz hatten. Von diesen Hütern der Häuser sind nur schmale Türen, Fensterchen und Gucklöcher geblieben. Dahinter ihre Portierslogen, von denen aus sie wie geisterhaft den Kaiserdamm beherrschten – und beschützten.

Haupteingang und Nebentür waren nicht weniger als zehn Meter voneinander entfernt. »Aufgang nur für Herrschaften« hieß im Umkehrschluss: Die Bediensteten mussten von hinten »durch die kalte Küche« in die Wohnung. Wer Kaiserdamm-Häuser und Kaiserdamm-Menschen beschreibt, der darf das Personal nicht vergessen. Die Welt der »dienstbaren Kräfte« ist ebenso interessant wie die der Hauptmieter. Das weiß man nicht erst seit »Downton Abbey«. Diese hintere Welt regte meine Fantasie an. Vorn war alles aufgeräumt und sauber. Über den Treppenstufen lag ein kirschroter Sisalläufer, bunte Glasscheiben sorgten für warmes Licht, und es war angenehm warm. Die Hintertreppe war dagegen staubig und dunkel, im Winter bitterkalt. Eine seit Jahrzehnten unrenovierte Welt. Womöglich hat so manche Herrschaft diesen Teil des Hauses nie gesehen.

Auf den ersten Blick erscheint Dienstbotenalltag am Kaiserdamm erträglicher als anderswo. Zentralheizung bedeutet, es müssen keine Öfen befeuert werden. Fließend warmes Wasser muss nicht mühsam auf dem Herd erhitzt werden. Eine Vakuumanlage, Vorläufer unserer Staubsauger, ersetzt die Klopfstange. Doch die Mädchen hatten auch hier mehr zu leiden als das »Donnerstagsweh« bei Ringelnatz. Der Charakter der Beziehung zwischen Herrschaft und Dienstkraft reichte von tyrannisch bis erotisch, von Fürsorglichkeit bis Missbrauch. Für so manche Dame des Hauses (und das war sie auch in Wohnungen) gehörte das Herumkommandieren zum guten Ton. Beziehungen zwischen Hausherrn und »dem Mädchen« endeten oft tragisch. Nahe dem Forstamt Grunewald findet man den »Friedhof der Namenlosen«. Unter Kiefern, nicht weit vom Ufer der Havel. Der Friedhof entstand, weil im nahen Havelknick immer wieder Wasserleichen angetrieben wurden. Einige unglücklich beim Baden ertrunken, doch die meisten waren junge Mädchen und »ins Wasser gegangen«. Selbstmord als letzter Akt in einem Drama, das sich in Villen und Wohnungen abspielte. Aus der Provinz landeten die Mädchen in der Stadt, erhielten Anstellung und wurden verführt. Vom Hausherrn selbst oder dessen Söhnen, ohne oder mit Duldung der Gattin und Mutter. Die Mädchen selbst machten sich womöglich sogar Hoffnung, eine Beziehung könne legalisiert werden. Spätestens wenn es zur Schwangerschaft kam, zerplatzten alle Dienstmädchenträume. Dann blieb nur die Rückkehr in die Provinz und in Schande, der Weg zur »Engelmacherin« (nicht selten vom Hausherrn oder dessen Gattin bezahlt) oder eben der Sprung in Spree oder Havel. Im Grunewald wurde der zunächst wilde Begräbnisplatz zur letzten Ruhestätte dieser armen Mädchen. Kirchliche Friedhöfe verweigerten die Beisetzung.

Meine Eltern hatten mir erzählt, dass Dienstmädchen manchmal auf dem Hängeboden schlafen mussten. So wie es 1898 in Theodor Fontanes »Stechlin« das Dienstmädchen Hedwig berichtet: »Als ich nach Berlin kam, da gab es noch die Hängeböden. Immer sind sie in der Küche, mitunter dicht am Herd oder auch gerade gegenüber. Und nun steigt man auf eine Leiter, und wenn man müde ist, kann man auch runterfallen. Aber meistens geht es. Und man macht eine Tür auf und schiebt sich in ein Loch hinein, ganz so wie in einen Backofen. Und am schlimmsten ist es im Sommer. Draußen sind 30 Grad, und auf dem Herd war den ganzen Tag Feuer; da ist es dann, als ob man auf den Rost gelegt würde. Aber ich glaube, sie dürfen so was nicht mehr bauen. Polizeiverbot.« Ob man es durfte oder nicht, am Kaiserdamm hat man es getan, und das Elend ging weiter. Wir hatten zwei solcher Hängeböden. Einen abgehängt in der Küche, etwa sechs Quadratmeter groß, ein kleinerer über dem Flur. Beide fensterlos und stickig, seit der Kaiserzeit unverändert. Auf dem kleineren richtete ich mich ein. Ich war dort oben Huckleberry Finn am Mississippi River, Amundsen auf Südpol-Expedition, der Graf von Monte Christo im Verließ und Armstrong auf dem Weg zum Mond. Wie viele Dienstmädchenträume mögen dort Jahrzehnte früher geträumt worden, wie viele Tränen verflossen sein? Der »Selbstmörderfriedhof« wurde 1927 zum städtischen Begräbnisplatz, heute ein seltsam schauriger und romantischer Ort. Die Schicksale der Dienstmädchen waren nicht so romantisch wie im Kolportageroman. Es hängen so viele Gedenktafeln an den Häusern des Kaiserdamms. Die Erinnerung an das unbekannte, unglückliche Dienstmädchen fehlt.

Die Hintertreppe führte hinunter in den Hof und natürlich auch hinauf. Den Dachboden unseres Hauses sah ich nur ein einziges Mal. Mein Vater hatte den Vermieter gebeten, die Fernsehantenne neu ausrichten zu dürfen. Kabel gab's noch nicht. Die Böden der Kaiserdamm-Häuser gehörten früher ebenfalls zum Revier der Dienstboten. Das ausgebaute Dachgeschoss ist eine moderne Erfindung. Unter dem

Dach wohnte man nicht, das war verpönt, in Vororten sogar verboten. Grund: Feuergefahr. Unter dem Dach wurde Wäsche gewaschen, gemangelt und aufgehängt. Hier konnten Schrankkoffer gelagert werden und alte Möbel. In Bretterverschlägen gab es zusätzliche Schlafgelegenheiten für weitere Hausangestellte oder Chauffeure von Besuchern, die über Nacht blieben.

Um meiner Mutter eine Freude zu machen, brachte ich den Müll hinunter. Sie mochte die im Hof herrschende Frau Krause womöglich noch weniger als ich. Bisweilen kraxelte ich dann vom Hof noch eine Treppe weiter hinab. Sie führte in den Keller. Die Metalltür stammte aus den 1930er-Jahren, und mein Vater erklärte mir, dies sei eine gasdichte Luftschutztür. Erkennbar an zwei großen Riegeln und einem siebartigen Türspion in Augenhöhe. Im Krieg verbrachten Familien Hunderte Nächte bei Fliegeralarm im Keller. Am Haus gegenüber, Kaiserdamm 89, sieht man bis heute ein ins Pflaster eingelassenes Metallgitter. Etwa 80 x 60 Zentimeter groß mit der Aufschrift »Luftschutz«. Ein Luftschacht für den Kellerraum, in den alle Mieter bei Fliegeralarm ziehen mussten.

Der Kaiserdamm-Keller war auch eine Welt für sich, ein Abenteuerland. Mir fällt eine erotische Begegnung und eine Stelle bei Kästner ein. Er schrieb 1928 über die gemischten Gefühle: »Es gibt Gefühle, auf die man seelisch nicht eingerichtet ist. Man hat sie zwar, erschrickt aber, dass man sie hat. Man kann nicht stärker erschrecken, wenn man im Kleiderschrank eine Krawatte sucht und, statt ihrer, einen Einbrecher findet.« Für mich führte die Luftschutztür nicht in den Krieg, sondern zu einer Kleiderpuppe, der man einen schwarzen Tangaslip angezogen hatte. Ich hatte sie auf einem meiner Streifzüge in einem der Verschläge entdeckt. Ein bemerkenswertes Erlebnis, wenn man 13 Jahre alt ist!

Man könnte viele Kaiserdamm-Häuser vom Keller bis zum Dach vorstellen. Jedes hat Geschichte und Geschichten. Zwei ragen in meinen Augen heraus. Das eine wegen seiner Pracht, das andere wegen seiner Funktion. Kaiserdamm 25 und 118.

Kaiserdamm 118 ist das Prunkstück der Pachtstraße. Curt Heider ließ sich das Eckhaus 1908 am Sophie-Charlotte-Platz erbauen. Der Fabrikant hatte ein Vermögen mit Flaschen verdient, ein Ploppdeckel für Bierflaschen war sein Patent. Vom Cousin Hermann Heider ließ er sich ein Wohn- und Geschäftshaus im Stil der Neorenaissance entwerfen. Das denkmalgeschützte Gebäude blieb bis heute in Familienbesitz. Außen Säulen, Figuren, goldschimmerndes Mosaik. Im Treppenhaus Holztäfelung, wohin man blickt. Intarsien, Schnitzereien, Glasmalerei, der historische Lift – Kaiserdamm in Bestform.

Mit Henrik Burchard sitze ich im vierten Stock. In der Diele einer 480-Quadratmeter-Wohnung. Die Decke ist acht Meter hoch. Eine Treppe führt hinauf in den ehemaligen Dienstbotentrakt. Dort hat er sich eingerichtet. Burchard wurde 1967 in Charlottenburg geboren und ist von Beruf »Miethai« (so sagte er scherzhaft am Telefon). Die Wahrheit ist: Er lebt im Haus und für das Haus. »Anders geht es nicht.« Wir sprechen über falsche Vorstellungen, die sich Menschen von einem privaten Mietshausbesitzer machen. Es geht ihm gut, sagt Burchard, aber vor dem Haus parken keine drei Porsche. Er fährt Oldtimer. Als gelernter Kfz-Mechaniker selbst restauriert. »Das Haus ist vor allem Arbeit. Man muss Energie reinstecken und Geld, viel Geld.« Anderswo wären die Mieteinahmen doppelt so hoch. »Stünde das Haus in München, könnte ich mich zurücklehnen. So aber nicht.« In der Diele hängen Baupläne des Hauses, einige Gemälde, alte

Ansichtskarten. Wir sitzen da wie in einem Rittersaal oder Edgar-Wallace-Streifen. Burchard erzählt über sein Haus voller Leidenschaft. Er will es erhalten, so wie es ist. »Weil es genial entworfen und gebaut wurde. Supergut durchkonstruiert.« Heute muss man neue Wege gehen, um alte Dinge zu pflegen, sagt er. Darum stöbert er in Antiquitätengeschäften und auf Flohmärkten. Alte Glasscheiben, Fensterrahmen, Messingklinken sind dabei Kostbarkeiten für jemanden, der ein Denkmal pflegt. Das Haus liefert täglich neue Herausforderungen. Bei der Fahrstuhlsanierung mussten Teile angefertigt werden. Zur Mosaikrestauration reisten Experten aus Italien an. Mit der Denkmalbehörde versteht er sich gut. Dort hat man naturgemäß Sinn für seine Arbeit. Andererseits der mühsame Weg im Kampf um sein Recht. Vor zwei Jahren bildeten sich kleine Risse an Wänden (er zeigte sie mir). Entstanden, weil die BVG unten vor dem Haus einen Fahrstuhlschacht für die U-Bahn grub. Rechtsstreit, endlos. Die Stadt zeigt ihm die kalte Schulter. »Kennt niemand den schwierigen Untergrund, auf dem Berliner Häuser stehen? New York steht auf Granit, da können sie 200 Stockwerke hoch bauen. Dieses Haus steht auf feuchtem Sand.«

Burchard tut, was er kann, aber er kann nicht alles allein. Im Laufe der Jahre schuf er sich ein Netzwerk von Handwerkern. Vertraute Firmen, auf die Verlass ist. Er kennt sogar Parkettschleifer, die ihr Handwerk noch verstehen. Im Keller zeigt er mir die Reste der alten Warmwasserheizung. Hier stand einst ein Mann und befeuerte den »Fuchs« mit Koks. »Morgens beschicken und anheizen, am Tag Dauerbetrieb, nachts einschränken« liest man auf der uralten Anleitung. Wir sind uns einig, dieser Job war die Hölle. Der Keller ist trocken, überhaupt nicht muffig. »Weil alles durchdacht ist, Luftzug, gute Wände.« Wieder draußen, gehen wir an der Commerzbank vorbei, Hauptmieter im Erdgeschoss. Zwischen den Sandsteinsäulen klemmt ein Kaffeebecher. Burchard nimmt ihn, wie selbstverständlich, und wirft ihn in einen Mülleimer. Eigentum verpflichtet. Aber zu was? Henrik Burchard hat für sich die Antwort gefunden: zum Bewahren. Wie leicht ist ein Haus kaputtsaniert und die Patina perdu. Der Kaiserdamm 118 bewahrt ein Jahrhundert bürgerlichen Lebens wie in Bernstein. Das Gebäude hatte den Krieg halbwegs überstanden. Dass im Mai 1945 die Rote Armee einzog, ist ein Gerücht. Draußen auf dem Platz stand ein zerschossener Panzer, aber das Haus blieb in der Familie. Sie hat alles erhalten, auch in Notzeiten. Genau wie sie heute die Intimsphäre der Mieter schützt. Prominente im Haus? 20 Jahre lebte und arbeitete der Bildhauer Professor Horst Antes im Haus. Bekannt für seine »Kopffüßler«. Er zog dann weiter in die Toskana. Ereignisse? In den 1920er-Jahren sprang einmal eine Frau vom Balkon, im Koksrausch. Mehr Geheimnisse gibt Burchard nicht preis. Die Haustür ist verschlossen, darauf wird geachtet. Sonst würden sich die Schaulustigen stapeln. Es ist ein Mietshaus, kein Museum. Museal war in gewisser Weise nur der »Spitzbogen«, die Kneipe im Erdgeschoss. Da gab es seit 1948 Buletten und Bier, Rouladen und Matjes. Pit war Wirt und Chefkoch und der Hertha-Vorstand Stammgast. Aber Hertha allein machte den Sauerkohl zuletzt nicht mehr fett. Nach 60 Kneipenjahren war 2008 Schluss. Henrik Burchard sagt, wir können ja irgendwann mal ein Bier trinken. Ich werde eins mit dem »Ploppdeckel« bestellen. Ehrensache.

An der Ecke Königin-Elisabeth-Straße der scheinbar nüchterne Kontrapunkt. Hans Scharouns 1928/29 gebautes »Junggesellenhaus« am Kaiserdamm 25. Die Bauhaus-Moderne schuf keine Etagenvillen für Großbürgerfamilien, sondern helle Ein- und Zweizimmerwohnungen für Alleinstehende. Mit modernem Komfort: Zentralheizung, Stromanschluss, fließend Wasser und Garage im Keller. Die Einzimmerapartments bestanden aus Wohnraum mit Bettnische und Erkerfenster, Vorraum mit Einbauschrank und kleinem Badezimmer. Eine Küche war nicht vorgesehen, dafür im Erdgeschoss ein riesiger Gaststättenbereich. Der durfte aber nicht realisiert werden. Es gab behördliche Bedenken. So wurde das Untergeschoss in 14 schmale Ladengeschäfte aufgeteilt. Eine Auswahl des Angebots 1930: Reformhaus, Süßwaren, Konfitüren, Modehaus, Schuhmacher, Kaffeerösterei, Friseur, Papierwaren, Blumen und Schallplatten.

An Scharouns 50. Todestag (es war Zufall) stolperte ich in eines der Treppenhäuser. »Deutsche Investment kauft 114 Wohn- und Gewerbeeinheiten«, hatte ich zuvor auf einem Immobilienportal gelesen. Wie viel Geld im Spiel war, stand dort nicht. Im Treppenhaus fielen mir die runden Fenster ins Auge. Kaiserdamm-Blick wie durch Bullaugen. Ursprünglich sollten die Mieter tatsächlich alleinstehend sein, Junggesellen und Single-Frauen. In den 1930er-Jahren gehörte zu ihnen die Fliegerin Elly Beinhorn. Sie war aber selten zu Hause. Alleinflüge nach Afrika, Amerika, um die ganze Welt. Immer unterwegs. So berühmt zu sein wie die Beinhorn, davon träumte ihre Nachbarin Irma Godau, eine heute vergessene Schauspielerin. Ihre denkbar kurze Filmkarriere dauerte nur von 1930 bis 1931. Ein paar Apartments weiter lebte ein wirklicher Kinostar. Anita Dorris blieb aber nicht lange am Kaiserdamm. Sie heiratete 1930 den Regisseur E. W. Emo und gab ihm zuliebe die Filmerei auf. Den Dauermietrekord hält womöglich Gerda Schimpf. Ende der 1930er-Jahre war sie eingezogen. Sie arbeitete in Berlin als Porträtfotografin in verschiedenen Ateliers, fotografierte auch Mode, Kunst,

Scharouns »Junggesellenhaus« Kaiserdamm 25

Messestände und Architektur. Nach dem Krieg wirkte sie bis 1978 am Lette-Verein als Dozentin für Fotografie. Bis ins hohe Alter war Gerda Schimpf am Kaiserdamm unterwegs, stöberte gern bei »Buch & Kunst« und fotografierte natürlich. Sie wohnte bis zu ihrem Tod 2014 im Junggesellenhaus und blieb zeitlebens unverheiratet. Die Fotografin wurde 101 Jahre alt. Ihr Lebenswerk ist in einem Archiv mit über 10.000 Aufnahmen erhalten.

Scharouns sechsstöckiges Apartmenthaus von 1925 wirkt wie ein Gegenentwurf zum repräsentativen Mietshaus Kaiserdamm 118, das nur 20 Jahre älter ist. Die beiden Häuser dokumentieren einen epochalen Architekturwandel, der sich nach dem Ersten Weltkrieg vollzog. Die Häuser Kaiserdamm 118 und 25 gehören zu den letzten und ersten ihrer Art.

Heute sind beide »Altbauten«. Bemerkenswert: Inzwischen hat die Moderne architektonisch den klassischen Kaiserdamm wiederentdeckt.

Am spitzwinkligen Grundstück Kaiserdamm 116 wuchs der Anthropologe, Psychoanalytiker, Sexualforscher, Autor und Filmemacher Ernst Bornemann auf. Als 18-Jähriger ging er 1933, wenige Wochen vor seinem Abitur, ins Exil. Im Kaiserdamm-Haus betrieben seine Eltern Curt und Hertha Bornemann seit 1919 ein Geschäft für Kinderbekleidung. Allerdings torkelte das Geschäft ständig am Rande des Konkurses, schrieb der Sohn in seiner Autobiografie. »Es ging schlecht, weil Vater und Mutter von unheilbarer Ehrlichkeit und deshalb konstitutionell ungeeignet für das Gewerbe waren, das sie sich ausgesucht hatten.« Das Haus wurde im Krieg zerstört, für Jahrzehnte fand man an der Ecke eine Esso-Tankstelle. Seit 2019 leistet dort ein neues Haus mit 82 Eigentumswohnungen einen Beitrag zur »Stadtbildreparatur«. Diesen Begriff verwendete Robert Patzschke, dessen Architektenbüro den Neubau entwarf. Auf das Gespräch mit ihm hatte ich mich gefreut. Man begegnet nicht so leicht einem lebendigen Kaiserdamm-Architekten. Vor Patzschke traute sich niemand, an die Gebäude der Kaiserzeit anzuknüpfen. »Vor 25 Jahren war es undenkbar, eine Fassade klassisch wie am Kaiserdamm zu gliedern«, erklärt mir der Architekt, 1972 in Berlin geboren. Der Paradigmenwechsel begann erst mit der Diskussion um das historisierende neue Adlon, entworfen von Patzschkes Vater und dessen Zwillingsbruder. Rüdiger und Jürgen Patzschke waren davon überzeugt, dass nur die architektonische Tradition die Stadt wieder schöner und lebenswerter machen könnte. Womit man schnell am Kaiserdamm ist. »Die große, breite Straße mit dem weiten Blick und teilweise schönen Bauten hat mich schon immer beein-

Entwurfsskizze des Neubaus Kaiserdamm 116

druckt«, erklärte mir Robert Patzschke. Sein Team hat bestehende Kaiserdamm-Fassaden und -Grundrisse nicht kopiert oder nachgebildet, sondern neu interpretiert. »Wir sind losgegangen und haben vor Ort geschaut. Dabei ging es nicht um Details von anderen Häusern, sondern um ein intuitives Aneignen der Umgebung.« Merkwürdigerweise verstand ich sofort, was er meinte. Als sich der Neubau ankündigte, hatte ich Angst. Wie vor jedem Neubau. Wieder ein Glaspalast, Schießschartenfenster oder etwas Verrücktes aus »Neuheitenzwang«? Als ich das fertige Eckhaus sah, begrüßte es mich wie einen alten Bekannten. Aber wer entscheidet, ob das Gebäude geglückt ist? »Jemand wie Sie«, sagt Patzschke. »Aber ich bin doch kein Architekturexperte«, erwidere ich. »Doch!« Das Gefühl der Menschen beim Anblick von Architektur hält er für wesentlich genug, um sich ein Urteil zu bilden. Na, wenn das so ist …

Nachbarn

Von Lilian, Willy und Feo, dem Zahnarzt von David Bowie, Oma Nettchens Goldmünzengeheimnis und einer Hotelchefin mit Fantasie

Am Kaiserdamm leben Nachbarn wie überall in einer großen Stadt: nebeneinander, selten füreinander, bestenfalls miteinander. Als Höflichkeitsbeweis genügt ein Kopfnicken im Treppenhaus. Bisweilen nimmt man Pakete an. Die Namen der Nachbarn kennt man vom Klingelschild. Meine Eltern baten nie um eine Tasse Zucker und wurden auch nie danach gefragt. Andererseits: keine Lärmbeschwerden. Leben und leben lassen am Kaiserdamm.

Woher diese seltene Toleranz? Der Mensch ist doch sonst nicht begabt für friedliche Koexistenz. Herrschaftszeiten, womöglich haben Kaiserdamm-Menschen einfach weniger Sorgen. Sie stehen selten knietief im Existenzkampf.

An die neue Charlottenburger Prachtstraße zogen Besserverdiener mit ihren Familien. Ärzte, Bankiers, Fabrikanten, Architekten, Kaufleute, Ingenieure, Offiziere und Rechtsanwälte. Man findet sie versammelt in den zeitgenössischen Adressbüchern. Auffällig ist, wie viele Musiker sich am Kaiserdamm niederließen. Die Erklärung dieses Heeres von Kammersängern, Violoncellisten und Stimmbildnerinnen liegt drei U-Bahnstationen entfernt und heißt: Deutsches Opernhaus. Der Vorgängerbau der Deutschen Oper wurde am 7. November 1912 mit Ludwig van Beethovens »Fidelio« eröffnet. Vom Kaiserdamm fuhren die Künstler mit der U-Bahn zur Arbeit. Wie in ganz Charlottenburg war auch der Anteil der jüdischen Bewohner überdurchschnittlich hoch.

Heute erinnern Dutzende Stolpersteine vor Kaiserdamm-Häusern an die verschleppten, misshandelten und ermordeten Nachbarn. Eine Aufzählung aller prominenten Bewohner wäre tatsächlich ermüdend lang, aber einigen werden wir noch begegnen. Die Köchinnen und Kindermädchen verzeichnete kein Adressbuch. Ebenso fehlen die Untermieter, und seien sie noch so prominent. Von einem sehr bekannten Kaiserdamm-Untermieter ist nun die Rede. Schon allein, um an Feos großes Autogramm-Abenteuer zu erinnern …

Das erste Traumpaar des Tonfilms war nur auf der Leinwand liiert. Lilian Harvey wohnte in einer Westend-Villa, Willy Fritsch am Kaiserdamm. Meine Großmutter Feodora Ohmann war Fan und wollte das scheinbar Unmögliche: ein Doppelautogramm. So radelte sie zur Ahornallee und klingelte an der Villa mit der Hausnummer 16–17. Es öffnete – eine Zofe. Sie hieß Mary. Feo fragte höflich nach einem Autogramm der Hausherrin. Tatsächlich erschien wenig später Lilian Harvey in der Tür und überreichte eine Fotokarte mit ihrer Unterschrift. Der Star aus »Die Drei von der Tankstelle« hatte sich eben erst in Westend eingemietet. Zusammen mit ihrer Mutter, der Zofe, ihrem Hund Chicky, einem Papagei und dem Bechstein-Flügel. Feodora dankte mit Knicks.

Jetzt weiter zu Willy. Wo er wohnte, hatte ihr eine Freundin verraten. Die kleine Kinofanatikerin fuhr mit dem Rad den Kaiserdamm hinunter bis kurz vor die Brücke. Am Haus 95 klingelte sie an einer hohen Wohnungstür. Es öffnete – eine ältere Dame. Sie hieß Frau Silten. Bei der Fabrikbesitzergattin wohnte Willy Fritsch seit 1925 zur Untermiete. Er musste aber nicht wie andere Kaffee auf einem Spirituskocher brühen. Der Ufa-Star hatte nach und nach immer mehr Zimmer in Beschlag genommen und die Wohnungsinhaberin dazu. Sie kümmerte sich mit mütterlicher Zuneigung um ihren Willy. Dazu gehörten das Essen, die Wäsche und vor allem Diskretion. Das Erste, was sich Fritsch nach eigener Erinnerung am Kaiserdamm anschaffte, war ein vier Meter breites Mahagonibett. »Wen auch immer ich in diesem Prunkstück empfing, die gute Frau Silten ignorierte es vornehm, denn sie war eine Dame«, erinnerte er sich später. Feo hatte andere Sorgen. War Herr Fritsch zu Hause? Frau Silten verschwand, und wenig später begrüßte der Schauspieler meine Oma an der Wohnungstür. Praktisch, dass Lilian die gemeinsame Starpostkarte bereits unterschrieben hatte. So musste Willy seinen Kaiser Wilhelm nur daneben setzen. Was er gern tat. Feo machte erneut einen Knicks – und war selig. Ein Schatz für ihr Staralbum. Darin auch signierte Porträts von Olga Tschechowa und Camilla Spira. Beide in den 1930er-Jahren große Filmstars. Die Tschechowa wohnte Kaiserdamm 74, unweit des damaligen Reichskanzlerplatzes, die Spira im großen Eckhaus Kaiserdamm 118 am Sophie-Charlotte-Platz. »Alle selbst gesammelt«, notierte Feodora stolz auf einem Zettel, der bis heute als Echtheitszertifikat im Album liegt.

Ein Nachtrag zu Untervermieterinnen. Um 1910 lebte Robert Walser für kurze Zeit am Kaiserdamm 96. In seiner Erzählung »Frau Wilke« (1917) schilderte der Schweizer Schriftsteller eine »hagere, magere, große Frau«, die dem jungen Dichter ein Zimmer vermietete. »Was sind Sie, fragte die Dame. Dichter, gab ich zur Antwort. Schweigend entfernte sie sich.« So beginnt eine eher tragische Geschichte. Die Vermieterin stirbt am Ende einsam und verarmt. Anders als Ufa-Star Fritsch, nagte der Poet Walser ständig am Hungertuch. Im April 1913 verließ er Charlottenburg und zog zurück in die Schweiz. Sein Kaiserdamm-Wohnhaus war bemerkenswert. Eine Zeitung schrieb 1908: »Die hier sehr steile

Großmutter Feos Trophäe: die in der Ahornallee und am Kaiserdamm ergatterten Autogramme von Lilian Harvey und Willy Fritsch

Bahnböschung wird von den aus Sandsteinquadern bestehenden mächtigen Fundamenten gebildet, denen sich der burgähnliche Oberbau auflagert«. In dieser Burg fand man das »Brückenschloss«, eine Großgaststätte. Für den Neubau der Stadtautobahn musste das gesamte Gebäude weichen. Die Sprengung führte Anfang der 1960er-Jahre die Spezialfirma Halter durch. »Mein Vater hat damals einige Sprengungen filmisch festgehalten«, verriet mir der heutige Geschäftsführer Christoph Halter. »Dieser gehört zu meinen Lieblingsfilmen.« Man sieht in zwölfeinhalb Minuten, wie Sprengmeister ihr Werk tun. Geschäftsleute schützen ihre Schaufenster mit Sperrholzplatten und Netzen. Polizisten sperren den Damm, VW Käfer und Kabinenroller stoppen, eine verirrte Dame wird in Sicherheit geleitet. Dann bläst jemand die blecherne Sprengfanfare. Man sieht drei Zündungen, und der Gebäudekomplex stürzt plangemäß ein. Nach wenigen Minuten verzieht sich die Staubwolke, Autos und Fußgänger können wieder passieren, S-Bahnzüge unter der Brücke fahren wieder an. Vom Brückenschloss blieb nur ein Trümmerhaufen. Die Hausnummer 96 gibt es seitdem nicht mehr.

Studiert man die alten Adressbücher, sind Maurer und Tapezierer, Hochbahnschaffner, Fahrstuhlführer und Klempnermeister am Kaiserdamm kaum zu finden. In den 1920er- und 1930er-Jahren war es leichter, einen Schriftsteller am Kaiserdamm zu finden, als einen Schuster. »Prunkende Gelassenheit« attestierte Iwan Heilbut dem Kaiserdamm im Jahr 1930.

In meinem Haus am Kaiserdamm 27 wohnten keine Prominenten, aber sie kamen regelmäßig zu Besuch – bei Dr. Weyers. Der Zahnarzt praktizierte damals in der Wohnung unter uns. Ein quirliger Mann mit markantem Schnurrbart und hellwachen Augen. Er wäre gewiss nicht böse, wenn ich ihn Promizahnarzt nenne. Dr. Horst Weyers stammt aus einer Medizinerfamilie, schon Vater und Großvater waren Zahnärzte. Er selbst hatte sich früh einen guten Ruf in Sport- und Künstlerkreisen erarbeitet und 1977 seine Praxis am Kaiserdamm eröffnet. Spezialgebiet: ästhetische Zahnheilkunde. »Stars im Rampenlicht brauchen das makellose Lächeln«, betont er. Ein weiteres wichtiges Standbein waren die Eishockeyspieler. Daran ist wiederum der Kaiserdamm nicht unschuldig, denn die Cracks des Berliner Schlittschuhclubs spielten in der Eissporthalle an der nahen Jafféstraße. Horst Weyers war der beste Zahnarzt in der Nähe, und beim Pucknachjagen geht schon mal eine Zahnreihe in die Brüche. Bei den Preussen war jedenfalls einiges zu reparieren. »Jim Setters kam nach einer schlimmen Rauferei nach einem Spiel zu mir. Fünf Zähne waren samt Kieferknochen herausgerissen. Bis nachts um drei Uhr habe ich ihn zusammengeflickt«, erinnert sich Weyers, der auch selbst Eishockey spielte. Die Nähe zum Sport machte ihn erfinderisch. Für Boxer entwickelte er einen speziellen Zahnschutz, der nicht mehr aus dem Mund fallen konnte. Auch Fußballprofis von Hertha BSC vertrauten ihr Lächeln Dr. Weyers an.

Womöglich hätte ich meinen ehemaligen Nachbarn schon viel früher einmal angesprochen, wenn ich gewusst hätte, wen er alles in seinem Behandlungsstuhl sitzen hatte. So sind mir beim Zahnarztbesuch in unserem Haus David Bowie und Bette Midler entgangen, Udo Lindenberg und Frank Zander. Ich saß womöglich in meinem Zimmer, klimperte auf der Gitarre, während eine Etage tiefer ein Backenzahn von Bowie verarztet wurde. Das können nicht viele Menschen von sich behaupten! Bowie war auch der einzige Patient, der bei Weyers im Behandlungsraum rauchen durfte. Als wir uns im Frühjahr 2023 das letzte Mal über den Weg liefen, übergab Weyers gerade seine Praxis an seine Tochter Pia. Er selbst war vor rund 20 Jahren aus der Nummer 27 ins Ärzte-Eckhaus Kaiserdamm 26 umgezogen. Nun Ruhestand, schon mit Mitte 70? Bei einem Mann mit seiner Energie eigentlich kaum vorzustellen. Aus glaubhafter Quelle weiß ich jedoch: Horst Weyers behandelt weiter. Wahrer Sportsgeist zeigt sich in der Verlängerung.

Uns gegenüber – es gibt nur zwei Wohnungen pro Etage – lebten zwei freundliche mittelalterliche Männer. Eine Landplage war dagegen der Junge im dritten Stock. Zwei entscheidende Jahre älter als ich und boshaft. Er warf Wasserbomben und anderes mehr. Recht bald war dieser Spuk vorbei, er zog mit seiner Familie aus. Auch die beiden netten Herren bestellten den Möbelwagen. Es gab bei solchen Gelegenheiten keine Verabschiedungen, wie es ja auch niemals Begrüßungen gab. Gegenüber zogen keine neuen Nachbarn ein. Bis 1987 wurden sämtliche Wohnungen der linken Hausseite zu Pensionszimmern. Wenn die Wohnungstür länger offenstand, etwa beim Ausladen des Autos, kam es zu kuriosen Begegnungen. Manchmal standen Wildfremde mit Koffern in unserer Wohnung. »Welche Zimmernummer ist das hier?« Wir baten die verirrten Pensionsgäste dann höflich aus unserer Diele.

Andere »ungebetene Gäste« gab es Jahrzehnte vorher im Haus, nur wurden sie wohl nie bemerkt. Im Februar 2023 stieß ich auf ein Online-Archivfindbuch zu erhaltenen Stasiakten. Gewohnheitsgemäß gab ich in der Volltextsuche den Begriff »Kaiserdamm« ein. Ergebnis: Von 1953 bis 1955 beobachtete die Staatssicherheit der DDR das Haus Kaiserdamm 27. Die Ostagenten sammelten Material zur Organisation »Bund für Freiheit und Recht« (BFR), deren Berliner Landesverband seinerzeit eine Wohnung im Haus angemietet hatte. Der BFR hatte sich in Abgrenzung zur VVN gegründet, der »Vereinigung der Verfolgten des Naziregimes«. Ihr hatte man nach 1949 im Westen Parteigängerei für die SED vorgeworfen. So kam es zur Gründung von weiteren Verfolgtenverbänden, deren Arbeit die Stasi offenbar interessierte. Drei Bände Ermittlungen finden sich unter der Signatur AS 192/56 des Stasiunterlagen-Archivs (BStU). Die Bespitzelung hatte nach Aktenlage 1955 ein Ende.

Das Jahr 1955 markiert den wichtigsten Wendepunkt in der Haushistorie. Damals begann die Ära Brandies und bald darauf der Fremdenverkehr. Sibylle Korbmacher erzählte mir davon. Unter ihrer Leitung wurde eine kleine Pension zum Hotel. Seit Jahrzehnten wollte ich spaßeshalber für eine Nacht einchecken, sozusagen »undercover«, aber das Agentenkapitel hatte das Haus ja schon hinter sich. Wie ich dann erfuhr, gilt die Gastfreundschaft im Hotel auch für ehemalige Mieter. Im Herbst 2022 luden mich Sibylle Korbmacher und ihre Mutter Lilli Brandies ein. Wir tranken im Frühstücksraum Kaffee und plauderten über die spannende Geschichte des Hotels. Sie begann mit einer Erbschaft und nahm ihren Lauf mit Oma Nettchen. Doch alles der Reihe nach. Lilli Brandies und ihr Ehemann Harry erbten 1955 das Mietshaus von einem alleinstehenden Großcousin, dem Konditormeister Walter Wett. Ein schwieriges Erbe. Frau Brandies berichtet: »Die Immobilie war hoch verschuldet. Da wir aber beide als Zahnärzte Geld verdienten, beschlossen wir, uns die finanzielle Bürde aufzuhalsen.« Wenig später kam Oma Nettchen ins Spiel. Sie hieß eigentlich Natalie Brandies und war Lillis Schwiegermutter. Ein Unikum von seltener Energie, wie Schwiegertochter und Enkelin sie übereinstimmend beschreiben. Ein Jugendfoto zeigt die 1901 geborene Natalie lächelnd, mit lockigem Haar, Schlips und modischem Hut. Sibylle Korbmacher berichtet weiter: »Tatsächlich stand sie mit einem Dutzend Koffern vor der Tür und überredete Papa, ihr die beiden schönsten Wohnungen in den oberen Geschossen zu überlassen. Sie wollte dort eine Pension einrichten.« Harry Brandies stimmte diesem Vorschlag zu. Nicht zuletzt wohl aus Verzweiflung ob der Hartnäckigkeit seiner Mutter.

14 Zimmer waren einzurichten. Nettchen brauchte 14 Betten und 14 Schränke, 14 Teppiche und 14 Waschkrüge. Hierbei kamen ihr Organisationstalent und Einfallsreichtum zugute. Für den Salon in der Atelierdiele kaufte sie ein Klavier. Pianisten rekrutierte Nettchen im Ankunftszentrum für Ostflüchtlinge. So eröffnete sie 1957 die »Pension Mania«, Mania war Natalies Mädchenname. Was ihre Familie dann überraschte: Die Pension brachte etwas ein. Die Lage unweit des Messegeländes war günstig und entsprechend gefragt. Oma Nettchen selbst blieb dabei bescheiden, schlief in einer Ecknische in der Hotelküche (heute Zimmer Nr. 54). Ihre

Enkelin erinnert sich gut daran, wie ihre Großmutter die Ersparnisse aufbewahrte. »Sie tauschte das Geld in Goldmünzen und hortete sie unter ihrer Matratze.« Die Ära der Goldmünzen währte jedoch nicht lange. Wie viele Zeitgenossen rechnete Familie Brandies nach dem Mauerbau 1961 damit, dass die Westalliierten die halbe Stadt aufgeben würden. Daraufhin verließen sie das Haus am Kaiserdamm und zogen ins hessische Städtchen Weilburg. Nettchens Pension wurde verpachtet.

Ende der 1970er-Jahre wurden Harry und Lilli Brandies zunehmend unzufriedener mit den wechselnden Pächtern. Die weltpolitische Lage hatte sich entspannt, dafür stiegen Betriebs- und Instandsetzungskosten für das Haus. »Mein Vater suchte einen zuverlässigen neuen Partner, der einen Anteil an diesen Kosten tragen würde. Meine Chance war gekommen«, erzählt Sibylle Korbmacher. »Schon als kleines Mädchen mochte ich die Atmosphäre in der Pension Mania. Mithilfe meiner Mutti gelang es mir, meinen Vati zu überzeugen, die Pension in meine Hände zu legen.« Einmal mehr musste sich Harry Brandies weiblicher Willenskraft geschlagen geben. So kam es, dass Nettchens Vermächtnis 1982 von ihrer Enkeltochter erfüllt wurde. Sibylle Korbmachers Startkapital waren 10.000 DM aus dem Verkauf einer Ruine mit Ziegenstall. Die hatte sie einst von ihrer Oma in einem hessischen Dorf geschenkt bekommen. »Mit jugendlichem Schwung und der Hilfe meiner Schwester Gabi stürzte ich mich in die Selbstständigkeit. Mein erster Gast blieb eine Woche, mietete Zimmer Nummer 40. Für 37 DM inklusive Frühstück pro Tag.«

Die Pension hatte damals ein Dutzend Zimmer. Freie Betten meldete die Chefin jeden Morgen telefonisch dem Verkehrsamt. Eine Charlottenburger Brauerei sponsorte

Oma Nettchen als junge Frau

einen beleuchteten »Mania«-Schriftzug an der Hauswand. Praktischerweise war Nettchens Improvisationstalent auf die Enkeltöchter übergegangen. Wenn irgendwo ein West-Berliner Hotel Möbel ausrangierte, standen sie auf der Matte. Kaiserdamm statt Kippe, schön aufgearbeitet für ein zweites Leben in ihrer Pension. Dämpfer gab es natürlich auch. Der ehemalige Pächter hatte den Pensionsnamen »Mania« mit an den Kudamm genommen. Die Klage um den Mädchennamen von Oma Nettchen scheiterte. Lilli Brandies schlug als Ersatz »Pension Brandies« vor. Gutes Omen: So kam abermals der Mädchenname der Betreiberin zu Ehren.

Pro Etage gab es damals nur ein Bad und eine Toilette. Die Zimmer hatten Handwaschbecken, zwei von ihnen zusätzlich eine freistehende Duschkabine. »Das war seinerzeit eine ziemlich moderne Ausstattung. Ärgerlich war jedoch morgens die Schlange vor dem Etagenbad. Die Gäste der

Mansardenzimmer mussten ungewaschen und mit verstrubbelten Haaren quer durch den Frühstücksraum. Das war sehr peinlich und führte zur ersten Renovierung: Die Empore bekam Wasser und eine Toilette.« Bei allem Enthusiasmus nicht zu vergessen: Frau Korbmacher und ihr Mann waren junge Eltern, studierten noch Medizin. Ein Glücksfall, dass Tante Evi Fuldt zur Pension stieß und als Allroundkraft wirbelte. »Den Nachmittagsdienst übernahm Frau Kanski, und nachts machten wir einfach zu. Wenn doch jemand kam, hörten wir die Klingel und mussten runter, um die Haustür zu öffnen.«

Wie Nettchen hatte auch Sibylle mit ihrem Konzept Erfolg. Aber der Einsatz war hoch. »Meinen ersten Bankkredit in Höhe von 20.000 DM bekam ich nur, weil ich als Sicherheit unseren alten Volvo verpfändete und mein Mann mit seinem Assistenzarztgehalt für mich bürgte.« Bis 1987 kamen von der linken Haushälfte die Wohnungen der ersten, zweiten und dritten Etage zur Pension. Sie durfte sich nun »Hotel-Pension Brandies« nennen, von der Deutschen Hotelklassifizierung mit drei Sternen bedacht.

1989 bis 1991 lebte Familie Korbmacher mit ihren vier Kindern in den USA. Sibylles Mann hatte das Angebot bekommen, an der Yale-Universität seinen Doktor zu machen. Kurz vor der Abreise stellte die Hotelchefin die Rezeption von Bleistiftliste und Zettelkartei auf Computerprogramm und Fax-Reservierung um. Dann übergab sie alles zu treuen Händen ihrer Tante Evi.

Wenig später der welthistorische Paukenschlag. Der Mauerbau hatte 1961 zur Verpachtung und vielen Sorgen geführt, der Mauerfall im November 1989 bedeutete ungeahnte Herausforderungen und einen wirtschaftlichen Glücksfall. Evi ließ Zusatzbetten aufstellen, improvisierte und organisierte. »Das Brandies lief ausgezeichnet, denn Berlin wurde damals von Gästen überschwemmt«, berichtet Sibylle Korbmacher. Womöglich war der Besucherboom sogar die Rettung für die damals finanziell angeschlagene Hotel-Pension. Seit Anfang der 1980er-Jahre herrschte nämlich Flaute im Berlin-Tourismus. Im Jahr 1992 – Familie Korbmacher war zurück in Berlin – der nächste große Schritt. Die Rezeption wanderte vom fünften Stock ins Erdgeschoss, eingerichtet in den Räumlichkeiten des ehemaligem Elektroladens. Eine Million DM verschlang die Investition und verwandelte die Hotel-Pension in ein Hotel. Das Brandies in seiner heutigen Gestalt mit 24-Stunden-Rezeption, Lobby und Frühstücksraum war entstanden. Es ist der Zeitpunkt, an dem meine persönliche Beziehung zum Haus endete. Denn kurz nach dem Aufstieg zum Hotel (inzwischen Kategorie 3 Sterne Superior) zogen wir aus.

Doch die Wege des Schicksals sind verschlungen. Nachdem ich 2022 ein Buch über die Filmstadt Berlin veröffentlicht hatte, meldete sich die Senatskanzlei bei mir. Sie bat mich um einen Artikel für »Aktuell«. Eine Zeitschrift für Berlinerinnen und Berliner in aller Welt, die ihre Heimatstadt während des Nationalsozialismus verlassen mussten. Im Archiv der Zeitschrift stieß ich auf einen Leserbrief vom Juni 2009, der mich sehr berührte. Er lautet so: »Ich wurde 1928 in Berlin geboren und lebte bis zu unserer Auswanderung nach Santiago de Chile im Dezember 1938 mit meiner Familie am Kaiserdamm 27 in Charlottenburg. Das Haus wurde im Zweiten Weltkrieg nicht zerstört, und bei meinem ersten Besuch zurück in Berlin konnte ich dank der sehr liebenswürdigen Dame, die dort lebte, die Wohnung wiedersehen, an die ich mich so gut erinnerte. Bei einem späteren Besuch in Berlin mit meinem Mann stellten wir fest, dass ein Teil des Gebäudes zu einem Hotel namens Hotel Brandies umgebaut wurde. Im August letzten Jahres 2008 feierten mein Mann und ich unseren 60. Hochzeitstag. Wir beschlossen, diesen Meilenstein zu feiern, indem wir unsere Kinder und Enkelkinder einluden, meine Heimatstadt Berlin zu besuchen. Wir hofften, Zimmer im Hotel Brandies mieten zu können und Zimmer in derselben Wohnung zu bekommen, in der ich vor siebzig Jahren aufgewachsen war. Wir kontaktierten das Hotel viele Monate vor unserem Besuch und erzählten ihnen unsere Geschichte, dass ich im ersten Stock gewohnt hatte und dass wir alle benötigten Zimmer auf diesem Stockwerk reservieren wollten. Die Hotelleitung war sehr verständnisvoll und stellte uns diese Zimmer zur Verfügung. Ich kann kaum die Emotionen beschreiben, die wir alle empfanden, als wir unvergessliche Tage in meinem Elternhaus verbrachten. Ursula Flatow geb. Goldschmidt«

Familie Goldschmidt war Mieter der ersten Stunde. Siegfried Goldschmidt wohnte als promovierter Jurist und Gerichtassessor seit 1911 im Haus. Sein Spezialgebiet war internationales Handelsrecht. Leider konnte ich Ursula Flatow nicht erreichen, trotz aller Bemühungen und Unterstützung der Senatskanzlei. Ich hätte viele Fragen zu »unserem« Haus. Ich hätte sie beispielsweise gefragt, ob sie sich an Gisela erinnerte. Sie wurde 1925 geboren, war nur drei Jahre älter als Ursula und die Tochter von Anita und Dr. Kurt Oppenheim. So rief ich Leibl Rosenberg in Nürnberg an und wir sprachen über Gisela. Ein Frühlingstag 2023, gerade war Ostern vorbei, mein Gesprächspartner feierte noch Pesach. »Ich bin ein bayrischer Jude«, sagte Leibl Rosenberg. »Wie kann ich Ihnen helfen?« Es gehe um ein Buch, das einst Gisela Oppenheim gehörte, sagte ich. Ich stieß im Katalog der Stadtbibliothek Nürnberg darauf. Ein Band aus der Sammlung von verfolgungsbedingt entzogenem Kulturgut. Über 8000 Schriften in 25 Sprachen, die Juden, Freimaurern und Priestern seit 1933 von NS-Machthabern in ganz Europa geraubt wurden. Rosenberg betreut die wertvolle Sammlung und erklärt mir: »Die Bücher kamen in die Privatbibliothek des Gauleiters Julius Streicher oder die Redaktionsbibliothek des antisemitischen Hetzblattes ›Der Stürmer‹. Nach dem Krieg wurde die zusammengeraubte Bibliothek von der Israelitischen Kultusgemeinde als Dauerleihgabe der Stadt Nürnberg und der Stadtbibliothek überlassen.« Rosenberg ermittelte und dokumentierte Tausende Vorbesitzer, darunter Gisela Oppenheim vom Kaiserdamm 27. »Ihr Namenszug mit Adresse steht in einer Grammatik der hebräischen Sprache von Simon Unna. Die Ausgabe stammt von 1894.« Der Familie des Arztes Kurt Oppenheim war es 1938 gelungen, nach London überzusiedeln. Aus Gisela wurde Gili, und wie ihr Vater studierte sie Medizin. Dr. Gisela Heymann, geb. Oppenheim, starb 1999 im Alter von 74 Jahren. Leibl Rosenberg sagt, wenn ich einmal nach Nürnberg komme, dann gehen wir in den Biergarten. Aber nicht jetzt an Pessach, da dürfe man nur Wein trinken.

Nebenan

Vom Konditor Fröhlich und einem traurigen Romancier, von Judy, die Marlene war, Optiker Willy, Miss Abendschau und Lehrer Bömmel

Wer sein Haus am Kaiserdamm verlässt, der geht zur Arbeit, zum Einkaufen, zum Sport, auf Reisen oder sonst wohin. Man öffnet die Haustür, ist in Gedanken. Das Nebenhaus fliegt achtlos vorüber. Wieder zurück, kramt man auf den letzten Metern nach dem Schlüssel. Das Nebenan abermals Nebensache. Meine Nachbarhäuser liegen auf der Nordseite des Kaiserdamms. Kommt man aus dem Haus: links die 26, Ecke Königin-Elisabeth-Straße, rechts 28 und 29 bis zur Ecke Meerscheidtstraße. Zuerst nach links.

Vor mir liegt der Katalog für die »Große Deutsche Funkausstellung 1963«. Darauf abgebildet der Funkturm, darin Informationen für Besucher und Aussteller auf 200 Seiten. Ein Flohmarktfund, in dem ich unter der Rubrik »Wohin in Berlin« alte Bekannte traf. Neben Kranzler, Hutmacher und Möhring wird das »Café Fröhlich« empfohlen. Die Telefonnummer der Konditorei geistert bis heute über kulinarische Online-Portale. Kann man mal wieder sehen, wie die digitale Welt überschätzt wird! Denn das Fröhlich gibt es seit Jahrzehnten nicht mehr. Das Gebäude am Kaiserdamm 26 verwandelte sich in ein Ärztehaus. In den Räumlichkeiten findet man heute eine Apotheke. Sie gehört Claudia Neuhaus, die auch die 1929 von Heinrich Klotz gegründete Witzleben-Apotheke am Kaiserdamm 24 betreibt.

Warum wurden Messebesucher 1963 eigentlich nicht auch ins »Café Kammann« geschickt? Seit 1910 am Kaiserdamm 8,

Höhe Lietzensee, berühmt für köstliche Baisers und Tortenschlacht (»An Sonn- und Feiertagen nur Kännchen«). Freilich änderte sich immer mal der Name. Aus »Eerdens Cacao- und Likörstube« wurde in den 1930er-Jahren die »Conditorei Schneidt«. 1960 übernahm Konditormeister Heinrich Kammann das Geschäft, das er 20 Jahre später an seinen ehemaligen Lehrling Norbert Finger weitergab. Das Café präsentierte sich bis zuletzt im Stil der 1950er-Jahre. Im »Tagesspiegel« las ich: »Kamman hingehen – und nach diesem Kalauer könnte das Café auch Mussman heißen. Denn hier lebt noch eine Tortentradition aus Wirtschaftswunderzeiten, mit Raffgardinen im Fenster, mit Plüsch und Lesezirkelzeitschriften und goldenen Garderobenständern. Die Tortenvitrine ist gewaltig, und die Stücke sind es auch.« So poetisch kann Presse sein. Nach rund 100 Jahren schloss das Kammann 2010. Die Räumlichkeiten wurden in einen Kindergarten umgewandelt. Früher Ü60, heute U6.

Zurück zur Ecke. Fritz Fröhlich hieß der Urahne des Cafés, das seit Anfang der 1930er-Jahre existierte. Neben dem Verkauf von Brot und Kuchen bediente der Chef seine Stammgäste auf der Ladengalerie. 1959 erschien ein Fortsetzungsroman mit dem Titel »Filmball«. Darin nach vielen aufregenden und amourösen Verwicklungen der schöne Satz: »Vorgestern gehe ich ins Café Fröhlich am Kaiserdamm, ganz zufällig, da gibt's nämlich den besten Kuchen von Berlin.« Die hübsche Gepflogenheit der Bewirtung in der Galerie übernahm in den 1960er-Jahren der neue Besitzer Walter Radke. Zu den »fröhlichen« Besuchern zählten Anwohner und Geschäftsleute. Optikermeister Eberhard Wittig, dem wir in Kürze begegnen werden, genoss hier fast täglich seinen Kaffee. Das Fröhlich war natürlich auch unser Bäcker. Nur mein Vater ging manchmal fremd, zu »Lenôtre« ins KaDeWe.

Vor der Konditorei gab es samstagabends Zeitungsverkauf, wie an vielen Berliner Straßenecken. Betrieb bis Mitternacht und gefragt die Sonntagsausgaben von »Berliner Morgenpost« und »Tagesspiegel«. Darin Anzeigen für Wohnungen, Autos und Jobs. Meine Eltern schickten mich manchmal hinunter, um eine Zeitung zu kaufen. Die »Mopo« kam kurz vor dem »Aktuellen Sportstudio« und duftete nach Druckerschwärze. Als Botenlohn fiel eine »Micky Maus« oder ein »Mad« ab. Dieser Zeitungsverkauf am späten Samstagabend war ein magischer Moment. Führte er doch für einen Augenblick den Kaiserdamm-Kiez zusammen. Ich erinnere mich, wie die Menschen beim Warten auf die Zeitung – sie kam mal früher, mal später – miteinander plauderten. Sie rauchten eine Zigarette, boten sich gegenseitig eine an. Als Kind stand ich abseits, beobachtete aber umso genauer die fast immer gleiche Szene. Dann hielt das Lieferauto, die gebündelten Zeitungsbatzen wurden abgeladen, und der Verkauf begann. Augenblicke später war die kleine Versammlung der Nachbarschaft wie von Geisterhand verschwunden. Alle zogen mit der Zeitung unter dem Arm ihrer Wege, auf mich wartete Dieter Kürten im Sportstudio.

Meinen Vater interessierten an der Sonntagszeitung nicht Jobs oder Wohnungen, sondern Gebrauchtwagen. Wir fuhren seit Anfang der 1970er-Jahre in chronologischer Reihenfolge: Ford, Opel, Mercedes. Ein Audi war nicht darunter. Dabei hätte gerade diese Marke recht gut zu unserer Straßenecke gepasst. Direkt an der Autobahn, am Neubau Kaiserdamm 97, erinnert eine Gedenktafel an August Horch. Sie würdigt den Automobilkonstrukteur und Begründer der Marken »Horch« (1904) und »Audi« (1909). Der Erfinder und Kraftfahrzeugpionier wohnte im Vorgängerbau von 1934 bis 1943 zur Miete. Mit gleichem Recht könnte die Tafel am Eckhaus

Kaiserdamm 26 hängen. Es war Horchs Lebensmittelpunkt 1921 bis 1931. In seinem 1937 veröffentlichten Erinnerungsbuch »Ich baute Autos« beschrieb er die kuriosen Umstände. Im Sommer 1921 hatte Horch seinen Vorstandsposten bei Audi in Zwickau niedergelegt und ging nach Berlin. Hier erhielt er einen Beraterposten im Verkehrsministerium. Dazu musste er eine Bleibe finden, und der Unternehmer fand eine sehr praktische Lösung. »Um ganz sicher eine Wohnung zu bekommen, hatte ich das Haus Kaiserdamm 26 in Charlottenburg gekauft. In diesem Haus war eine leere Wohnung. Die Behörde war aber absolut nicht gewillt, mir diese leere Wohnung in meinem eigenen Hause zu überlassen, und es bedurfte langer, ja endloser Verhandlungen, um es durchzusetzen. Ich pochte schließlich auf meine sämtlichen Ehrenämter, wie ich weder vorher noch jemals nachher auf sie gepocht habe, und dieses zähe Pochen öffnete mir schließlich die Tür zu dieser Wohnung. Ende August konnte ich einziehen.« Horch bewohnte die Wohnung mit seiner Frau und zwei Adoptivkindern. Die Lage am Kaiserdamm war nicht zufällig gewählt. Den Autopionier zog die neue Messehalle an.

Am 23. September 1921 wurde schräg gegenüber die Deutsche Automobil-Ausstellung eröffnet. Tags darauf fand das erste AVUS-Rennen statt. An beiden Events war August Horch beteiligt. Auf der AVUS gehörte er zur Rennleitung, die erste Automesse hob er als Koordinator und Sachverständiger mit aus der Taufe. Horch war umtriebig und erfolgreich, doch Ende der 1920er-Jahre verließ ihn in finanzieller Hinsicht das Glück. Schuld waren Weltwirtschaftskrise – und die Hühner. Der Ingenieur hatte Ende 1929 auf seinem Gut in Winningen an der Mosel eine große Hühnerfarm angelegt (»Der dümmste Einfall meines Lebens«). Er stellte dazu Personal ein und kaufte 2000 Hennen. Von den Tieren erwiesen sich die Hälfte als unfruchtbar und sechs Farmleiter nacheinander als völlig unfähig. Horch verlor ein Vermögen und schließlich auch seine Wohnung. »Am 24. September 1931 unterschrieb ich schweren Herzens den Vertrag, in dem ich mein Haus verkaufte. Ich konnte es nicht halten. Die Mieten waren sehr gering und die Kosten unverhältnismäßig hoch. Als der Verkauf hinter mir lag, stand ich arm wie ehedem wieder da, mit einer ziemlichen Schuldenlast, die wahrhaftig nicht durch ein luxuriöses Leben angewachsen war. (…) Ich gehörte meinen Lebtag zu jenen sonderbaren Leuten, die für andere vorzüglich finanzielle Vorteile oder irgendwelche Hilfen herbeischaffen können, sobald es aber um sie selber geht, sind sie seltsam unfähig, tüchtige Geschäftsleute zu sein.«

Auf der Waagschale schlug das Gewicht zum Erfindungsgeist, nicht zum Kapital. Eigentlich sympathisch! Ein ähnliches Phänomen begegnet einem im Nebenhaus auf der anderen Seite. An der zartgrünen Fassade erinnert eine Gedenktafel an Alfred Döblin. Es war seine letzte Berliner Adresse vor dem Exil, seine Flucht vor den Nazis begann am U-Bahnhof Kaiserdamm. Sein Roman »Berlin Alexanderplatz« hatte ihn 1929 berühmt gemacht, brachte auch etwas Geld ein. Im Hauptberuf Kassenarzt, lebte Döblin bis dahin im Berliner Osten, in der Frankfurter Allee 340. Sein Biograf Wilfried F. Schoeller beschreibt, dass es Döblins Ehefrau Erna war, die nach dem Romanerfolg zum Umzug drängte. In eine Achtzimmerwohnung am Kaiserdamm 28, in der er gleichzeitig seiner langjährigen Geliebten Yolla Niclas entsagen sollte. Michael Bienert vermutet dagegen, dass es Karl-Heinz Martin war, der Döblin die Kaiserdamm-Wohnung empfahl. Martin wohnte bereits seit 1929 im Haus,

Alfred Döblin lebte nicht ganz freiwillig für kurze Zeit am Kaiserdamm.

und der Schriftsteller war mit dem künstlerischen Leiter der Volksbühne bekannt. 1931 arbeiteten sie gemeinsam an der Verfilmung von »Berlin Alexanderplatz«.

Wie auch immer, nach Westend zog der »Berlin-Ostler« (wie er sich selbst nannte) nicht leichten Herzens. Der bekannte Armenarzt hatte Friedrichshain im Januar 1931 nur widerwillig gegen die »vornehmste Bourgeoisie-Gegend des Berliner Westens« eingetauscht, wie man in einer Glosse über ihn lesen konnte. Die Größe der Wohnung erlaubte es jedoch, sich Gäste einzuladen. Es entstand eine Art Kaiserdamm-Salon. Diese »Donnerstagabende« bei Döblin fanden ab Mai 1931 zunächst wöchentlich, später unregelmäßig statt. Ein Dutzend Gäste beteiligten sich an den »Aussprachen über kulturelle und prinzipielle Dinge im kleinen Kreise«, wie Döblin es nannte. Zu ihnen zählten Oskar Loerke, Gottfried

Bermann-Fischer und seine Frau Tutti, Max Osborn, Monty Jacobs und Harro Schulze-Boysen.

Bald hatte Döblin die Wohnung und Privatpraxis am Kaiserdamm wieder satt. Dazu bereute er, dass er nach dem ersten finanziellen Bucherfolg seine Kassenzulassung zurückgegeben hatte. Um Wiederzulassung bemühte er sich jedoch vergeblich. Ende Dezember 1932 unterschrieb er einen Mietvertrag für eine Wohnung an der Hasenheide 83 in Neukölln. Doch zum geplanten Umzug im Frühjahr 1933 sollte es nicht mehr kommen. Vom Kaiserdamm ging Döblin bald nach dem Machtantritt der Nationalsozialisten ins Exil. Die neuen Machthaber hatten den jüdischen Arzt und Schriftsteller seit Jahren als »Asphaltliteraten« diffamiert. Wie es auf der Gedenktafel geschrieben steht, verließ Döblin Hitler-Deutschland am Tag des Reichstagsbrandes. Am Morgen des 28. Februar 1933 hörte er zu Hause die Nachricht im Radio. Wenig später ein Anruf von Freunden, es würde Verhaftungen geben, auch er stehe auf der Liste. Am Abend des 28. Februar verließ er das Haus Kaiserdamm 28. Döblin beschrieb die Flucht später selbst: »Mit einem kleinen Koffer in der Hand zog ich ab, allein. Unten erwartete mich eine Überraschung. Ein Nazi, über der Uniform einen zivilen Mantel, stand vor meinem Arztschild, fixierte mich – und folgte mir zur Untergrundbahn. Er wartete ab, welchen Zug ich nähme, stieg in dasselbe Abteil. Am Gleisdreieck stieg ich aus, er auch. Er ging hinter mir her. Dann gab es ein Gedränge, ein ankommender Zug entleerte sich, ich lief eine Treppe hinunter und fuhr von einem anderen Bahnsteig in irgendeine Richtung, später an mein Ziel: Potsdamer Platz, Möckernbrücke. Ich wollte zum Anhalter Bahnhof.« Am Bahnhof angekommen, stieg er in einen Zug nach Stuttgart und fand einen Schlafwagenplatz. Dann ging es weiter in die Schweiz, wenig später nach Paris und schließlich 1940 in die USA. Das Eisenbahnbillett vom 28. Februar 1933 trug Alfred Döblin während der ganzen zwölf Jahre Emigration in seiner Brieftasche.

War die kurze Kaiserdamm-Episode bedeutsam in Döblins Biografie? Es scheint nicht so zu sein. Mittelbar wird dies in einem Bericht deutlich, den der Schriftsteller 1947 über seine »heimatliche Dunsthülle« schrieb, den Alexanderplatz. »Das geht von Lichtenberg bis zur Münzstraße. Hier ging ich in die Gemeindeschule, besuchte zehn Jahre lang als Freischüler das Köllnische Gymnasium, machte mein Abitur 1901, studierte Medizin an der Universität (...) und war Arzt auf meinem Platz. (...) Das atmete, pulsierte, lebte, liebte und litt. Das war das Leben. Das war mein Leben bis zum 55. Lebensjahre.« Wer nun weiß, dass »der Nervenarzt Dr. Döblin aus der Frankfurter Straße« (wie er sich im zitierten Bericht nannte) im Jahr 1878 geboren wurde und die genannten 55 Jahre dazuzählt, der kommt ins Jahr 1933. Döblin hat seine kurze Kaiserdamm-Periode im Rückblick vergessen oder verdrängt.

Alfred Döblin und August Horch wohnten 1931 wenige Monate in unmittelbarer Nachbarschaft. Eine Bekanntschaft ist nicht überliefert. Intellektuell, emotional und politisch trennten sie Welten. Horch bejubelte nach der Machtergreifung den Einsatz des Führers für die Automobilindustrie. Der ehemalige Schmiedelehrling wurde 1933 Hitler vorgestellt und vermerkte das Treffen stolz in seinen Memoiren. Der jüdische Kassenarzt, Schriftsteller und linksbürgerliche Intellektuelle Döblin hatte vor Hitler gewarnt und gegen ihn angeschrieben. Als der Diktator schließlich an die Macht kam, blieb dem Warner nur die Flucht aus Deutschland. Horch dagegen bezog 1934 wieder eine Wohnung am Kaiserdamm.

Auch heute lebt eine berühmte Persönlichkeit in dem Haus: Judy Winter. Seit über drei Jahrzehnten wohnt die Schauspielerin und Sängerin am Kaiserdamm. »Schon dieses Haus: großbürgerliches Berlin, mit Gitteraufzug und Portiersloge im Pariser Stil, in der allerdings schon lange kein Concierge mehr sitzt. Trotzdem ist die Vergangenheit noch ganz anwesend. Man fragt sich: Wo sonst sollte Judy Winter wohnen, die Schauspielerin, die acht Jahre lang so erfolgreich die Berliner Diva Marlene Dietrich verkörpert hat?«, fragte 2009 der »Tagesspiegel«.

Im März 2023 trafen wir uns zufällig vor ihrem Haus. Da stieg sie aus dem Wagen, kam gerade aus dem Synchronstudio. Ich: »Können wir über den Kaiserdamm sprechen? Muss ja nicht gleich sein.« – Sie: »Was machen Sie jetzt so?« – Ich: »Warte auf einen Termin bei der BMW-Chefin, schräg gegenüber, in anderthalb Stunden.« – Sie: »Dann kommen Sie doch mit rauf, ist aber ein bisschen durcheinander.«

Wir fahren mit dem schönen alten Gitterlift hinauf. Oben in der Wohnung ist nichts durcheinander, es sieht nur schrecklich gemütlich aus. Viele Bilder, sehr viele Bücher, Blumen, schöne Dinge. Wir sprechen in der Küche, da sitzt sie am liebsten. »Kaffee oder wollen Sie ein Bier?« – »Kaffee gern.« – Ich frage, ob sie oft so überfallen wird. »Nein«, sagt sie, »in Charlottenburg und am Kaiserdamm ist man höflich und respektvoll. Wenn man will, kann man unerkannt bleiben. An Flughäfen ist das anders.« Die Wohnung suchte und fand sie damals mit ihrem Mann. Kurz nach dem Einzug ging die Ehe in die Brüche. »Bin damals aufgestiegen«, lacht die Schauspielerin. »Wohnte vorher in der Königsallee, dann Kaiserdamm.« Ich erinnere mich an einen schönen Satz, den Judy Winter einmal sagte: »Die Wohnung kennt mich besser als ich mich selbst.« Zu mir sagt sie: »Die Wohnung erzählt von Leben. Es gibt noch den alten Eisschrank, wusste erst gar nicht, was das ist. Auch der tolle Herd der Kaiserzeit ist noch da, steht unter Denkmalschutz.« Ich erzähle, dass ich kürzlich in meiner alten Wohnung war. »Komisches Gefühl?«, fragt Judy Winter. Ich nicke. »Aber schön.« Ihr Haus und ihre Wohnung sind meinem Elternhaus sehr ähnlich, stammen von denselben Architekten, Heidenreich & Michel.

Fast würde ich mir wünschen, sie hätte mehr Allüren. Aber derlei braucht sie nicht, ihre natürliche Ausstrahlung reicht voll und ganz. Auf dem Küchentisch dampft der Kaffee, sie verschwindet kurz in der Mädchenkammer. Ich habe Zeit, mich umzuschauen, sehe Fotos, Erinnerungen, tausend Kleinigkeiten. Sehnte sie sich nie nach einem Garten? Villa in Wannsee? Wäre doch alles möglich. Sie kommt wieder und winkt ab. »Kaiserdamm ist Großstadt, fast wie New York, das ich sehr liebe. Ich habe alles um mich herum, was ich brauche, kann im ›I Due‹ essen, in jeden Laden gehen und ich fühle mich sicher.«

Mit der Wohnung scheint sie verwachsen zu sein. Als sie das Angebot bekam, Marlene Dietrich auf der Bühne des Renaissance-Theaters zu verkörpern, musste sie lange überlegen. Sie machte erstmal das, was sie immer macht, wenn sie sich auf eine Rolle vorbereitet. »Ich pese in der Wohnung herum, laufe, denke nach, meist natürlich nachts. Die Nachbarn unter mir fragten: Wann schlafen Sie eigentlich?« Ergebnis der Wohnungsstreifzüge: Judy Winter trug Marlenes Kleid, ihre Frisur, übernahm ihre Gesten, aber auf der Bühne stand sie selbst. Judy wurde Marlene, aber ihre Marlene war auch Judy. Am Ende triumphierte sie über 700-mal in der Rolle. Eine Sternstunde der Berliner Theatergeschichte! Von Berlin aus ging es mit Marlene auf Tournee durch Europa und weit darüber hinaus. Auch in Japan wurde Judy Winter mit ihrem vielfach preisgekrönten Programm gefeiert.

Bühnen- und Leinwandstar, Sängerin, Synchronsprecherin, seit Jahrzehnten engagierte Botschafterin der Aids-Hilfe. Dass Judy Winter in meinem Nebenhaus wohnte, wusste ich seit ihrem Einzug. Judy Winter parkte ihr Auto auf dem Mittelstreifen. Manchmal sah ich, wie sie rasch und elegant die vier Spuren überquerte und in den Wagen stieg. »Damals war ich auch noch jung«, sagt sie und lächelt. Es ist ein seltsam schönes Lächeln. Nicht leicht, eher lebensklug und mir sehr sympathisch. Wir plaudern in ihrer Küche noch über Fahrstuhlschlüssel und Fingernägel (ihre sind lang und knallrot), Maly Delschaft, Kaffeeweißer aus den USA, Lena Stolze und das richtige Grün für Hausfassaden. Morgen hat sie wieder Synchron, Jane Fonda. »Man kann jeden beneiden, der am Kaiserdamm wohnt«, sagt der Star aus dem Nebenhaus zum Abschied.

In Gedanken bleibe ich noch auf der Bühne und denke an Wolfgang Spier. Auch der »König des Boulevards« lebte am Kaiserdamm. Mit seiner vierten Frau Brigitte und zwei Katzen in einer 200-Quadratmeter-Wohnung. Spier hatte eine praktische Angewohnheit, die Bernd Phillip über den »Schwerarbeiter auf der Baustelle des Frohsinns« überlieferte: »Wenn er nach Hause kommt, klebt er ein gelbes Zettelchen an die Tür. Darauf steht, wo er sein Auto geparkt hat.« Im September 2006 fand er es dennoch nicht. Man hatte den Mercedes 500 vor seinem Wohnhaus Nummer 98 geklaut. Auf der Bühne nahm Spier das Heitere ernst. Wie mag er auf den Diebstahl seines Wagens reagiert haben? Sicher mit Gelassenheit. Anders kann ich mir diesen Künstler gar nicht denken. Eigentlich wollte Wolfgang Spier Arzt werden, durfte aber wegen seiner jüdischen Abstammung nicht studieren.

Bis 1945 kam er als Angestellter in einer Privatbank unter. »Ich habe dort die ganze Zeit während des Krieges gearbeitet und bin eigentlich nur als Zuschauer theaterbegeistert gewesen.« Seine ersten Bühnenrollen spielte er im Schulgebäude Sybelstraße, Ecke Leibnizstraße. Dort in der Aula hatten gleich nach Kriegsende die »Kammerspiele« einen Spielbetrieb aufgenommen. Seine Stimme war auf der Bühne und im Synchronstudio unverwechselbar und unvergesslich. Man fragte einmal den Bühnenautor Horst Pillau, warum sein Kollege immer so gut drauf sei. Antwort: »Er ist ein positiver Mensch. Wenn er arbeitet, geht es ihm gut. Und da er immer arbeitet, ist er immer glücklich.« Über 65 Jahre und bis zuletzt war der Schauspieler und Regisseur am Theater tätig. Wolfgang Spier starb 2011 im Alter von 90 Jahren. Was gäbe ich für eine seiner kleinen gelben Haftnotizen!

Zurück zu den Nachbarhäusern. Anfang Januar 2023 besuchte ich Kerstin Ratajski am Kaiserdamm 29. Sie erzählte mir die Geschichte von »Optiker Wittig«. Das Geschäft wurde 1963 von ihrem Vater gegründet, doch man muss viel früher anfangen. »Der Augenoptiker Willi Lessing zählte im 1928 gebauten Haus zu den Erstmietern«, erzählt mir die Optikerin und geht kurz ins Büro. Dort steht griffbereit ein Leitz-Ordner. Darin Fotos und Dokumente aus 60 Jahren Familienbetrieb. Ganz vorn klebt auf einem Bogen Geschäftspapier ein altes Foto der Schaufensterfront. Neben dem Bild handschriftlich notiert: »Geschäftseröffnung 23.10.1928, Geschäftsübernahme 1.1.1963«. Über der Eingangstür erkennt man in Großbuchstaben das Wort OPTIK. »Mein Vater Eberhard Wittig kaufte und übernahm das Geschäft von Willi Lessing im Jahr meiner Geburt. Bald kamen noch weitere Filialen dazu. Meine Mutter Erika erledigte die Buchhaltung.« Zu Beginn stand Wittig nicht nur im Geschäft, sondern zog auch mit einem ledernen Brillenköfferchen umher. »Einige Herrschaften der großbürgerlichen Wohnungen schienen das von einem Optiker zu erwarten«, glaubt die Tochter. Der Optiker liebte seinen Beruf, lebte für sein Metier, mit Passion für Präzision. Als Obermeister der Optikerinnung war er in ganz Deutschland unterwegs und gut vernetzt. Dem Einsatz ihres Vaters ist es maßgeblich zu verdanken, erzählt Kerstin Ratajski, dass Brillen heute als kassenärztliche Leistung anerkannt sind. Erst mit 75 Jahren setzte er sich zur Ruhe, bis zuletzt unterstützte er seine Kinder mit Rat und Tat. Die Tochter übernahm 2002 das Kaiserdamm-Geschäft, sein Sohn die Filiale am Steubenplatz. Der Kaiserdamm-Optiker Eberhard Wittig starb 2017, mit 88 Jahren.

Kerstin Ratajski erbte die Leidenschaft für den Optikerberuf und bildet sich ständig weiter. So darf »Wittig« Augenprüfungen zur Bestimmung von Winkelfehlsichtigkeit durchführen, genauso wie ein Augenarzt, bei dem man kaum Termine bekommt. Den Kaiserdamm kennt sie seit ihrer Kindheit. In der Eschenallee ist sie aufgewachsen, wo ihre Mutter bis heute lebt. Recht vorsichtig frage ich, ob ihr Geschäft unter steigenden Mieten leidet. Die Optikerin lächelt und sagt, die Räumlichkeiten im Erdgeschoss gehören ihr, genau wie die der Boutique nebenan. »Für mich ist der Kaiserdamm eine ganz besondere Straße, die sich allerdings sehr verändert hat. Immer mehr Spätis, immer weniger eingesessene Geschäfte. Dennoch ist und bleibt der Kaiserdamm etwas Einzigartiges.« Beim Blättern in ihrem Ordner sehe ich auf Fotos ihren Vater im Geschäft, die Mutter im Büro über Kassenbüchern. Erinnerungen des Familienbetriebs aus den 1960er-, 1970er-, 1980er- und 1990er-Jahren. »Ich bin immer nur vorbeigegangen«, beichte ich der Tochter. »Meine Augen waren gut, erst neuerdings brauche ich eine Lesebrille.« Frau

Optiker Eberhard Wittig 1963 in seinem Geschäft Kaiserdamm 29

Ratajski lächelt wieder und blättert weiter. Mehr als 40 Jahre hatte es gebraucht für diese erste Begegnung. Eine sehr nette Begegnung, ganz spontan, denn ich platzte an diesem Vormittag im Januar einfach in den Laden. So geschah es oft bei meinen Streifzügen am Kaiserdamm.

Das Haus Kaiserdamm 29 ist ein sehr großes Haus. Es zieht sich bis um die Ecke Meerscheidtstraße, und Optik wurde nicht nur bei Wittig großgeschrieben. Denn was könnte optischer sein als Kino und Fernsehen? Immer wenn Christa Ohmann mit einer neuen Frisur nach Hause kam, dann wusste ich, dass sie Evelyn Lazar getroffen hatte. Die Abendschau-Moderatorin war in Berlin weltberühmt, wohnte gegenüber. Meine Mutter studierte die Frisuren von »Miss Abendschau«. Auch Brigitte Grothum hatte sie diesbezüglich im Visier.

Ich war damals ein Kind. Frau Lazar machte auf mich keinen Eindruck, denn sie spielte weder Fußball, noch trat sie in der Hitparade auf. In meinen Augen moderierte sie »nur« die »Berliner Abendschau«. In Wirklichkeit eine sehr wichtige und erfolgreiche Sendung. Viel gesehen in West und Ost, täglich ab 19.25 Uhr, fünf Minuten vor Beginn der »Aktuellen Kamera« des DDR-Fernsehens. Selbstverständlich kein Zufall, der Kalte Krieg steckte im Detail. Lazar stieß 1971 als erste Frau zum Moderatorenkreis. Sie verfügte über die von ihrem SFB-Kollegen Alexander Kulpok so beschriebene ideale Kombination zur Abendschau-Präsentation: Sachkenntnis und TV-Charisma.

Mich ließ das kalt. Frau Lazar sah ich manchmal im Eckhaus bei Aldi. Musterte man ihren Einkaufswagen lagen darin auch nur dieselben Sachen, die meine Mutter beim Discounter einkaufte. Toilettenpapier, Zucker, Mehl, irgendwelche Konservendosen. Aber was hätte der Fernsehstar sonst einholen können? »Einholen« – so sagte man damals noch. Aldi-Champagner gab's ja noch nicht. Was hatte es nun mit Evelyn Lazar und ihren Haaren auf sich? Ich schrieb ihr im August 2022 einen Brief und erwähnte die Frisurenmanie meiner Mutter. Die Journalisten-Kollegin rief mich postwendend an. »Ich hatte eigentlich gar keine Frisur«, erklärt mir Frau Lazar belustigt am Telefon. Ich lasse nicht locker, frage nach dem Namen ihres Friseurs. Antwort: »Hatte keinen, wirklich nicht. Immer selbst gemacht.« Understatement oder nur die Wahrheit? Wenn das meine Mutter gewusst hätte. Wir sprechen natürlich nicht nur über Haare. Das Leben in der Kaiserdamm-Gegend war für Evelyn Lazar damals außerordentlich praktisch. »Die ersten Jahre wohnte ich am Lietzensee, 1970 zog ich dann den Kaiserdamm hoch und näher an den Sender. Mit den SFB-Fernsehstudios in Laufweite, konnte sie Redak-

»Miss Abendschau«
Evelyn Lazar, um 1980

tionsarbeit zum Wohle der Familie oft in »Homeoffice« erledigen. Jahrzehnte bevor der Begriff dafür erfunden wurde. Anfang der 1970er-Jahre leistete sie als Frau echte Pionierarbeit. Sie eroberte ein bis dahin ausnahmslos von Männern beherrschtes TV-Terrain. »Meine Abendschau-Kollegen und ich waren den Berlinern vertraut, wie alte Bekannte.« Wieder ist sie zu bescheiden. Die einzige Frau im SFB-Moderatorenteam war bekannter als der Regierende Bürgermeister, und an Popularität konnten ihr nur Harald Juhnke und Kollege Hans-Werner Kock das Wasser reichen. Dass sie dabei auf dem Teppich blieb, wie der Berliner sagt, versteht sich nicht von selbst. Aber sie blieb es und kaufte an der Kaiserdamm-Ecke bei Aldi ein. Der Discounter war damals noch jung und wild. Da mussten Frau Lazar und Frau Ohmann manchmal selbst die Kartonagen aufreißen. Wer dort einkaufte, konnte als arm oder geizig gelten. Meine Mutter war beides nicht.

Aldi lag näher als Kaiser's, wo sie sonst einkaufte. Die prominenteste Frau des Senders Freies Berlin dachte genauso. »Ich vermisse am Kaiserdamm die vielen schönen Einzelhändler, die verschwunden sind, die Buchhändler und die Kinos«, sagt sie mir am Telefon. Dieselbe Wehmut, welche die Optikerin Kerstin Ratajski und viele andere formulierten, die ich am Kaiserdamm traf. Spätis schossen aus dem Boden, zuletzt zählte ich sechs, dazu thailändische Massageinstitute (»Keine Erotik«) und Shisha-Bars. Schuhmacher, Bäcker, Konditoreien, Fleischer, Plättereien, Buchläden, Radio- und Lampengeschäfte sind dagegen verschwunden. Genau wie der Discounter von der Ecke. Nachmieter am Kaiserdamm 29 wurde eine Pizzeria, auch dort ging längst der Ofen aus. Jüngst wurden die Räumlichkeiten saniert und gehören nun zu einem modernen Büroensemble. Wissen die Officeworker von der Geschichte des Hauses? Ich meine nicht den Supermarkt und nicht die Pasta-Episode, sondern das Kino. Denn 1928 eröffnete im Neubau ein Filmtheater. Es flimmerte bis 1978, schloss wenige Monate, bevor ich an den Kaiserdamm zog, und hieß »Splendid«.

Splendid bedeutet prächtig. Der Kinoname zitierte die »Prachtstraße« und stand einst in leuchtend roten Buchstaben an der Balkonbrüstung, darunter kleiner »Filmtheater am Kaiserdamm«. Gründer war ein Brüderpaar namens Behr und der Premierenfilm noch stumm. Er hieß »Die Geliebte seiner Hoheit«, die Hauptdarsteller Lia Eibenschütz und Kurt Vespermann kamen als Ehrengäste zur Eröffnung Der Kinosaal hatte ursprünglich 581 Plätze, nach einem Umbau nur noch 452. Über zwei Treppen erreichte man vom Foyer den Rang mit 40 Logen.

1934 übernahm Walter Cartun aus Spandau das Kino und sorgte für die Umrüstung auf Tonfilmtechnik. Die Investition konnte sich nicht jede Flohkiste leisten, nicht nur Darsteller ohne Stimme scheiterten am Tonfilm. Das Splendid wurde dagegen technisch meisterhaft ausgestattet, inklusive einer »Spezialanlage für Schwerhörige«, vermutlich mit Kopfhörern. Stolz nannte es sich das »anerkannt erstklassige Tonfilm-Theater des Westens« und spielte täglich um 17, 19 und 21 Uhr. Cartun gehörten seinerzeit bereits das »Alhambra« in Friedrichshain und das »Aladin« in Spandau. Als ein Unikum der Filmszene bezeichnete ihn Ingeborg Steppan-Herzog, die Ehefrau seines langjährigen Geschäftspartners. Cartun war hager, sprach mit hoher Fistelstimme. Nach dem Krieg bauten er und Herbert Steppan ein kleines Lichtspielimperium auf. Sie besaßen ein Dutzend Kinos in Berlin, Kaiserslautern und Hamburg. Auf St. Pauli gehörte Cartun das »Stern-Kino«, Adresse: Große Freiheit 39. Es wurde 1961 durch einen Brand beschädigt, und Cartun verkaufte es Anfang 1962 seinem Nachbarn Manfred Weissleder. Der »König von St. Pauli« machte daraus in Windeseile einen Auftrittsort für Musiker. Der Vorschlag dazu kam von Horst Fascher. Der Neonlicht-Stern des Kinos blieb an der Fassade und gab dem »Star-Club« seinen Namen. Im Eröffnungsjahr 1962 gastierten dort die Beatles, der Rest ist Legende.

Der Saalvorhang des Splendid war rot, ebenso die samtgepolsterten Kinosessel. Die in einer Rosette integrierte Deckenbeleuchtung und die Stuckverzierungen an Wänden und Decken gaben dem Kinosaal ein festsaalartiges Gepräge. Mein Journalisten-Kollege Andreas Vollbrechtshausen verriet mir, wie er als Kind am Kaiserdamm oft Nachmittagsvorstellungen schaute und stolz war, dass er sie ganz allein besuchen durfte. Meist flimmerten Märchenfilme, und vor jeder Vorstellung ging es zum Süßigkeitenstand im Foyer, das eine muschelförmig gewölbte Decke überspannte. Beeindruckend und unvergesslich war für ihn das Spektakel, wenn nach jeder Vorstellung sämtliche Türen zur Meerscheidtstraße gleichzeitig aufgestoßen wurden und grelles Tageslicht in den Saal gleißte. Cartuns Berliner Kinofirma musste dann Ende der 1960er-Jahre Konkurs anmelden. Eine Dame, die bis heute im Haus wohnt, erzählte mir von einem älteren Herrn, der das Kino im letzten Jahrzehnt in Betrieb hielt. Mit ihm ging 1978 das Splendid schließlich in Rente. Kino im Nebenhaus – ein alter Menschheitstraum! Ich hatte ihn nur um wenige Monate verpasst. Bevor 2020 die Büros den ehemaligen Kinosaal auf zwei Etagen bezogen, gab es ausgedehnte Bauarbeiten. Mittendrin schlich ich mich dazu, sah herausgerissene Gipsplatten der Zwischendecke und kam mit dem Bauleiter ins Gespräch. Ein tief entspannter Mensch, der den Dialog mit neugierigen Anwohnern offenbar gewohnt war. So kam ich gleich auf den Punkt: »Haben Sie Spuren vom alten Kino gefunden?« Er lächelte, deutete zur Decke. »Ja, der alte Stuck war noch da. Letzte Woche haben wir alles abgeschlagen und entsorgt.« Ich kam nur eine Woche zu spät, aber zu spät ist eben zu spät.

Im Herbst 2008 bescherte mir das »Kino-Eckhaus« einen Gänsehautmoment. Ich wohnte am Kaiserdamm 30 und schrieb an einem Buch über den Film »Die Feuerzangenbowle«. Gerade erfuhr ich, dass Heinrich Spoerl die Romanvorlage nicht allein verfasst hatte. Sein ungenannter Co-Autor war Hans Reimann. Als der 1932 am Bowlen-Manuskript tippte, wohnte er gleich um die Ecke, Soorstraße 28. Auch Lutz Götz, der 1943 im Film den jungen soldatischen Geschichtslehrer Brett gab, lebte in den 1930er-Jahren ganz in der Nähe, im Junggesellenhaus Kaiserdamm 25. Doch »Bömmel« setzte allem die Krone auf. Denn Paul Henckels wohnte mir seit 1928 gegenüber. Ich schaute dem ehemaligen Domizil des

Paukers mit der Dampfmaschine (»Da stell'n mer uns janz dumm«) von meinem Schreibtisch förmlich ins Fenster.

Henckels wurde 1885 im Rheinland geboren und spielte bis 1920 am Düsseldorfer Schauspielhaus. Dann ging er nach Berlin und wurde Gründungsdirektor des Schlosspark-Theaters in Steglitz. Zum Kaiserdamm zog er im Spätherbst 1928, zusammen mit seiner zweiten Frau. Als Jüdin durfte Thea Grodtczinsky seit 1933 nicht mehr arbeiten. Laut Rassegesetzen der Nazis galt auch Paul Henckels als »Halbjude«. Gustaf Gründgens sorgte dafür, dass er auf der Bühne und im Film weiterarbeiten konnte. 1936 zog das Künstlerpaar von Westend nach Kleinmachnow. Ins »Haus am Weinberg«, das der Architekt Egon Eiermann entworfen hatte, der spätere Schöpfer des Neubaus der Gedächtniskirche. Bis Kriegsende war Paul Henckels am Schauspielhaus engagiert, dessen Intendant Gründgens war. Auch er hat eine Verbindung zur Kaiserdamm-Gegend. Seine Ernennung zum Staatsrat nahm Gründgens 1936 am Kaiserdamm 35 entgegen, in der Wohnung seines Arztes. Gründgens schilderte die Szene später so: »Als ich kurze Zeit bei Dr. Mauss war, fuhr unten ein Wagen der SS vor. Ihm entstiegen zwei SS-Leute, die an der Wohnung von Dr. Mauss klingelten und nach mir fragten. Ich war überzeugt, dass ich verhaftet werden sollte.« Tatsächlich kamen sie im Auftrag Görings und überreichten das Ernennungsschreiben. Nachdem seine Stadtwohnung im Schloss Bellevue in Trümmern lag, erlebte Gründgens die letzten Kriegswochen in der Fredericiastraße. Freunde hatten ihm dort eine Wohnung zur Verfügung gestellt. »Dort hauste er allein und völlig hilflos«, schrieb sein Biograf Heinrich Goertz. »Der Mann, der ein Theater mit zeitweise 1500 Mitarbeitern souverän geleitet hatte, war unfähig, sich ein Ei zu kochen.« Nach Kriegsende wurde Gründgens monatelang von den Sowjets interniert. Scharfe Haftbedingungen musste er nicht zuletzt deswegen erleiden, weil die Russen seinen Titel »Generalintendant« als militärischen Rang missverstanden. Paul Henckels gehörte im Juni 1945 zu denjenigen Kollegen, die sich für Gründgens Freilassung einsetzten. Sie erfolgte im Frühjahr 1946. Henckels folgte Gründgens dann ans Theater nach Düsseldorf und damit zu ihren gemeinsamen Bühnenwurzeln.

Damit nicht genug mit der Schauspiel- und Filmecke am Kaiserdamm. Auch Jenny Jugo gehörte zu den ersten Mietern über dem Splendid-Kino. Als Eugenie Anna Walter wurde sie 1904 geboren, wuchs in Graz auf und besuchte eine Klosterschule. Mit 16 Jahren heiratete sie den italienischen Schauspieler Emo Jugo und ging mit ihm nach Berlin. Bei der Ufa machte sie eine steile Filmkarriere. Ein Verehrer von Jenny Jugo war Adolf Hitler. Er schickte Blumen und lud sie zu Empfängen ein. Mit »Filmminister« Goebbels und seiner Frau Magda war Jugo befreundet. Man unternahm gemeinsame Bootsfahrten auf dem Wannsee. Goebbels' Tagebuch gibt Auskunft über die Beziehung: »Nachm. nach Cladow. Bootsfahrt. Frau Jugo erzählt vom Film. Eine kleine Entspannung nach den Sorgen«, notierte er am 25. August 1935. Weiter am 15. Januar 1936: »Zu Hause Arbeit. Kaffeegespräche mit Jenny Jugo. Über Film, wie immer. Sie versteht etwas davon.« 1937 trübte sich die Freundschaft. »Frau Jugo rennt immer tiefer in ihr Unglück. Sie ist größenwahnsinnig«, schrieb der Propagandaminister am 4. Mai 1937. Hintergrund war eine Gagenforderung an die Ufa, bei der sie sich wohl auf die Freundschaft mit Goebbels und seiner Frau berufen hatte. Dabei stand sie hinter Zarah Leander und Paula Wessely bereits auf Platz drei der bestbezahlten Schauspielerinnen im Dritten Reich. Nach dem Krieg verließ sie Berlin, zog 1948 nach Oberbayern und kehrte dem Filmgeschäft den Rücken.

Jenny Jugo 1928, dem Jahr, in dem sie an den Kaiserdamm zog

Sie lebte über fünf Jahrzehnte fernab der Öffentlichkeit auf dem Jägerhof in Schwaighofen bei Königsdorf, mit Blick auf die Alpen. Dort starb sie 2001 im Alter von 97 Jahren. Zum Kaiserdamm war sie, wie Paul Henckels, 1928 gezogen. Damals bereits von ihrem Ehemann Emo geschieden. In ihren Ufa-Vertrag hatte sie sich einige Bedingungen schreiben lassen: »1. dass in der Reklame in allen Fällen ihr Name doppelt so groß zu nennen ist, wie die Namen aller übrigen Mitwirkenden. 2. das Recht der Bestimmung des Operateurs. 3. die kostenlose Überlassung der Garderoben, welche für die Zwecke der Filme, in denen sie mitwirkt, beschafft werden.« Einige Kleider, die sie aus dem Studio mit in ihre Kaiserdamm-Wohnung genommen hatte, fanden sich später in ihrem Nachlass.

Womöglich lebte ich damals sogar selbst in einer Schauspielerwohnung. Denn am Kaiserdamm 30 wohnte für einige Jahre Werner Peters. Seine Paraderolle im Kino spielte er 1951. Diederich Heßling in der Heinrich-Mann-Adaption »Der Untertan«, eine DEFA-Produktion unter der Regie von Wolfgang Staudte. 1954 kam Peters in den Westen und spielte vier Jahre am Schillertheater. In dieser Zeit wohnte er am Kaiserdamm. Mehr als 30 Jahre zuvor hatte sich im Haus auch der Filmarchitekt Jacques Rotmil zur Untermiete einquartiert. Ich stieß im »Film-Magazin« von 1920 auf seinen Namen und die Adresse. Eine Art Branchenbuch für Leute vom Film, in dem sich die Künstler selbst anpriesen. In seinem Fall so: »Rotmil, der Akademiker ist und von der technischen Hochschule zu Karlsruhe kommt, baute für Rex-Film, Deutz & Co., Lu Synd-Wartan-Film, Uebersee-Film, Atlantic-Film, Moest-Film, Althoff & Co. usw.« Rotmil wurde 1888 in Sankt Petersburg geboren, kam nach dem Ersten Weltkrieg nach Berlin. Er schuf als »Filmausstatter« Bauten für viele Unterhaltungsstreifen. 1933 flüchtete er als Jude nach Polen. Nach dem Einmarsch der Wehrmacht ging er im Herbst 1939 in den Untergrund. 1944 wurde Jacques Rotmil verhaftet und am 26. Juli im Warschauer Pawiak-Gefängnis ermordet. Im genannten »Film-Magazin« von 1920 ist noch eine weitere Filmpionierin verzeichnet: Hedda Forsten. »Jugendliche und naive Charakter-Rollen«, liest man unter dem Porträtfoto mit großem Sommerhut. Adresse: Kaiserdamm 2, Fernsprecher: Wilhelm 1685. »Spezialität: Raubtiere, Wilde Katzen, Teufelinnen. Tätig gewesen bei Althoff & Co., Karfiol-, Basta- und John Hagenbeck-Film in verschiedenen Filmen«. Ihre Filmkarriere dauerte nur wenige Jahre. 1926 gab sie noch einmal Auskunft über ihr Leben: »In drei Jahren Inflation alles verloren. Während dieser Zeit dreimal ohne Erfolg verlobt gewesen, jetzt vorsichtig geworden, obgleich unnötig, da ich nichts mehr habe.« Sie wohnte immer noch am Kaiserdamm 2, im zweiten Stock. Im Januar 1933 starb Hedda Forsten. Sie wurde nur 35 Jahre alt.

Henckels, Grodtczinsky, Jugo, Peters, Rotmil – wahrhaftig eine Schauspieler- und Filmecke an der Meerscheidtstraße! Meerscheidt? Ein seltsamer Name. Ich musste ihn nachschlagen. Er gehört einem preußischen General, Gustav Adolf Wilhelm Oskar Freiherr von Meerscheidt-Hüllessem. Ein altes Lexikon notiert: 1825 in Berlin geboren, Feldzüge und Kriege seit 1848, mitgeholfen 1864 die Düppeler Schanzen zu erstürmen, zuletzt Chef des 41. Infanterie-Regiments. Mit 70 in Berlin gestorben, als General und unverheiratet. Machen wir gleich die Orte und Menschen der Quer- und Nebenstraßen ab. Die Königin Elisabeth der Königin-Elisabeth-Straße war die Gemahlin Friedrich Wilhelms IV. 1801 geboren als Prinzessin von Bayern, heiratete sie mit 22 Jahren den Kronprinzen von Preußen. Sie mochte Charlottenburg, liebte Schloss und Garten und unterstützte eine Stiftung für hilfsbedürftige Witwen und Jungfrauen. Ursprünglich reichte ihr Name auf den Straßenschildern bis zur Neuen Kantstraße. Erst 1936 wurde der südliche Abschnitt zum Messedamm. Wundt hieß Wilhelm, war Philosoph und Psychologe, Fredericia ist eine Hafenstadt am Kleinen Belt in Dänemark, ein Schlachtort im Krieg 1864. Bei den böhmischen Orten Niedersoor und Obersoor siegten die Preußen 1745 im zweiten Schlesischen Krieg, in Rognitz 1866 gegen Österreich (das Charlottenburger Elisabeth-Regiment war beteiligt). Gottlieb von Haeseler war General, ebenso Ferdinand von Stülpnagel. Alfred von Saldern fungierte als Polizeidirektor von Charlottenburg, Wilhelm von Riehl war Kulturhistoriker und Schriftsteller, Rudolf Philippi ein Naturforscher. Theodor Heuss und Sophie Charlotte sind noch nicht vergessen.

Gegenüber

Von Maly, die zufällig nicht zum Weltstar wurde, von Meisterdekorateuren und Boxermeistern und einer Powerfrau aus New York

50 Meter ist die Prachtstraßenbreite. 50 Meter muss das Auge schauen. Von Balkon zu Balkon. Dazwischen drei Reihen parkende Autos und acht Fahrspuren. Durchgangsverkehr rund um die Uhr. Die Kaiserdamm-Straßenseiten sind getrennt wie die Ufer eines großen Flusses.

Ich wohnte auf der Sonnenseite. Aus meinem Balkonkinderzimmer hatte ich etwa denselben Ausblick wie Alfred Döblin. Der Schriftsteller beschrieb 1931 in einem Prosamanuskript, wie er an seinem Schreibtisch sitzt und hinaus auf den Kaiserdamm schaut: »Mir gegenüber hängt Bettzeug aus dem Fenster: rote Überzüge, es kommt nicht darauf an, wie lange es da hängt, aber wie wahr dies Rot, starkes, entschlossenes Rot, nicht wegzuleugnen wie ein Heer, eine Front. Und so stehen auf der Straße die hohen Bäume, in zwei langen Reihen, sie zeigen nach allen Seiten ihre Blätter, hinten an der Eisenbahn haben die Obstbäume Blütenmassen hoch, weiß und weiß, ja das blüht auf, so wie Feuer brennt, so wie der Sturm weht. Und ist da. Das ist wahr, das ist sicher, gegründet. Und das ist sicherer als die Eisenbahnbrücke drüben am Bahnhof Witzleben und als die schmetternden Schienen, auf die sich Tag um Tag mein Zug wirft. Drüben flattern Fahnen vor der Bauausstellung, da sind riesige Hallen mit Wohnungsmodellen, Baumaterialien, draußen steht der Funkturm, meine abendliche strahlende Freude.« Gegenüber, am großen Eckhaus Kaiserdamm 89, verweist eine Gedenktafel auf eine ehemalige Bewohnerin. Maly Delschaft lebte von 1935 bis zu ihrem Tod 1995 im Haus. Auf der Tafel ein Satz, der mir den Atem verschlug, als ich ihn das erste Mal erblickte: »In DER BLAUE ENGEL (1929), der Marlene Dietrich weltberühmt machte, sollte sie zunächst spielen.« Hauptdarsteller Emil Jannings wollte tatsächlich in seinem ersten Tonfilm Maly Delschaft an seiner Seite. Sie sollte die »Lola Lola« und von Kopf bis Fuß auf Liebe eingestellt sein. Jannings hatte mit ihr bereits die Stummfilmerfolge »Der letzte Mann« und »Varieté« gefeiert. Doch Regisseur Josef von Starnberg setzte die Dietrich durch. Er hatte sich nach Probeaufnahmen in sie verliebt.

Marlene Dietrich war bis dahin über Berlins Bühnen hinaus unbekannt. Maly Delschaft seit Mitte der 1920er-Jahre ein Star. Die Rolle der Tingeltangelsängerin bekam sie nicht. Tonfilm-Hauptrollen blieben ihr nach 1930 überhaupt verwehrt. Man besetzte Maly Delschaft in tragenden Nebenrollen, ihr Name erschien im Vorspann gewöhnlich an fünfter oder sechster Stelle. Doch er erschien, und sie verdiente bei der Ufa und im Theater genug Geld, um 1935 an den Kaiserdamm zu ziehen. Der Umzug bedeutete für die Schauspielerin einen privaten Neuanfang nach einer Scheidung. Ihr Ehemann Walter Köster hatte sich ein Kind gewünscht. Sie nicht, der Karriere wegen. So trennte sich das Paar. Sie bezog mit Hund »Jack« eine Maisonettewohnung in Westend. Drei große Zimmer im vierten Stock des Eckhauses Kaiserdamm 89. Über eine Treppe in der Diele erreichte man zwei weitere Räume und einen Balkon am Dachtürmchen. Monatsmiete: 165 Reichsmark.

In der Wohnung lebte Maly Delschaft, mit kurzen Unterbrechungen, sechs Jahrzehnte. Nach dem Krieg musste sie ihre Kaiserdamm-Ecke für einige Monate verlassen. Die Briten hatten das Haus requiriert. Delschaft kam damals in ihrem Sommerhäuschen am Ostufer des Groß-Glienicker Sees unter. 1949 zog sie zurück nach Charlottenburg. Inzwischen drehte sie vor allem Filme für die DEFA und spielte Theater an der Volksbühne. Der Mauerbau beendete diese »Ost-Engagements« und schließlich auch ihre Karriere, denn eine Übersiedlung in die DDR lehnte sie ab. Ihr Sommerdomizil sah sie bis zum Mauerfall nicht wieder. Im Westen kaum auf Bühne und Leinwand präsent, geriet Maly Delschaft seit 1961 beim Publikum mehr und mehr in Vergessenheit. »Es hat sie sehr geschmerzt«, berichtete mir Wolfgang Mielke. Der Film- und Theaterwissenschaftler (Jahrgang 1960) lernte die Delschaft Ende der 1980er-Jahre kennen. Sein Onkel hatte einst in Babelsberg als Produktionsleiter mit ihr gearbeitet. So kam der Kontakt zustande. Mielke besuchte sie oft in ihrer Kaiserdamm-Wohnung im vierten Stock. Delschaft vermachte ihm später ihren künstlerischen Nachlass. Alle Details, die ich über ihr Leben am Kaiserdamm erzähle, weiß ich von ihm. Nach Maly Delschafts Tod sorgte der Filmwissenschaftler dafür, dass am Haus die Gedenktafel angebracht wurde. Das war 2001, und erst damals erfuhr ich, dass ich in Sichtweite eines Filmstars aufgewachsen war!

Als ich Wolfgang Mielke das erste Mal zum Abendessen traf, hatte er sein Notebook dabei. Darauf der Dateiordner »MD Kaiserdamm«. MD wie Maly Delschaft – und Marlene Dietrich. »Maly kannte Marlene lange vor dem ›Blauen Engel‹. Sie hatten sogar zusammen auf der Bühne des Hebbel-Theaters gestanden, im ›Sommernachtstraum‹. Maly mochte Marlene nicht, und die Rolle im Blauen Engel nicht bekommen zu haben, kränkte sie sehr. Später war für sie vor allem das Vergessensein ein Problem.« Auf dem Bildschirm sehe ich Bilder ihrer Wohnung. Sie stammen aus ihren eigenen Fotoalben. Die Schauspielerin vor dem Haus, in ihrer Diele, am Rönisch-Flügel (der einst Friedrich Hollaender gehört hatte), im Lieblingssessel und im Bett. Mielke fand im Nachlass auch Rechnungen von Kaiserdamm-Geschäften. Der Filmstar kaufte »lokal«, beispielsweise im Mai 1938 für 760 Reichsmark einen Orientteppich bei »JF Sion aus Istanbul«. Dieses Geschäft befand sich Kaiserdamm 37, nahe Adolf-Hitler-Platz. Einige Bücherregale orderte sie gleich schräg gegenüber bei Anton Spilker am Kaiserdamm 24. Der 1903 geborene Möbeldesigner und Innenarchitekt hatte 1933 sein Möbelgeschäft »Heimkultur« eröffnet. Es bestand bis 1940, dann wurde Spilker zur Wehrmacht eingezogen. Bücher für ihre Regale fand sie am Kaiserdamm 38, dort betrieb Jacob Miesner »Das Buch«. Maly Delschaft war eine gute Pianistin und ambitionierte Fotografin. Erhalten sind ihre Aufnahmen der Mussolini-Parade 1937. Dabei ging sie nicht hinunter an den Damm, sondern schoss die Aufnahmen vom Balkon.

Als eine willensstarke Frau, die den Schalk im Nacken hatte, beschreibt Mielke die Schauspielerin. Früher war sie viel geritten und Ski gefahren, noch im hohen Alter nahm sie in den vierten Stock nur selten den Fahrstuhl. Hatte sie nie mit dem Gedanken gespielt, den Kaiserdamm zu verlassen? Sie hätte sich doch sicher ein Haus leisten können. Mielke lächelt. »Sie besaß bis in die 1980er-Jahre sogar eine Grunewald-Villa! Vor der Währungsreform gekauft und vermietet. In Finanzdingen hatte sie ein gutes Händchen.«

Maly Delschaft starb am 20. August 1995 im Alter von 96 Jahren. In ihrer Geburtsstadt Hamburg liegt sie begraben. Dort stand Martha Amalia Delschaft mit acht Jahren auf der Bühne des Thalia-Theaters. 1921 drehte sie den ersten Stummfilm, Idol und Vorbild war Asta Nielsen. Den Höhepunkt ihrer Karriere nannte sie ihren 1926 entstandenen Film

Maly Delschaft wohnte im Haus Kaiserdamm 89. Autogrammpostkarte, 1950er-Jahre

»Kreuzzug des Weibes«. Darin spielte sie eine junge Lehrerin, die vergewaltigt wird und eine Abtreibung vornehmen lässt. Ein sogenannter »Tendenzfilm« um den Paragrafen 218. Der »Film-Kurier« lobte am 5. Juli 1927: »Ein leises Zucken ihrer Mundwinkel, ein müdes Heben ihrer Schultern ist eindrucksvoller als ein Tränenausbruch so mancher Diva. Ihre Übergänge vom Schmerz zur Freude, vom Weinen zum Lachen sind menschlich ergreifend. Nirgends ein falscher Ton. Ihr verständnisloses Dahindämmern nach der Entehrung ist unvergesslich.« Der Übergang zum Tonfilm gelang der ausgebildeten Theaterschauspielerin mühelos. Sicher wäre sie auch der Rolle der Lola Lola gewachsen gewesen. Doch es kam anders. Nach der Premiere des Filmkrimis »K1 greift ein« konnte man im Mai 1933 eine Ehrenrettung der Delschaft lesen: »Dass man öfters an Marlene denkt, dafür kann sie schließlich nichts, denn sie war eigentlich eine Mitschafferin dieses Typs.«

In ihrem Kaiserdamm-Haus sieht man heute einige Prominente auf Wandbildern. Darunter Friedrich II., Theodor Heuss und Hildegard Knef. Marlene Dietrich ist auch dabei – auf der Hintertreppe. Maly Delschaft hätte sich gewiss über die Platzierung gefreut. »Marlene vor der Marlene« – so würdigte man sie anlässlich ihres 100. Geburtstages und widmete ihr Kino-Retrospektiven. Ihre Wiederentdeckung hatte sie nur um vier Jahre verpasst. Über den Briefkästen des Hauses hängen heute eingerahmte Starpostkarten von Maly Delschaft. Ihr Gesicht ist einprägsam. Ganz sicher hätte ich sie auf dem Damm erkannt, wenn ich nur um sie gewusst hätte. Horst Schön, ein alter Kollege der Volksbühne-Ost, spazierte einmal in der Gegend (er wollte zur Volksbank, damals noch Ecke Meerscheidtstraße, auf dem Dach rotierte das leuchtende Bankenlogo) und kam in den Regen. Er stellte sich an Malys Hauseingang unter und entdeckte dabei ihren Namen auf dem Türschild. Auf gut Glück klingelte er, wurde freundlich empfangen, und die beiden plauderten einen fröhlichen Nachmittag über alte Zeiten.

Mir ging es leider nicht wie Horst Schön, denn ich kannte Maly Delschaft ja nicht. Aber womöglich aßen wir hin und wieder gemeinsam im Restaurant. Rücken an Rücken, unten im Eckhaus. Denn kochen gehörte nicht zu ihren Talenten und Lieblingsbeschäftigungen, wie mir Wolfgang Mielke verriet. Mochte sie überhaupt Cevapcici? Als wir uns gegenüber wohnten, hieß die Gaststätte »Dalmatia« und der Inhaber Bozo Vuletic. In einer Kramkiste fand ich eine alte Streichholzschachtel, darauf die Öffnungszeiten: »Von 11 Uhr bis morgens früh«. Auch am Kaiserdamm gab es keine Sperrstunde. Inzwischen wechselte mehrmals die Bewirtschaftung. Aktuell wird thailändisch gekocht, aber der Gastraum ist gewölbeartig wie eh und je. Wer einmal in Wien, Prag

Raumausstatter André Lieske in seinem Geschäft

oder Budapest ein Kaffeehaus besuchte, fühlt sich daran erinnert. Heute ist es freundlich hell, früher war es ziemlich finster. »Dalmatia« hatte 1983 das Mobiliar der gutbürgerlich kochenden Vormieter übernommen. Seit den 1920er-Jahren stand »Bötzow« über dem Eingang. Die 1864 gegründete Privatbrauerei betrieb und verpachtete seinerzeit ein Dutzend Bierstuben und Restaurants in Berlin. Nach dem Krieg wurde die Ecke für Jahrzehnte »Zum Hecht«. Wirt Gerhard Schmalz warb mit »Eigener Hausschlachtung« und Räume für Festlichkeiten mit bis zu 50 Personen. Etwa fünf Jahre hätten wir Gelegenheit gehabt, dort einzukehren, taten wir aber nicht. Eine Spur zu rustikal. Wir gingen zu »Don Giovanni«, dem Italiener an der Oper.

Vor dem denkmalgeschützten Haus Kaiserdamm 89 ist auch ein Stolperstein verlegt. Er erinnert an Sigismund Sternberg, der sich am 11. Februar 1939 das Leben nahm. »Flucht in den Tod« steht auf dem Messing eingestanzt. Vier Jahre war der Kaufmann ein Nachbar von Maly Delschaft. Schließlich konnte er die Verfolgung und die Angst vor der Deportation nicht mehr ertragen. Man weiß fast nichts über Sigismund Sternberg. Nur, dass er 1869 in der Nähe von Bromberg geboren wurde, lange in Berlin lebte, zuletzt als Rentier. So wenig ist übrig von einem Leben, das der Naziterror in den Tod trieb.

Im Erdgeschoss trete ich an einem Vormittag durch eine schöne alte Eisentür. Sie führt zum Dekorateur. André Lieske übernahm das Geschäft 2005 von seinem Vater Werner. Der hatte 1963 an der Suarezstraße begonnen und zehn Jahre später am Kaiserdamm die Räume von »Möbel Rietz« angemietet. Seither ist Lieske spezialisiert auf Innendekoration. Gardinen, Vorhänge, Rollos, Jalousien und was dazu gehört. Rund 200 Quadratmeter, denn 3000 Musterstoffe und eine Werkstatt brauchen Platz. Kunden kommen aus ganz Berlin, vom Privathaushalt bis zum größten Hotel Europas. 1000 Zimmer im Estrel hat der Dekorateur vom Kaiserdamm versorgt. Himmel hilf, wie viel Personal braucht man dazu? »Näherin, Geselle und mich selbst«, sagt der Chef. »Wir bereiten alles vor, fahren dann hin und hängen auf. Das Hotel haben wir schon dreimal gemacht. Eingespieltes Team.«

Kannte er die Schauspielerin im Haus? »Natürlich, die Dame war sehr nett. Ihre Wohnung hätte zum Schluss vielleicht eine Renovierung vertragen.« Am Kaiserdamm ist dem Dekorateur inzwischen viel abhandengekommen. Vor allem die Plätterei von Milda Wiegers in der Stülpnagelstraße. »Da wurde von Hand gebügelt, und sie konnten noch gewaschene Gardinen auf Holzrahmen spannen. Macht heute keiner mehr.« Auch das »Dalmatia« vermisst Lieske. »Man rief einfach rüber: drei Szegediner Teller! Dann brachte ein Kellner das Essen direkt ins Geschäft. Manchmal gingen wir auch rüber in die LVA-Kantine.« Damals wurde bei Lieske auch noch gepolstert. Mutter Ingrid leitete das Büro und die Näherei. Lange her. Wie geht es weiter, wenn André Lieske (Jahrgang 1964), einmal in den Ruhestand geht? »Dann hat die Familientradition ein Ende«, sagt er, ohne Spur von Sentimentalität. Das Estrel wird Trauer tragen.

Alfred Döblin schilderte in seinem Text vom Kaiserdamm-Gegenüber nicht nur rotes Bettzeug, das aus dem Fenster hing. Er beschrieb auch, wie »drüben« die Fahnen vor der Bauausstellung flatterten. Diese Schau gab es tatsächlich, sie wurde am 9. Mai 1931 auf dem heutigen BMW-Gelände eröffnet. Döblin sah auch noch ein Eckhaus. Darin lebte am Kaiserdamm 90 von 1925 bis 1930 der Dirigent Bruno Walter, seinerzeit Generalmusikdirektor der Städtischen Oper in Charlottenburg. Vor bald 100 Jahren entstand direkt hinter dem Wohngebäude die erste Halle des Messegeländes.

Der 1906 angelegte Kaiserdamm war mit großen Erwartungen gestartet. Die wahre Prachtstraße Charlottenburgs war und blieb jedoch der Kurfürstendamm. Der »Baedeker« erwähnte den Kaiserdamm in seinen Ausgaben vor dem Ersten Weltkrieg mit keiner Silbe. Bis heute machen Reiseführer einen Bogen um ihn. ADAC, DK, Dumont, Kompass, Marco Polo, Merian – überall fehlt der Kaiserdamm im Sachregister. Unter den »111 Orten, die man in Berlin gesehen haben muss«: Fehlanzeige. Bei den »500 Hidden Secrets« und »99 x Berlin, wie Sie es nicht kennen« ebenso. »Das kleine West-Berlin-Lexikon« (2003) übersah ihn und die Broschüre »Charlottenburg an einem Tag« (2012). Darin soll der Reisende vom Sophie-Charlotte-Platz über Witzlebenstraße, Lietzenseepark, Neue Kantstraße und Masurenallee zum Theo laufen.

Ein Berlin-Handbuch von 1980 erwähnt die Straße lediglich als Aussichtpunkt: »Vom Kaiserdamm habt ihr an guten Tagen eine fantastische Sicht hinunter über die Siegessäule bis zum Roten Rathaus in Ostberlin«. Auch die Bezirkshistorie tat sich schwer. Die Festschrift zum 200-jährigen Stadtjubiläum Charlottenburgs kündigte die Straße an. Doch Autor Wilhelm Gundlach kannte naturgemäß 1905 ihren Namen noch nicht. In der Festschrift zum 250. Stadtjubiläum finden sich 50 Jahre später Porträts von Schloßstraße, Otto-Suhr-Allee, Kudamm und Wilmersdorfer Straße. Der Kaiserdamm blieb 1955 ausgespart. Reiseführer, Lexika und Bezirkschroniken sind das eine. In den Augen der Berliner Öffentlichkeit gewann die Straße seit den 1920er-Jahren immer mehr an Bedeutung. Dazu trugen vor allem die Veranstaltungen in den »Ausstellungshallen am Kaiserdamm« bei und seit 1926 eine neue Hauptsehenswürdigkeit Berlins: der Funkturm.

Ein Rückblick auf die Geschichte der Messegelände ist sinnvoll. 1879 eröffnete am Lehrter Bahnhof der Universum Landes-Ausstellungs-Park (ULAP), Berlins erstes ortsfestes Messegelände. Die Große Berliner Gewerbe-Ausstellung mit 4000 Ausstellern fand 1896 im Treptower Park statt. Im Vorfeld war eine Alternative im Gespräch: das Gelände des Witzleben-Parks am Lietzensee, mit einem westlich angrenzenden Exerzierplatz. Charlottenburg startete dann tatsächlich 1907 ins Messegeschäft, mit Eröffnung der »Ausstellungshallen am Zoo« an der Hardenbergstraße. Dort fanden außer Messen auch Bälle, Filmpremieren und 1909 das erste Berliner Sechstagerennen statt. Bereits vor dem Ersten Weltkrieg wollten Industrielle die junge Automobilindustrie groß herausbringen. Dazu griff man auf das Areal zurück, das sich 1896 für die Gewerbeausstellung angeboten hatte. Auf dem größtenteils noch unerschlossenen Gelände sollte eine »Automobilhalle« und im Grunewald eine Renn- und Testpiste für Automobile entstehen. Die Arbeiten begannen 1913. Die heutige BMW-Zentrale steht auf den Fundamenten des ersten Auto-Showrooms Deutschlands!

Vordem wurde in der Gegend südlich des Kaiserdamms viel Sport getrieben und exerziert. 1915 hatten Soldaten des Königin-Elisabeth-Regiments unweit des heutigen Karolinger Platzes Schützengräben angelegt. Die Charlottenburger sollten sich »mit den Aufgaben des Militärs im Krieg persönlich vertraut machen«. Abbildungen zeigen, wie Familien in Sonntagsanzügen die Schaugräben inspizieren. Seit 1918 war der alte Exerzierplatz verlassen, Grenadiere des dritten Garderegiments gab es nicht mehr (von ihnen geblieben ist nur ihr Ehrenmal im Lietzenseepark). Der Magistrat von Charlottenburg erwarb die Sandwüste, die bis Eichkamp reichte. Der geplante Wohnungsbau scheiterte aus finanziellen Gründen, dafür säte man Rasen und spielte Fußball, Hockey und Handball. Wo heute das ICC steht, befand sich seit Mai 1910 der Sportplatz des SCC, mit erster erhöhter Aschenbahn in Deutschland und einer Duschanlage. Im Nachhinein kann sich die Kaiserdammgegend glücklich schätzen, dass sie das Messegelände bekommen hat – und nicht einen Flughafen. Denn man hatte für die Autohalle und die Testpiste auch das Tempelhofer Feld als möglichen Standort ausgemacht. Dort wurde bekanntlich dann der Flugplatz gebaut, der 1923 seinen Linienverkehr aufnahm. Wäre es anders gekommen, stünde der Funkturm jetzt in Tempelhof und der »Flughafen Westend« hätte Luftbrückengeschichte geschrieben.

Noch vor Kriegsausbruch im August 1914 war die 230 Meter lange und 74 Meter breite »Automobilhalle am Kaiserdamm« fertig. 1,7 Millionen Mark hatte der Verein Deutscher Motorfahrzeug-Industrieller in sieben Monaten verbaut. Die Konstruktion aus 1500 Tonnen Stahl war mit elf Metern hoch genug für eine umlaufende Ausstellungsgalerie. Glaselemente im Dach sorgten für natürlichen Lichteinfall. Bitter für die Bauherren: Der Krieg verhinderte nicht nur den Weiterbau der »Automobil-Verkehrs- und Übungsstraße«, sondern auch die offizielle Eröffnung der Halle. Erst am 23. September 1921 wurde sie zur 14. Internationalen Automobilausstellung (IAA) der Öffentlichkeit übergeben. Die AVUS-Premiere feierte man tags darauf nur eine Autominute von der Autohalle entfernt. Der Kaiserdamm hatte seine ersten Attraktionen. Menschen strömten in die Autohalle, um die neuesten Modelle von Apollo und Selva, AGA und Benz, Preslo und Horch zu bestaunen. Die Renntage auf der AVUS lockten in den 1920er-Jahren Hunderttausende an. Für zehn Mark durfte man mit seinem Privatwagen selbst über die erste Autostraße der Welt jagen. Ohne Gegenverkehr und ohne das damals gültige Berliner Tempolimit von 15 km/h. Fritz von Opel erreichte im ersten Rennen einen Schnitt von 129 km/h, sieben Jahre später fuhr er im Raketenauto 230 Stundenkilometer. Die Mercedes-Silberpfeile der 1930er-Jahre rasten im Schnitt mit 260 km/h über die AVUS.

Als »Kaiserdamm-Arena« schrieb die Autohalle auch Sportgeschichte. Im März 1924 fand das 12. Sechstagerennen statt. Im Velodrom stellte das Siegerduo Franz Krupkat und Richard Huschke einen sensationellen Weltrekord auf. Der »Lustige Franz« und »König Richard« fuhren an sechs Tagen ohne Pause insgesamt 4544,20 Kilometer. Die Bestmarke ist bis heute gültig. Ihr Geheimrezept zum Durchhalten: Hechtsuppe. Huschke verriet 1979: »Von sechs bis acht Hechten die besten Stücke durchpassiert. Davon drei Thermosflaschen voll getrunken und weg war die Müdigkeit. Im Hecht ist nämlich so viel Phosphor, er macht dein Gehirn hellwach.« Für ein weiteres Highlight sorgte 1925 ein Boxkampf um die Deutsche Meisterschaft im Schwergewicht. 16.000 Zuschauer erlebten am 11. September das Duell Hans Breitensträter gegen Paul Samson-Körner. Hans Borowik beschrieb das dramatische Kampffinale: »In der zehnten Runde wurde Breitensträter wegen Tiefschlags verwarnt. Seine Augenverletzung blutete wieder. Am Rundenende der Elften war der blonde Hans angeknockt, wollte in Samsons Ecke gehen, statt in die seine. In der zwölften Runde musste er zu Boden, in der dreizehnten flogen seine Zähne und in der vorletzten Runde taumelten beide Kämpfer nur noch durch den Ring. In der Schlussrunde setzte der blonde Hans alles auf eine Karte und schlug Samson aus den Seilen.« Am Ende wurde Breitensträter zum Punktsieger erklärt. Samson tobte vor Wut und das Publikum vor Begeisterung.

1924 wurde westlich neben der ersten Halle eine etwas kleinere zweite Autohalle errichtet. Sie stand auf dem heutigen Gelände des Omnibusbahnhofs. Südlich schloss sich bald das »Haus der Deutschen Funkindustrie« an. Die Funkhalle war eine Holzkonstruktion, »um die Einwirkung des Eisens aus radiotechnischen Gründen auszuschalten«, so hieß es seinerzeit. Der Entwurf stammte vom Funkturm-Architekten Heinrich Straumer. 170.000 Besucher erlebten ab 4. Dezember 1924 auf der ersten »Große Deutschen Funkausstellung«, was 268 Aussteller in Sachen Röhrenempfänger, Detektoren und Kopfhörer zu bieten hatten. Auf dem heutigen ICC-Gelände befindet sich nun keine SCC-Arena mehr, sondern ein Besucherparkplatz. Willy Römer überlieferte fotografisch, dass zu Ostern 1927 in einer der Kaiserdamm-Hallen sogar eine künstliche Rodel- und Skipiste in Betrieb war. Präpariert wurde der »Berliner Schneepalast« mit Kunstschnee aus Waschsoda und Sägespänen. Ski alpin am Kaiserdamm!

Neben Messehallen und AVUS gab es seit dem 3. September 1926 einen dritten guten Grund, um am Bahnhof Witzleben oder U-Bahnhof Kaiserdamm auszusteigen: den Funkturm. Bereits 1924 hatte man einen 120 Meter hohen Sendemast zur Funkausstellung auf dem Gelände errichtet. Der Ur-Funkturm war eine Stahlgitterkonstruktion und reiner technischer Zweckbau. Es gab weder Aussichtspunkt noch Restaurantetage.

Erst Adolf Schick erdachte den Funkturm als Sehenswürdigkeit. Der Direktor des Berliner Messeamtes ließ den Sendemast zu einem 138 Meter hohen »Ausrufezeichen für das Messegelände« ausbauen. Direktoren-Kollege Karl Vetter hatte dazu den Geistesblitz des Restaurants auf halber Höhe. Heinrich Straumer schließlich war der Architekt, der die neue Attraktion – und das sollte sie werden – konstruierte. Zierelemente wie am Eiffelturm in Paris gab es aus finanziellen Gründen nicht. Am Ende kostete der Funkturm 203.660 Mark. Ein Weihegedicht in 30 Strophen hatte Hans Brennert gedichtet und Alfred Braun zur Eröffnung ins Radiomikrofon gesprochen. Es beginnt so:

»Achtung! Hier Funkturm Lietzensee!
Zwischen Havel und Oberspree!
Der Funkturm sendet im Programm
Die Funkturmweihe vom Kaiserdamm.«

Mittendrin hieß es ebenso pathetisch wie prophetisch:

»Im neuen Berlin, im Berliner Wind,
Das allerjüngste Berliner Kind!
Berliner Jahre werden gehn:
Sturm wird kommen, der Turm wird stehn!«

1930 schaute sich der Bäckermeister Georg Barth aus Gera alles an. Mein Ururgroßvater war auf Berlin-Besuch. Seine Tochter Hedwig hatte Willi Ohmann geheiratet. Da musste man hin und wieder nach dem Rechten sehen. Am 2. Juni besuchte er die Messehallen am Kaiserdamm und den Funkturm. Dazu notierte er in sein Tagebuch: »Nachmittag Ausstellung Alt-Berlin. Funkturm 138 Meter hoch, Lokal 55 Meter. Ein Glas Bier 80 Pfennig, Auffahrt 50 Pfennig.« Oha! Hier liest der Ururenkel in den Aufzeichnungen Kritik an den Getränkepreisen im Funkturmrestaurant. Mein Vorfahre erwähnte sonst nie die Preise. Heute kostet die Auffahrt acht Euro. In wenigen Sekunden fliegt man 55 Meter hoch, höchstens 116 Gäste haben Platz im Restaurant. Das Innendekor hat Bäckermeister Barth kaum anders gesehen. Was ein Glas Bier heute kostet? Das kann ich meinem Vorfahren erst verraten, wenn die Wartungsarbeiten am Turm erledigt sind und das Restaurant wieder geöffnet ist. Leider verschwieg mir mein Urahne in seinen Aufzeichnungen, was er über die Alt-Berlin-Ausstellung dachte. Hatte sie ihn nicht beeindruckt? In einer zeitgenössischen Ausgabe des »Vorwärts« las ich über diese Sommermesse 1930: »Eine ungewöhnlich sehens- und beachtenswerte Kulturschau, die Berlin zu höchstem Ruhm gereicht.« In den Hallen gab es auch eine Sonderschau zu den 20 Bezirken und den Schauraum »Vom Mühlendamm zum Kaiserdamm«.

Den Messen und Ausstellungen gestand man seit den 1920er-Jahren eine spezielle »Kaiserdamm-Atmosphäre« zu. Sie standen im Ruf, etwas Besonderes zu sein. Man konnte stets die neuesten technischen Errungenschaften bestaunen und viel Prominenz. 1930 hielt Albert Einstein die Eröffnungsrede der Funkausstellung. Wobei er am Kaiserdamm die weisen Worte sprach: »Sollen sich alle auch schämen, die

Die Ausstellungshallen am Kaiserdamm, dahinter der Funkturm. Bildpostkarte, 1930er-Jahre

gedankenlos sich der Wunder der Wissenschaft und Technik bedienen und nicht mehr davon geistig erfasst haben als die Kuh von der Botanik der Pflanzen, die sie mit Wohlbehagen frisst.« Im Goethejahr 1932 eröffnete Gerhart Hauptmann die Wochenendausstellung »Sonne, Luft und Haus«. Auch der Dramatiker fand kluge Worte am Kaiserdamm: »Was der Einzelne aufbaut, genießt die Gemeinschaft, was diese aufbaut, der Einzelne. Wir strafen ein Kind, das eine Kaffeetasse zerbricht, wir sollten es zugleich lehren, wie Kaffeetassen gemacht werden.«

Seit 1933 gehörten zu den Messebesuchern die ranghöchsten Naziführer. Bis 1939 wurden etliche Propagandaschauen veranstaltet. Hitler kam regelmäßig in die Ausstellungshallen. Es existieren jede Menge Fotos der »Führerbesuche« in diversen Archiven. Seit 1933 wurden Besucher der Funkausstellung in der Ehrenhalle durch eine Hitler-Büste von Ernst Seger empfangen. Anlässlich der jährlichen Autoschauen ließ sich Hitler von den Rennfahrern mit »Deutschem Gruß« huldigen. 1934 besichtigte er ein Mercedes Cabriolet, 1935 den Opel Olympia, 1936 den Adler Trumpf, 1937 einen Hinterradnabenmotor von Fichtel & Sachs, 1938 einen Hanomag und im Frühjahr 1939 den »KdF-Wagen«. Der VW Käfer feierte seine Messepremiere am Kaiserdamm! 1935 und 1936 hatte Hitler in der Halle Reitturniere besucht und eine Siegestrophäe gestiftet. 1935 gab es am Kaiserdamm eine HJ- und BDM-Führertagung, 1937 die Propagandaschau »Gebt mir vier Jahre Zeit«. Zu solchen Gelegenheiten hielt Hitler kurze Eröffnungsreden. Selbstverständlich waren der Propagandaminister und der »Reichsminister ohne Geschäftsbereich« Göring stets an Hitlers Seite, wenn dieser mit Gefolge am Kaiserdamm vorfuhr. Göring bestaunte ebenfalls die neuen Wagen. 1935 einen Mercedes Silberpfeil, 1937 den Opel Admiral. Er besuchte Gaststätten- und Handwerksmessen, alljährlich die Grüne Woche. Goebbels war im März 1933 Ehrengast bei der Ausstellung »Die Frau«. Im August machte er einen Rundgang über die Funkausstellung und führte ein drahtloses Telefongespräch mit der »Bremen«, die sich auf hoher See befand. 1939 gab es letztmalig Grüne Woche und Funkausstellung vor dem Krieg. Die 29. Internationale Automobil-Ausstellung endete am 5. März 1939 mit einem Rekord von 825.000 Besuchern. Von 1927 bis 1937 hatte sich die jährliche Besucherzahl der Ausstellungshallen am Kaiserdamm auf vier Millionen verdoppelt. Die noch heute existierenden Messegebäude südlich der Masurenallee wurden bis 1937 errichtet, mit ihrem wuchtigen Entrée am Hammarskjöldplatz. Im Sommer 2007 sah ich dort ein Meer von Hakenkreuzfahnen wehen. Tom Cruise drehte eine Szene für »Valkyrie«, in Deutschland bekannt als »Operation Walküre – Das Stauffenberg-Attentat«. Tatsächlich musste ich am Straßenrand einigen Passanten erklären, was gespielt wurde. Sonst hätten sie die Polizei gerufen.

Der Funkturm überstand den Krieg, wenn auch nur auf drei Beinen. Eine Granate hatte im Frühjahr 1945 in 38 Metern Höhe einen der vier Stützpfeiler durchtrennt. Aber der Brennert-Vers des Weihegedichts hatte sich bewahrheitet: »Sturm wird kommen, der Turm wird stehn!« Die hölzerne Funkhalle war bereits am 19. August 1935 abgebrannt. Heute findet man dort die Messehallen 14 und 15, direkt am Funkturm. Die beiden Autohallen lagen 1945 in Trümmern.

Wo die Mutter aller Messehallen stand, wurde Anfang der 1950er-Jahre der Neubau für die Landesversicherungsanstalt beschlossen. Es war das Hochhaus, das ich als Kind vom Balkon sah. Es nahm sich auf dem Gelände zurück und gab Raum frei für einen großen Vorplatz. Dies war seinerzeit ausschlaggebender Faktor für den Gewinn des Architektenwettbewerbs für den LVA-Neubau. »Städtebaulich erscheint der Vorschlag, einen großen Vorplatz zu schaffen, begrüßenswert und wird vom Preisgericht als besonders günstig gesehen im Hinblick auf die städtebaulich und verkehrstechnisch besonders wichtige Kreuzung zweier großer Verkehrszüge.« So steht es im Protokoll des Preisgerichts über die Pläne der Architekten Gerhard Schallenberger und Gerhard Krebs. Bis 1954 wurde der Stahlbetonskelettbau fertiggestellt, Baukosten: 6,4 Millionen Mark. Zum Kaiserdamm zeigten sich sechs Geschosse, zum Messedamm waren es zehn. Im 38 Meter hohen Gebäude befand sich auch ein Paternoster. Ich wollte ihn immer einmal ausprobieren, traute mich aber nicht.

Gleiche Stelle, andere Zeit. Im November 2007 klettere ich mit dem damaligen Berliner BMW-Boss in der Rognitzstraße über einen Zaun. »Sorry, ich habe keinen Schlüssel dabei«, sagt Hans-Reiner Schröder, und so werden wir Einbrecher. Das Grundstück wild überwuchert, aber der Manager ist mit einer Heckenschere bewaffnet und begeistert: »Hier sind wir mitten in der Stadt mit einer tollen Verkehrsanbindung. Einfach perfekt.« Bis 2010 soll auf dem Gelände eine neue Repräsentanz der Bayrischen Motorenwerke entstehen. »Wir investieren 80 Millionen Euro«, sagt Schröder und klopft sich Staub vom Anzug. BMW hatte bis dahin seinen Berliner Hauptsitz in der Huttenstraße in Moabit. Eine weniger feine Adresse. Das LVA-Gebäude hatte man bereits 1995 wegen Baufälligkeit abgerissen. Bevor die Autobauer loslegten, vergingen anderthalb Jahrzehnte. Das Grundstück sah zwischenzeitlich fast wieder aus wie nach dem Krieg, als Karin Witte in den Ruinen spielte. Das überwucherte Gelände ist heute noch auf »Google Street View« erkennbar, die dort gezeigte Aufnahme entstand im September 2008. Als die neue Hauptniederlassung 2014 nach einiger Verzögerung fertig wurde, erinnerte sich die damals 72-Jährige in der »Berliner Morgenpost« an ihre wilde Kinderzeit am Kaiserdamm: »Wir fuhren mit dem Rodelschlitten in den Keller der Kriegsruine, bis der Schlitten kaputt war.« Witte ärgerte sich viele Jahre über die Rumpelecke. Umso mehr gefiel ihr die moderne BMW-Architektur mit ihren klaren Linien. Kritischer äußerte sich Anwohner Matthias Matz: »Eisen-Döring auf der einen und BMW auf der anderen Seite – das sind doch zwei Welten.« Am Kaiserdamm finde nun eben ein Zeitenwandel statt, konstatierte die »Mopo«: »Alte Glühbirne trifft auf den Elektro-Wagen.« Von Vorplatz indes keine Spur mehr, auch Preisgerichte gehen mit der Zeit.

BMW-Chefin Nina Englert vor der Zentrale

Manchmal trinke ich Kaffee bei BMW. Der ist ausgezeichnet, genau wie der Ausblick auf meine alte Ecke. Vier Stockwerke höher ist der Kaiserdamm-Blick allerdings noch besser. Dort empfängt mich Nina Englert im März 2023. Seit sieben Monaten ist sie BMW-Chefin in Berlin. »Sind sie schon am Kaiserdamm angekommen?« – »Ja, absolut.« – »Nicht zu laut?« – »Nein, ich bin in New York aufgewachsen.« Englerts Eltern waren in den 1960er-Jahren von Deutschland in die USA ausgewandert. Sie selbst musste in der Schule Deutsch büffeln. »Darum wollte ich das nach dem Abschluss auch anwenden. Wenn schon, denn schon.« Seit 1990 arbeitet Englert für BMW, in verschiedenen Führungspositionen. »Mein Mann ist Engländer und Berlin die internationalste Stadt in Deutschland. Das fühlt sich gut an.« Wir schauen gemeinsam aus ihrem Bürofenster. Ich erzähle ein wenig über die

Häuser, die wir sehen, über Scharoun, alte Messehallen und mein Kinderzimmer schräg gegenüber. Nina Englert hört aufmerksam zu. Ich habe das Gefühl, diese Powerfrau aus New York passt gut zum Kaiserdamm. Sie wäre sicher auch mit mir über den Zaun gestiegen.

Die Zeitreise mit Google Street View zeigt nicht nur das BMW-Gelände. Alle Straßenansichten des Kaiserdamms wurden zwischen Juli 2008 und Oktober 2009 aufgezeichnet. Ursprünglich sollte das Projekt ständig aktualisiert werden. Aber viele Hausbesitzer legten gegen die Ansicht ihrer Immobilie beim Online-Dienst Widerspruch ein. So werden heute nur Berliner Hauptsehenswürdigkeiten ab und zu auf den neuesten Stand gebracht. Der Kaiserdamm gehört nicht dazu. So ist es möglich, die Straße »live« vor anderthalb Jahrzehnten zu erleben. Ein Beispiel: Im September 2008 – ich wohnte damals Kaiserdamm 30 – stand ein Pärchen gegenüber, vor dem Haus Nummer 84. Sie im veilchenfarbenen Kleid, er mit hochgekrempelten Ärmeln. Es muss ein milder Frühherbsttag gewesen sein. Da stehen sie nun bis heute bei Streetview und warten bis die Wagenkolonne an ihnen vorüberrollt. Im Hintergrund sieht man eine orangefarbene Markise mit der Aufschrift »Modelleisenbahnen«. Ich war als Kind häufig in diesem Laden. Noch viel häufiger stand ich vor dem Schaufenster und betrachtete Lokomotiven, Schienen, Häuschen und Figuren en miniature. Vor rund 40 Jahren stiftete mich »Breyer Modellbahnen«, so heißt das Geschäft, zu einem Schülerstreich an. Mein Freund Stephen und ich bauten morgens im Klassenzimmer eine elektrische Eisenbahn auf. Wir hatten unsere Märklin-Anlagen zusammengeschmissen, im Geschäft wertvolle Tipps zur Umsetzung bekommen. Es wurde ein beachtlicher Erfolg, an Unterricht war nicht zu denken. Bei Breyer kaufte ich auch die kleinen

Tannenbäume, die Stephen und ich vor Weihnachten auf unsere Schulpulte klebten. Sie waren mit farbigen Leuchtdioden elektrifiziert, Stephens Bäumchen blinkte sogar.

Wer das schöne Geschäft heute im Haus 84 sucht, der sucht vergeblich. Aber es gibt Breyer noch. »2012 sind wir umgezogen, aber nur ein Stück den Kaiserdamm runter«, berichtet Mitinhaber Andreas Köhle. »Damals wurde das Haus verkauft, uns nach fast 40 Jahren gekündigt. War aber kein großes Problem, es gab damals viele freie Ladengeschäfte. Wir hatten am Kaiserdamm die freie Auswahl.« Wie es mit Breyer und den Modellbahnträumen im Maßstab 1:87 überhaupt anfing, erzählte mir Mareike Biggam, 1965 geboren, die Tochter der Geschäftsgründerin Maren-Sigrid Breyer. »Meine Mutter fing 1968 mit einem Spielwarengeschäft an der Bismarckstraße an, Höhe Deutsche Oper. 1975 zog sie dann zum Kaiserdamm 84 und spezialisierte sich auf Modelleisenbahnen.« – »Das war zu dieser Zeit eine Goldgrube«, betont Andreas Köhle, Jahrgang 1961. »In meiner Klasse hatte fast jeder eine elektrische Eisenbahn.« – »Meine Mutter ist von Hause aus Buchhalterin und Kauffrau, aber sie hatte Talent für Technik und fuchste sich ins Thema ein. Außerdem kann sie alles verkaufen«, berichtet die Tochter. Köhle weiter: »Nach der Kündigung schaute sich die Chefin nach einem neuen Laden um und stand eines Tages vor dem Haus Nummer 99. Links eine Schneiderei, rechts eine Goldschmiedin. Sie natürlich zur Goldschmiedin. Von Jette Sterling hörte sie, dass sie sich auf Mallorca zur Ruhe setzen wollte, und schnell war alles unter Dach und Fach.« Firma Breyer machte einen Termin mit der Spedition Hertling, und so wurde aus dem Goldschmied von einem Tag auf den anderen 2012 das neue Betriebsgelände von Breyer Modellbahnen. Vier Jahre später setzte sich die Seniorchefin zur Ruhe. Da war sie 77 Jahre alt.

»Der Umzug war ein Glücksfall für das Geschäft. Das Publikum wurde wieder jünger«, erzählt Mareike Biggam. »Wir bekommen seitdem mehr Kunden aus dem Messeumfeld. Die biegen nämlich nach Feierabend am Messedamm rechts auf den Kaiserdamm ein und orientieren sich Richtung Innenstadt.« Dann sehen sie die orangefarbene Korbmarkise, eine Art Markenzeichen des Geschäfts. »Wir fanden am Mehringdamm tatsächlich einen Fachbetrieb, der uns eine neue Markise in alter Form bauen konnte. Er hatte sogar noch das orange Material auf Lager.« Neuerdings ist die Markise im Dunkeln auch illuminiert und überhaupt nicht mehr zu übersehen. »Ein echter Hingucker«, meint die Chefin, und ihr gleichberechtigter Geschäftspartner freut sich, wenn er nach dem Wochenende zur Arbeit kommt und die Schaufensterscheibe »verschmiert« ist. »Immer in Kinderhöhe natürlich. Es ist zum Piepen, weil die Kleinen dort stehen und reingucken. Genau wie Sie damals, nicht wahr?« Ich muss lächeln und nicke, denn ich stand als Kind wirklich oft an der Scheibe. Mögen sich noch viele Generationen von Kindern ihre Nasen an diesem Kaiserdamm-Schaufenster plattdrücken!

Verkehr

Von einem genialen Brückeningenieur, der Kirchenjuste, Berlins Großmeister der U-Bahnhöfe und Heidi in der Seifenkiste

Der Kudamm hatte immer viele Bühnen. Die Bühne des Kaiserdamms war die Straße selbst. Bis 1933 Festumzüge und Werbefahrten anlässlich von Messen. Dann die Naziparaden, mit ihren Höhepunkten zu Olympia 1936 und dem Mussolini-Besuch 1937. Nach dem Krieg Seifenkistenrennen. 1955 Festumzug »250 Jahre Charlottenburg« mit historischen Kostümen. Am 2. Mai 1956 startete Polizeipräsident Dr. Stumm am Kaiserdamm Berlins erste »Grüne Welle«. Immer wieder Radrennen und Langstreckenläufe. 1987 Turnerumzug und Tour-de-France-Etappe, im Juni 2004 Olympiafackellauf. Ende der 1980er-Jahre prügelten sich Demonstranten mit der Polizei direkt vor unserem Balkon. Vor dem ICC war eine Demo gegen die Weltbank aus dem Ruder gelaufen. Im November 2019 Bauernprotest mit 5000 Traktoren auf dem Kaiserdamm. Neuerdings heften sich Klimaaktivisten auf die Straße. Ende April 2023 wurde der Kaiserdamm für Monate zum »Staudamm«. Für eine Vollsperrung zwischen Sophie-Charlotten-Straße und Suarezstraße sorgten nicht »Klima-Kleber«, sondern ein schadhafter Abwasserkanal, der in acht Metern Tiefe brüchig wurde und zu Fahrbahnabsenkungen führte. »Jetzt haben wir hier eine Dorfstraße und könnten Rasen anpflanzen« kommentierte Helmut Döring das Dilemma.

Der Kaiserdamm misst vom Sophie zum Theo 1680 Meter und ist von Hausfassade zu Hausfassade 50 Meter breit.

Drei Meter schmaler als der Kudamm und halb so lang. Die allermeisten Berliner wohnen nicht am Kaiserdamm, aber viele passieren oder kreuzen ihn regelmäßig – im Auto, auf der Schiene, zu Fuß oder mit dem Fahrrad. Der Kaiserdamm bewältigt Unmengen Verkehr, bis zu 50.000 Fahrzeuge am Tag. Vier Spuren hin und vier zurück, dazu je Fahrtrichtung ein Radweg, zwei Parkspuren und ein vollgeparkter Mittelstreifen. So autogerecht war der Kaiserdamm in den ersten drei Jahrzehnten noch nicht. Es gab in der Mitte einen weißgrauen Fahrdamm für Automobile. Mit elf Metern gerade so breit bemessen, dass zwei Fahrzeuge bequem aneinander vorbeiziehen konnten. Kurz vor dem Abitur bekam mein Vater 1955 als Anerkennung für sein Theaterengagement ein Charlottenburg-Buch geschenkt. Autor war Konrad Haemmerling, der 1931 unter dem Pseudonym Curt Moreck mit dem »Führer durch das lasterhafte Berlin« einen Bestseller gelandet hatte. 1955 schrieb er über den Kaiserdamm: »In den Sommern vor dem Kriege, zumal an Sonnabenden und Sonntagen, glitten hin und her in dichter Folge die Reihen von Autos aller Typen, dazwischen Motorräder und Radfahrer, und an ein Überholen war nicht zu denken. Das war die Ausfahrt und Heimkehr der Berliner in nähere und weitere Umgebung (...) Es war die Flucht aus dem steinernen Meer der Großstadt an die märkischen Seen und in die schattigen Wälder.« Rechts und links vom Fahrdamm hatte man Schmuckstreifen angelegt, auf denen sich die Zugänge zur Untergrundbahn befanden. Der südliche Streifen diente als Reitweg, auf dem rechten verliefen Straßenbahngleise. Dem schloss sich jeweils noch ein schmalerer Fahrstreifen an, für Ortsverkehr und Radfahrer. Die äußeren Fahrdämme wurden von zwei Baumreihen gesäumt – die ersten Kaiserdamm-Linden. Parkplätze waren nicht vorgesehen.

Heute beansprucht der motorisierte Verkehr inklusive Parkstreifen und Mittelstreifen nahezu die volle Breite. Diese Verwandlung fand 1938 zur Anlage der »Ost-West-Achse« statt. Hohe Bordsteine oder Bepflanzungen auf dem Mittelstreifen hätten den Aufmarsch von Soldaten und Kriegsgerät beeinträchtigt. Aus demselben Grund wurden damals die U-Bahnzugänge auf die seitlichen Gehwege verlegt. Paraden verlangten die volle Straßenbreite.

Charlottenburg entstand zwischen zwei deutlich älteren Städten. Spandau im Westen und Berlin im Osten. So ist es kein Zufall, dass der Verkehr die Ost-West-Richtung dominiert. Erst durch die Teilung der Stadt verlagerten sich die Verkehrsströme in Nord-Süd-Richtung. So kam es zum Ausbau der Stadtautobahn. Das städtebauliche Konzept »autogerechte Stadt«, das in den 1960er-Jahren zur Anlage der Stadtautobahn führte, ist nicht mehr zeitgemäß. Die Kaiserdamm-Anwohner sollten der A 100 jedoch dankbar sein. Die Hauptverkehrslast fließt seit 1963 kreuzungsfrei unterhalb der Kaiserdammbrücke hindurch. Der Kaiserdamm selbst ist ein Abschnitt der Bundesstraßen B 2 und B 5.

In den 1980er-Jahren wies Charlottenburg die mit Abstand höchste Unfallrate West-Berlins auf (1984 zählte man 14.457). 1992 verzeichnete der Kaiserdamm allein 482 Unfälle mit Radfahrern. Ein Jahr später erklärte eine Verkehrsgutachtergruppe den Kaiserdamm zur »schlechtesten Straße Berlins«. Berücksichtigt wurden dabei die durchschnittlichen Kosten durch Unfälle pro Kilometer, die Möglichkeit, eine Straße sicher zu überqueren, und die durchschnittliche Geschwindigkeit der Autos. Die Studie rechnete die volkswirtschaftlichen Kosten pro Kilometer Kaiserdamm vor: 2,3 Millionen Mark pro Jahr. Heute steht auf der Kreuzung Messedamm eine von 22 festinstallierten Berliner Blitzanlagen. Leider schützt das weder Fußgänger noch Radfahrer vor unaufmerksamen Rechtsabbiegern, die in Gedanken schon auf der Autobahn sind. Unfallträchtig war der Kaiserdamm allerdings schon in der Kaiserzeit. Im Juni 1911 geriet der Wagen des Kronprinzen ins Schleudern und verlor beim Aufprall am Bordstein ein Hinterrad. Der Prinz blieb unverletzt, sein Adjutant rief eine Autodroschke, und es ging weiter. Albert Speer führte als Argument zur Verbreiterung der Kaiserdamm-Fahrspuren von elf auf 29 Meter die »Unzulänglichkeit der Straße« und hohe Unfallzahlen an. 1936 gab es auf der späteren Ost-West-Achse 1417 Verkehrsunfälle. Wir hörten von der Kreuzung so oft Blechgetöse, dass man gar nicht mehr darauf achtete. Anders an einem Vormittag. Wir wohnten erst wenige Monate am Kaiserdamm, da erschraken meine Mutter und ich in der Küche. Irrwitziger Lärm kam vom Damm. Wir rannten durch Flur und Diele ins Bücherzimmer. Aus dem Fenster sahen wir ein Dutzend Panzer auf dem Kaiserdamm. Sie fuhren mit ohrenbetäubendem Krach in einer Kolonne Richtung Sophie-Charlotte-Platz. Die Briten verschoben sie zu einer Parade. Das Panzergetöse wiederholte sich bis zum Abzug der Alliierten Jahr für Jahr, und man gewöhnte sich daran.

Das für den Verkehr am Kaiserdamm wichtigste Bauwerk ist die Kaiserdammbrücke. An Ort und Stelle gab es im 19. Jahrhundert bereits einen Holzsteg und eine Holzzugbrücke über die Ringbahntrasse. In alten Karten sieht man sie eingezeichnet. Die Gleise der 1877 eröffneten Ringbahn liegen in einer Niederung, entstanden als eiszeitlicher Nebenarm der Spree. Darum brauchte der neue Kaiserdamm an dieser Stelle eine Brücke. Gefertigt wurde sie aus 1390 Tonnen Eisen. Ihr Bau kostete 765.000 Mark, davon 40.000 für die architektonische Ausschmückung. Am 1. November 1906 war

Die alte Kaiserdammbrücke um 1914

sie nach knapp acht Monaten Bauzeit fertig. Das Hauptproblem des Brückenerbauers, ein Ingenieur namens Bernhard Schaede, war die Untergrundbahn. Seine Lösung war smart: Schaede hängte die U-Bahnschienen in eine eiserne Galerie direkt unter die Brücke. Denn unmöglich hätte man die U-Bahn an dieser Stelle unter die Ringbahn führen können. Es wären absurde Gefälle und Steigungen entstanden und vor allem viel höhere Baukosten.

Auf historischen Fotos der ersten Kaiserdammbrücke erkennt man zwei gusseiserne Adlerstatuen, die als Brückenwächter dienten. Sie wurden im Zweiten Weltkrieg eingeschmolzen, nur die Sandsteinstelen blieben noch einige Zeit erhalten. Die Brücke war bereits wie heute 50 Meter breit, aber um ein Drittel kürzer. Für die Verlängerung sorgte nicht der Verkehr auf, sondern unter der Brücke. Für rasches Fortkommen in der Metropole wurde Anfang der 1960er-Jahre die Stadtautobahn angelegt. Damit ihre Fahrbahnen neben die Schienen passten, musste der natürliche Graben künstlich um 18 Meter verbreitert werden. Das ist der Grund, warum die Häuser an der Autobahn heute so seltsam schmale Zufahrtswege haben, etwa den damals auf fünf Meter verengten Spiegelweg. Folgerichtig musste auch die Kaiserdammbrücke länger werden. Seit 1965 überspannt sie mit 87 Metern vier Gleise und acht Fahrbahnen. Die Konstruktion der Balkenbrücke ruht auf drei Reihen stählerner Säulen. Wie vordem genial erdacht, hängen die U-Bahnschienen wieder unter der Brücke. Zwischen den Stationen Kaiserdamm und Sophie-Charlotte-Platz kommt so für einen Augenblick Tageslicht in die Waggons.

Machte ich mir vor dem Mauerfall Gedanken darüber, was passieren würde, wenn DDR-Truppen West-Berlin eroberten? Nein, nie. Erich Mielke schon. Auf einer Oktobersitzung des Nationalen Verteidigungsrates der DDR schrieb er eigenhändig mit, was die Genossen besprachen. Dieses Dokument von 1969 blieb erhalten und ist heute der Beweis, dass es Pläne für einen »Tag X« gab. Das strategische Primärziel in den Angriffsplänen: die Kaiserdammbrücke. Sie war laut Einschätzung von Stasi, NVA und sowjetischem Generalstab der wichtigste Punkt von West-Berlin. Wenn die Kaiserdammbrücke, samt Autobahn und Schienen darunter, blockiert war, konnten sich US-amerikanische und britische Truppen nicht schlagkräftig verbinden. Auch die französischen Truppen aus Tegel hätten nicht hinzustoßen können. So der Schlachtplan Ost-Berlins. Erst als zweitwichtigstes Ziel wären die drei Flughäfen angegriffen und besetzt worden. An 59 Stellen sollten NVA-Truppen am Tag X die Mauer durchbrechen und losschlagen. Für die militärische Eroberung des »Stachels im Fleisch des Sozialismus« waren laut Planspiel drei Tage vorgesehen. Noch in den 1980er-

Jahren waren Filmteams der Staatssicherheit (als Touristen getarnt) mit Kameras unterwegs, um wichtige Straßen und Kreuzungen zu filmen. Die Geheimpläne wurden bis 1988 aktualisiert.

Eine friedliche Fußnote: Die erste Kaiserdamm-Brücke von 1906 ist nicht ganz aus Berlin verschwunden. 32 Meter Geländer wurden auf dem U-Bahnhof Fehrbelliner Platz als Treppengeländer »recycelt«. Man findet die geschmiedeten Schmuckkassetten, jetzt hellgrün lackiert, an den Rolltreppen auf dem oberen Bahnsteig. Bisweilen tauchen auch andere Verkehrsrelikte wieder auf. Im November 2022 wurde online für 750 Euro ein Original-Emailschild vom U-Bahnhof Kaiserdamm angeboten. 200 x 40 Zentimeter groß, laut Anbieter aus den 1960er-Jahren. Meine Frau betonte allerdings, ich müsste es nicht kaufen. Wohl weil ich ihr gerade meine Bestellung aus der Rosenthal-Serie »Kaiserdamm« gezeigt hatte. Tassen und Teller nach dem Entwurf von Hans Theo Baumann (1926–2016). In den 1960er-Jahren erhältlich und von schlichter zylindrischer Form, mit markant gold-braunem Rand.

Wie mag die Zukunft der Brücke aussehen? Am 5. November 2018 traf sich die Interessengemeinschaft Kaiserdamm in der Pizzeria »I Due«. Die IG diskutierte Pläne, die in der Bezirksverordnetenversammlung vorgestellt worden waren. Der Stadtautobahn-Trog zwischen Kantstraße und Knobelsdorffstraße könnte »überdeckelt« werden. Die SPD machte sich stark dafür, deren Abgeordnete Ülker Radziwill hatte erklärt: »Die A 100 trennt Charlottenburg wie eine Schlucht aus Lärm und Abgasen. Über 160.000 Fahrzeuge passieren die Stelle täglich.« Die in der Pizzeria versammelten IG-Mitglieder diskutierten die Vision. Im Sitzungsprotokoll hieß es schließlich: »Ein Deckel der A 100 im Bereich des

Kaiserdamms wird begrüßt, da er die räumliche Trennung der Wohn- und Geschäftsstraße durch die Stadtautobahn aufheben würde.« Das war 2018. Zwei Tage vor der Wiederholungswahl 2023 rief mich die SPD-Abgeordnete Radziwill an. »Ich möchte Sie auf den neuesten Stand bringen. Die Zustimmung in Bezirk und Senat ist hoch, nahezu parteienübergreifend. Pläne für eine Bürgerbeteiligung liegen aus, aber es stockt an der Senatsverwaltung. Da kommt der Antrag nicht weiter.« Kurz: Nicht vom Tisch, aber still ruht der See? »Ja, aber wir kämpfen weiter für den Deckel. Er ist aus Umweltgründen wichtig.« Was soll eigentlich rauf? »Noch völlig offen«, sagt Radziwill. »Kommt auf die Statik an. Sportplätze, Photovoltaik, ein Radschnellweg. Vielleicht auch Häuser, kennt man ja von der Schlangenbader Straße.«

Wer auf der Brücke steht, sieht den Funkturm und das ICC. Bevor 1926 der Turm eröffnete, lag der Blickfang auf der gegenüberliegenden Seite: die Türme von Epiphanien. Man könnte sie »Kaiserdamm-Kirche« nennen, obwohl ihre Adresse Knobelsdorffstraße lautet. Die Epiphanienkirche gehört zu den Berliner Gotteshäusern, die auf Initiative der »Kirchenjuste« finanziert und errichtet wurden. So der Spitzname von Kaiserin Auguste Viktoria, die einen Kirchenbauverein ins Leben gerufen hatte. Die Baukosten betrugen eine halbe Million Goldmark, die Kirche wurde am 8. April 1906 eingeweiht. Sie ist genauso alt wie der Kaiserdamm. So sind Straße und Kirche verbunden – durch das Engagement des Kaiserehepaars. Er machte sich stark für den Damm, sie für »Die Kirche auf dem Sandberg«, wie Epiphanien im Volksmund hieß. Der Weg zum neuen evangelischen Gotteshaus war sandig, wie ja auch der Kaiserdamm noch wenig zuvor nur eine Wüstenei war. Die Kirchtürme waren ursprünglich reich verziert, und der Haupteingang lag auf der Seite, wo heute die Autobahn braust. Kurz vor Kriegsende wurde die Kirche zerstört. Nur der Gemeindesaal blieb übrig. In schlichter Form wurde Epiphanien neu errichtet und 1960 abermals geweiht.

Weniger erfolgreich als der Kirchenbauverein war ein Bauprojekt der islamischen Ahmadiyya-Bewegung für Berlins erste Moschee. Der Lehrer und Missionar Maulvi Mubarak Ali wurde 1922 vom zweiten Kalifen damit beauftragt, in Charlottenburg den Grundstein für die Verbreitung des Islam in Deutschland zu legen. Dazu reiste Mubarak Ali von London nach Berlin und kaufte an der Riehl-, Ecke Dresselstraße für 200 britische Pfund ein 3400 Quadratmeter großes Grundstück. Der Berliner Architekt A. K. Hartmann entwarf Pläne für eine Moschee mit zwei 60 Meter hohen Minaretten und einer Kuppel von 13 Metern Durchmesser. »Sie soll mit ganzer Romantik orientalischer Tempelkunst entstehen«, schrieb die »Berliner Illustrirte Zeitung«. Am 6. August 1923 fand die Grundsteinlegung mit 400 Gästen statt, darunter einem Staatssekretär des Innenministeriums. Während der Zeremonie gab es Störungen von Berliner Muslimen, die Mubarak Ali als Agenten der britischen Regierung beschimpften. Der Rohbau wuchs nicht über 2,50 Meter hinaus, wurde ein Opfer von Streiks und Hyperinflation. 1926 kam das Grundstück durch Zwangsversteigerung in den Besitz der Baugenossenschaft Charlottenburg und wurde mit Wohnungen bebaut.

Von Fahrdamm, Brücke und Gotteshäusern zu den Schienen. In meiner Erinnerung spucken die U-Bahnschächte am Messedamm unentwegt Menschenmassen aus. Geschieht es am Morgen, ist Grüne Woche oder Funkausstellung. Strömen sie am späten Nachmittag: Eishockey oder Popkonzert. Zu allen Tageszeiten hetzen Busreisende aus dem U-Bahnhof

Richtung ZOB. Der Zentrale Omnibusbahnhof zog 1966 vom Stuttgarter Platz zum Messedamm. Viele Jahre war er Ausgangspunkt der Transitbusse, die West-Berliner zum Flughafen Schönefeld schafften. Ich checkte einmal via ZOB in eine rumpelnde Aeroflot-Maschine nach Athen ein. Die antiken Götter beflügelten das Luftabenteuer. Anders ist mein Überleben nicht zu erklären.

Die ersten Schienen, die in der Kaiserdamm-Gegend verlegt wurden, gehörten 1877 zur Ringbahn. Die ersten 40 Jahre gab es zwischen den Bahnhöfen Westend und Halensee keinen Halt. Wozu auch, bis zur Kaiserdamm-Anlage und Verlängerung der Neuen Kantstraße wohnte niemand in der Gegend. Dass die Ringbahn 1916 den Bahnhof Witzleben bekam, ist den neuen »Ausstellungshallen am Kaiserdamm« zu verdanken. Ihr Bau begann 1913, etwa zeitgleich mit dem neuen Ringbahnhof. Bis vor 100 Jahren dampften die Züge, erst 1929 war die Elektrifizierung abgeschlossen.

Die Betriebsrechte für die S-Bahn lagen nach 1945 bei der Reichsbahn-Ost – und zwar für beide Stadthälften. Dieser ungewöhnliche Sonderstatus führte nach dem Mauerbau im Westen zu Boykottaufrufen. Leere Züge waren die Folge. Erst im Januar 1984 übernahm die BVG den Betrieb. Ich fuhr früher selten S-Bahn. Manchmal Richtung Friedrichstraße nach Ost-Berlin. Öfter von Westkreuz nach Nikolassee. Dort wohnte meine Freundin. Es waren einsame Reisen, allein oder mit Rika in der Stadtbahn. Die eingesetzten Züge waren Oldtimer, Baujahr 1927 bis 1930. Wir hatten Holzbänke, Messinggriffe und Gepäcknetze ganz für uns. Gab es Fahrpläne? Ich weiß es nicht. *Quand on n'a que l'amour.*

Als ich zum Kaiserdamm zog, hielten am Bahnhof Witzleben mitunter noch Züge. Nach dem großen Streik der West-Berliner S-Bahner 1980 wurde die Ringbahntrasse nicht

Kaiserdamm-Anagramme am Bahnhof Witzleben

mehr bedient. Witzleben, an der Schnauze des Hundekopfes, war vom Netz. Erst im Dezember 1993 fuhren wieder Züge. Das Wort »Witzleben« amüsierte uns als Kinder. Was es mit dem Namen auf sich hatte, wussten wir nicht. Die Verantwortlichen der Deutschen Bahn anscheinend auch nicht. Sonst hätte das Unternehmen 2002 auf die Umbenennung »Messe Nord/ICC« verzichtet. Witzleben – zum Namen mehr im Lietzensee-Kapitel – erscheint auf den Bahnhofsschildern heute in Klammern, auf der offiziellen Netzspinne des Verkehrsverbundes Berlin-Brandenburg gar nicht mehr. Damals ahnte wohl niemand, dass sich zwischenzeitlich auch der Zusatz »ICC« erledigte. Seit 2014 ist das Internationale Congress Centrum wegen Asbestbelastung geschlossen. Zukunft ungewiss. In diesem Zusammenhang witzig: eine Buchstaben-Installation am nördlichen Bahnhofsausgang. Auf Fliesen findet man seit 2018 aus Begriffen der Umgebung gebildete Anagramme. Aus KAISERDAMM wurde DRAMAS KEIM und KRISE MADAM.

Neben dem Fahrrad war die U-Bahn mein wichtigstes Transportmittel. Den Bahnhof Kaiserdamm hatte ich direkt vor der Haustür. 1993 wurde unsere Strecke am Kaiserdamm der Linie 2 zugeschlagen. Was mich ärgerte, denn vorher gehörte sie zur Linie 1, 1986 vom Grips Theater geadelt. Uns wurde eine Berühmtheit geklaut!

Die allererste U-Bahnstrecke führte 1902 vom Stralauer Tor nach Charlottenburg. In Berlin verkehrte die Untergrundbahn weitgehend oberirdisch, auf dem Viadukt der Hochbahn. Erst an der Kleiststraße verschwand sie im Tunnel und fuhr als »Unterpflasterbahn« bis zum Knie (seit 1953: Ernst-Reuter-Platz). Vier Jahre später wurde die Stammstrecke bis zum Wilhelmplatz (seit 1935: Richard-Wagner-Platz) verlängert. Gleichzeitig hatte man bereits die Weiterführung vom Bahnhof Bismarckstraße (ab 1929: Städtische Oper, 1934: Deutsches Opernhaus, 1961: Deutsche Oper), bis Reichskanzlerplatz (seit 1963: Theodor-Heuss-Platz) im Visier. Bahnhofsnamen sind vergänglich!

Wie den Zeitgenossen der U-Bahnbau vorkam, beschrieb 1901 Gregor von Zobeltitz: »Man kann sich ohne Kosten in die Alpenwelt versetzt fühlen. In der Gegend der Kaiser-Wilhelm-Gedächtniskirche war es bis vor kurzem geradezu beängstigend. Da türmten sich die Berge hoch auf, und zwischen ihnen gähnten tiefe Schluchten, in denen das Grundwasser gurgelte.« Rose Austerlitz, Redakteurin der Frauenzeitschrift »Maja«, schrieb 1906: »Die Untergrundbahn lugte mit ihren feurigen Augen aus der Erde heraus, wie ein Lindwurm, der auf Beute lauert.« Die U-Bahn am Kaiserdamm entstand in offener »Berliner Bauweise«. Da die Straße noch unbebaut war, störte sich niemand am Lärm der Dampframmen. Sie stießen die tonnenschweren Doppel-T-Träger zur Verschalung der Tunnelwände alle zwei, drei Meter in den Boden. Anschließend wurden Tiefbrunnen zur Absenkung des Grundwassers gebohrt, und nach dem Erdaushub begann die Betonierung des künftigen U-Bahntunnels. Einzige Unterstützung bei dieser Knochenarbeit waren Pferdegespanne.

Im Frühjahr 1908 war die gesamte U-Bahnstrecke unter dem Kaiserdamm betriebsbereit. Zur Eröffnung am 16. März kam Wilhelm II. persönlich. Die »Kaiserfahrt« startete um 14.14 Uhr am Bahnhof Leipziger Platz. Im Extrazug das kaiserliche Gefolge und 90 Ehrengäste. Fräulein Wittig durfte als Tochter des Direktors der Hochbahngesellschaft dem Kaiser einen Rosenstrauß überreichen. Der Monarch fuhr im dritten Wagen, begleitet vom Eisenbahnminister Breitenbach, Staatsminister Hobrecht und Polizeipräsident von Stubenrauch. Die Oberbürgermeister von Berlin und Charlottenburg, Kirschner und Schustehrus, mussten im Nebenwagen Platz nehmen. Während der verlangsamten Fahrt ließ sich der Kaiser die Anlage erklären und bemerkte, er sei schon des Öfteren mit dem Auto an Untergrundbahnhöfen vorbeigefahren. Zur Finanzierung seien zehn Millionen Fahrgäste pro Jahr nötig, informierte man den Kaiser. Woraufhin er optimistisch antwortete: »Das werden Sie sicher erreichen.« Für eine Schrecksekunde sorgte Wilhelms Pickelhaube. Sie verrutschte beim Einstieg in den niedrigen Wagen.

Die Endstation Reichskanzlerplatz war mit elektrischem Licht hell erleuchtet. Dort warteten Deputationen des Betriebspersonals, der Fahrkartenverkäuferinnen und des Hochbahnvereins. Der Bahnsteig war mit Fahnen geschmückt. Die Abschlusswand des Tunnels (der in Wirklichkeit bereits bis weit in die Reichsstraße vorgetrieben war) hatte man mit einem Laubspalier versehen auf dem »in Flammenschrift die kaiserlichen Worte IM ZEICHEN DES VERKEHRS hervorleuchteten«. So berichtete es tags darauf der »Morgenpost«-Reporter. Der Kaiserfahrt unter Kaiserdamm schloss sich ein Festmahl im Rathaus Charlottenburg an. Man feierte die U-Bahn als »den jüngsten Bruder der Eisenbahn. Am Umtrunk nahm der Kaiser nicht teil. Er fuhr den Kaiserdamm weiter Richtung Grunewald, um die Arbeiten an der Döberitzer Heerstraße zu besichtigen – im Automobil.

Am 17. März 1908 las man im »Berliner Tageblatt« einen Bericht mit vielen technischen Details: »Die Fahrt geht vollkommen glatt und ruhig, und von der starken Steigung, die auf der weiteren Strecke 1:50 beträgt, ist in den Wagen nichts zu merken. Die drei neuen Bahnhöfe Sophie Charlotteplatz (sic!), Kaiserdamm und Reichskanzlerplatz sind für Achtwagenzüge berechnet und demzufolge 110 Meter lang. (...) Auf der Strecke befinden sich zwischen zwei Haltestellen je eine Nottreppe und ein Lüftungsschacht. Auf der Rückfahrt von Westend kann die Untergrundbahn ohne Strom fahren, dieser Ersparnis steht natürlich beim Berganfahren ein erhöhter Stromverbrauch gegenüber. Der Betrieb der neuen Untergrundbahn wird sich (...) vorerst in mäßigen Grenzen halten, da die Bahn die weitere bauliche Entwicklung des Westends von Charlottenburg erst fördern soll. Die Hochbahngesellschaft wird daher vertragsgemäß nur einen Wagen, der alle Abteile und Klassen in sich vereint, in halbstündigem Verkehr laufen lassen. (...) Die 2,7 Kilometer lange Strecke wird von Charlottenburg in vier Minuten durchlaufen; die Fahrtzeit vom Leipzigerplatz bis zum Reichskanzlerplatz beträgt 23 Minuten.«

Besonderes Interesse erweckte die Ausgestaltung des Bahnhofs Reichskanzlerplatz. Bis heute sieht man dort das ab 1907 verwendete Logo der Hochbahngesellschaft auf den

Fliesen. Es stellt ein geflügeltes Eisenbahnrad dar. Seinerzeit lobte man das durch Glasplatten gedämpfte einfallende Tageslicht und die Majolikakacheln aus der kaiserlichen Fabrik in Cadinen. »Die ganze Innenarchitektur, von Professor Alfred Grenander entworfen, wirkt lebhaft und farbenfreudig, und sie fährt auf dem Weg fort, der mit der dekorativen Ausgestaltung der Bahnhöfe Bismarckstraße und Leipzigerplatz eingeschlagen worden ist. Die nüchtern-öde Zweckmäßigkeit der älteren Unterpflasterbahnhöfe, nur erträglich durch die bunte Plakatwirkung der Reklamen, erscheint somit glücklich überwunden.« Die vorschnelle Hoffnung des Redakteurs der »Berliner Morgenpost«, der dies am 17. März 1908 niederschrieb, erfüllte sich bekanntlich nicht. Längst ist man wieder zur nüchtern-öden Zweckmäßigkeit zurückgekehrt, und auch mit der Plakatwirkung der Reklamen ist es heute so eine Sache. Umso dankbarer muss man dem schwedischen Ausnahmearchitekten Alfred Grenander sein. Von 1902 bis zu seinem Tod 1931 gestaltete er 70 Berliner Hoch- und Untergrundbahnhöfe, »Wittenbergplatz« (1913) gilt als sein Haupt- und Meisterwerk. Zunächst dominierten in seinen Entwürfen Jugendstilelemente. In den späten 1920er-Jahren wurden seine Bahnhöfe deutlich sachlicher, wie etwa »Alexanderplatz«. Die Stationen einer Linie sollten sich farblich voneinander unterscheiden. Diese Kennfarben sind bis heute an vielen erhaltenen Grenander-Bahnhöfen zu sehen. Für die unaufgeregt schlichten Bahnhöfe unter dem Kaiserdamm hatte der schwedische Architekt kleinflächige weiße Fliesen gewählt. Am Sophie-Charlotte-Platz wurde der Urzustand 1986 recht genau rekonstruiert. Allerdings nicht die ursprünglich vorhandenen Oberlichtfenster, durch die der Bahnsteig Tageslicht erhielt. Die Zugänge mit verzierten Portalen wurden von Albert Speer beim Ausbau der »Ost-West-

Achse« 1937/38 beseitigt. Die Bahnsteige sind seitdem durch kurze Tunnel erreichbar, die zum Bürgersteig führen. Das Zwischengeschoss und die drei Zugänge am Bahnhof Kaiserdamm entstanden bereits Ende der 1920er-Jahre. Grenander leitete die Umgestaltung noch selbst. Sie war nötig geworden durch die wachsende Bedeutung von Messegelände und Touristenmagnet Funkturm. Nicht umsonst erhielt der Bahnhof 1936 den Beinamen »Messedamm«.

Ein halbes Jahrhundert gab es nicht nur Schienen unter, sondern auch auf dem Kaiserdamm. Die letzten Straßenbahnen fuhren 1967. In den Anfangsjahren gab es nur die U-Bahn, und sie fuhr selten. Man wünschte sich einen Bahnhof an der Ringbahn und die seit Jahren versprochene Straßenbahn. 1914 war es so weit. Zwei Straßenbahnlinien der Westlichen Berliner Vorortbahn wurden angebunden. Die »D« zuckelte via Zoo, Nollendorfplatz, Hauptstraße und Schloßstraße Steglitz nach Lichterfelde. Mit der »U« erreichte man schnurgerade Richtung Brandenburger Tor den Kupfergraben. Ausgangshaltestelle war jeweils der Bahnhof Heerstraße. In den 1930er-Jahren fuhren am Kaiserdamm die Linien 58 und 75. Die 58 kam aus Spandau und fuhr Richtung Bülowstraße, die 75 fuhr von Hakenfelde zum Kupfergraben. Weitere Linien erreichte man am Reichskanzlerplatz und in der Königin-Elisabeth-Straße, nämlich die 62, 72 und 93, mit Anschluss via Masurenallee gen Weißensee und Treptow.

Für die Straßenbahn wurde 1930 an der Königin-Elisabeth-Straße der Betriebshof Charlottenburg gebaut, umrandet von Mietshäusern mit 400 Wohnungen. Ein faszinierendes Gelände. Als ich jung war, allerdings neugierigen Blicken versperrt. Heute steht der Hof sperrangelweit offen. Die Buchstaben B, V und G sind an der Zufahrt teilweise mit dem Bild eines Mountainbikers überklebt. In die rechte

Halle zog das »Größte Zweirad-Center Deutschlands«, in die linke ein Supermarkt. Die Stadler-Halle misst 97 x 120 Meter und ist acht Meter hoch. Früher konnten hier 320 Straßenbahnwagen auf 30 Gleisen abgestellt und gewartet werden. Vom Hof führten die Straßenbahnlinien links zum Spandauer Damm und rechts zum Kaiserdamm. Als letzter Betriebshof West-Berlins wurde Charlottenburg am 2. Oktober 1967 geschlossen. Zum Abschied gab es ein öffentliches Hoffest mit Wagenparade. Seit 1968 nutzte man die Halle als Getreidelager für die Senatsreserve. Wo die Straßenbahn früher Tausalz bunkerte, lagerten seit 1977 ausrangierte Litfaßsäulen, und im Hof parkte die BVG ausgemusterte Busse. Ende der 1980er-Jahre war als Hallennutzung ein Tenniscenter im Gespräch, oder das Kulissenlager der Deutsche Oper. Schließlich übernahm ein Projektentwickler, und bis 2001 erfolgte der Umbau für die heutige Nutzung.

Eine kuriose BVG-Fußnote: Am Kaiserdamm 95, Ecke Rognitzstraße nahmen die Verkehrsbetriebe nach dem Krieg wieder ihre Arbeit auf. In einer von Mietern verlassenen Zweizimmerwohnung im vierten Stock war die erste behelfsmäßige BVG-Zentrale, zugewiesen im Mai 1945 vom sowjetischen Stadtkommandanten. Gemäß Befehl Nr. 6 vom 13. Mai 1945 begann die Arbeit mit Wiederherstellungsarbeiten an den Verkehrsanlagen, und alle Kriegsschäden wurden systematisch erfasst. In einem Ladenlokal an der Rognitzstraße erfasste man die verbliebenen Arbeiter und Angestellten und teilte sie für die anfallenden Tätigkeiten ein.

Heute ist der Kaiserdamm in Sachen Verkehr gut angebunden. Man braucht eigentlich kein Auto, zumal man nie einen Parkplatz findet und Garagenplätze ein kleines Vermögen kosten. Was mich an einen Tag im Jahr 2012 erinnert, an dem ich Heidi Hetzer in ihrem Geschäft besuchte. Das

Heidi Hetzer in einer Seifenkiste auf dem Kaiserdamm, 1970er-Jahre

lag an der Autobahnzufahrt Kaiserdamm und war stadtberühmt. Ein Abschiedsbesuch, denn der Verkauf ihres legendären Opelhandels stand kurz bevor. Dabei weihte mich die »schnellste Frau Berlins« in ein Geheimnis ein und führte mich zu ihrer Oldtimersammlung. Die kostbaren Stücke bewahrte sie in einer Tiefgarage an der Sophie-Charlotten-Straße auf. Von außen sah man nur ein unscheinbares Tor. Ich musste ihr versprechen, den Standort der Garage nicht in der Zeitung auszuplaudern. Ich versprach es, sie schloss auf und knipste die Neonröhren an. In dem niedrigen Raum duftete es nach Öl und Benzin. In langen Reihen die herrlichsten Automobile. Olle Opel (schon ihr Vater handelte an der Bismarckstraße mit ihnen) neben Marken, die ich gar nicht kannte. Ich fragte: »Sind die alle betriebsbereit?« Heidi rollte die Augen und blaffte: »Klar, sind ja Fahrzeuge, keene Stehzeuge.« Solche Großgaragen, wie Heidi sie angemietet hatte, gab es am Kaiserdamm nicht. Wer ein Automobil besaß, der musste sich anderswo einen Stellplatz anmieten, etwa in der Stülpnagelstraße, Fredericiastraße, Soorstraße und den »Witzleben-Garagen« in der Rognitzstraße 16–18. Der Service reichte von Tanken, Ölwechsel und Autowäsche bis zur Reparatur. Teilweise waren Parkgaragen beheizt und natürlich rund um die Uhr bewacht. Das Auto nachts auf der Straße stehen zu lassen, war früher nicht üblich, zumal einige Cabriolets gar kein Klappverdeck hatten. Vollgeparkt ist der Kaiserdamm erst seit den Wirtschaftswunderjahren.

Der 80 Jahre alte Hudson, mit dem die fast 80-jährige Heidi Hetzer dann einmal um die Welt fuhr, kam erst ein Jahr nach meinem Besuch in die Sammlung. Ihre Rennkarriere hatte sie mit 15 Jahren begonnen. Ein Paukenschlag zur Premiere: Am Teufelsberg fuhr sie auf einem Lambretta-Roller der männlichen Konkurrenz davon. Später fuhr sie auf vier Rädern alle bedeutenden Rennen der Welt, natürlich auch auf der AVUS. Sie war verrückt danach und glücklich hinter jedem Steuer. Zum 100. Kaiserdamm-Geburtstag beobachtete ich, wie Heidi in einer gelben Opel-Hetzer-Seifenkiste unseren Damm hinuntersauste und strahlte. Am 12. März 2017 um 9 Uhr steuerte sie ihren Hudson-Oldtimer nach 85.000 Kilometern und 960 Tagen Weltumrundung wieder über die AVUS. Sie erinnerte sich: »Auf der Fahrt hinein nach Berlin gesellen sich immer mehr Autos zum Korso. Eine Schlange, die wächst und wächst. Dann sehe ich den langen Lulatsch, den Funkturm. Zu Hause!«

Runter

Von Otto Dix und dem naturverbundenen Juwelier, einem legendären Eisenwarenhändler, Hertha-Star Hanne und einem mustergültigen Polizeichef

Ist man auf dem Kaiserdamm unterwegs, dann geht es entweder »rauf« oder »hoch« Richtung Theo, oder »runter« gen Sophie-Charlotte-Platz. Jeder Richtung sei ein Kapitel gewidmet. Halbiert man die Straße, zur besseren Orientierung, bietet sich die Kaiserdammbrücke an. Sie markiert auch die Grenze zwischen den Ortsteilen Westend und Charlottenburg. Wenn ich die Brücke Richtung Innenstadt überquere, liegt auf der linken Straßenseite mein halbes Leben vor mir. Nummer 20 – Verlobungs- und Eheringe gekauft. Nummer 19 – ziemlich viele Bücher ergattert. Nummer 18 – jahrelang bei Sylvia zum Friseur. Nummer 17 – jede Menge Hausrat und Schweizer Taschenmesser erworben.

Bevor ich diese Lebensstationen abklappere, mache ich meinem Ärger über den Botschafter von Guatemala Luft. Das mittelamerikanische Land hat seine Botschaftsräume direkt an der Kaiserdammbrücke, in einer Wohnung am Kaiserdamm 20. »Hier werden Sie nur empfangen, wenn Sie einen Termin haben« steht an der Tür der »Embajada de Guatemala« im ersten Stock. Unmissverständlich. Darum habe ich meinem unbeantworteten Brief keinen Überraschungsbesuch folgen lassen. Man möchte um keinen Preis diplomatische Verwicklungen riskieren. Schade, ich hätte gern gewusst, wie die Altbauwohnung zur Botschaft wurde. Immerhin weiß ich, wie der prominenteste ehemalige Bewohner hier zu seiner Kaiserdammwohnung kam. Der Maler Otto Dix zog

1925 mit seiner Frau Martha und ihrer zweijährigen Tochter Nelly zum Kaiserdamm 20. Der Kunsthändler Karl Nierendorf hatte Dix aus Düsseldorf nach Berlin gelockt und ihm ein Atelier am Kurfürstendamm 190 vermittelt. Ein Exklusivvertrag mit Nierendorf sicherte das Künstlereinkommen. Die Kaiserdamm-Miete war auf sieben Jahre im Voraus bezahlt, von Marthas Vater Bernhard Lindner, einem wohlhabenden Versicherungsdirektor. Doch Dix blieb nur zwei Jahre in Charlottenburg, dann folgte er einem Ruf als Professor an die Kunstakademie Dresden. Dabei war die kurze Berliner Zeit sehr produktiv. Dix malte Porträts der Journalistin Sylvia von Harden, des Kunsthändlers Alfred Flechtheim und des Schriftstellers Max Herrmann-Neiße, dazu immer wieder sich selbst und seinen im März 1927 in Berlin geborenen Sohn Ursus.

Vor meinem verabredeten Besuch beim Juwelier Schubert-Jordan hatte ich noch etwas Zeit. So schaute ich nebenan in der Druckerei Horst Wolter vorbei. Meine Einstiegsfrage mit einem Schuss Galgenhumor: »Drucken Sie eigentlich auch für die Botschaft von Guatemala?« Ellen Schikora lächelt und kontert: »Wir drucken alles, außer Geldscheine.« Und ja, die Botschaft gehöre auch zu ihren Kunden, andere Botschaften auch. Alle Broschüren der letzten Kaiserdamm-Jubiläen entstanden bei Wolter und seit 2016 jedes Jahr ein Kaiserdamm-Kalender. Elegant schmal, mit Bildmotiven von »damals & heute«, kostenlos verteilt an Stammkunden und Kiezliebhaber. Ich bekomme den von 2023 druckfrisch, und viele Vorjahre aus dem Keller dazu. Überhaupt dieser Keller! Ich darf mich dort umschauen. Darin die historische Druckwerkstatt ihres Vaters. Natürlich funktionstüchtig. Es duftet nach Öl und Farbe, in Setzkästen Abertausende Bleilettern für den Handsatz. »Was daraus wird, wenn ich

Ellen Schikora, Inhaberin der Druckerei Wolter

einmal aufhöre, weiß ich nicht. Wahrscheinlich alles auf den Müll.« »Unsinn!«, sage ich, »diese Kostbarkeit.« Sie kennt selbstverständlich ihren Wert, aber wie ich in Sachen Botschaft, muss sich eben auch das Druckereigewerbe einmal Luft machen.

Ellen Schikora wurde 1963 in Friedrichshain geboren. Ihr Vater Horst Wolter hatte 1964 eine Druckerei in Prenzlauer Berg übernommen. »Ich saß schon als Kind in der Werkstatt und spielte mit den Setzkästen, brachte alles durcheinander«, erzählt sie mir. 1990 kam sie nach Charlottenburg, der Liebe wegen. Ihr Mann Hans-Joachim wuchs in der Danckelmannstraße auf, sein Metier ist das Schuhgeschäft. »Er fing 2006 am Kaiserdamm 105 an und zog dann 2011 mit seinen Schuhen ins alte Café Kammann. Ich selbst verpflanzte die Druckerei meines Vaters 2005 vom Prenzlauer Berg zum Kaiserdamm.« Den Laden ihres Mannes verschlug es 2017 nach Kladow. Bis dahin machten sie stets gemeinsam Pause. »Ich ging mit dem Hund Gassi, holte meinen Mann ab, und zum Mittag gingen wir gemeinsam zu mir.« Geschäftsidylle an der Kaiserdammbrücke! Doch der Konjunktur ist Romantik fremd. Ist Ellen Schikora der Typ, der wegen ein paar Euro weniger Umsatz verzweifelt? Gewiss nicht. Sie strahlt Gelassenheit aus. Wir plaudern über Straßenfeste auf dem Damm und alte Tintenstrahldrucker, über die verstorbene Pastorin und Autorin Helga Frisch, Heavy-Metal-Musik und Barbra Streisand. Dabei vergesse ich fast meinen Termin nebenan.

Thomas Schubert-Jordan erkennt mich nicht wieder. Wie könnte er auch. Ich war nur zweimal in seinem Geschäft, und das ist Jahrzehnte her. Das erste Mal 1999, um Verlobungsringe zu kaufen. Sechs Jahre später die Trauringe. Ich zeige ihm den Ring an meinem Finger. »Sehr schön, herzlichen Glückwunsch dazu«, sagt Schubert-Jordan trocken. Was könne er sonst für mich tun? Ich erzähle von meiner Menschen- und Geschichtensammlung in Sachen Kaiserdamm. »Ich bin kein Geschichtenerzähler«, entgegnet er knapp. Genau genommen sei er nicht einmal ausgesprochener Fan der großen, breiten und gefährlichen Straße vor seinem Geschäft. »Von was sind Sie dann Fan?«, frage ich. »Von der Natur«, antwortet der Mann, aus dessen Werkstatt die Ringe stammen, die meine Frau und ich tragen. Meine Sympathie wird durch knappe Auskünfte nicht gemindert. Ich mag das Geschäft, mochte es schon immer. Vor allem die elegant verschlungenen Buchstaben S und J des Firmenlogos. Vielleicht das schönste Markenzeichen der Straße. Thomas Schubert-Jordan, 1962 geboren, führt das Familienunternehmen in vierter Generation. Nichts und niemand ist länger am Kaiserdamm als dieses Juweliergeschäft.

1919 eröffnete Urgroßvater Otto Selle einen kleinen Uhrenladen am Kaiserdamm 19. Warum ausgerechnet an dieser Straße, ist in der Familie leider nicht überliefert. Zur Geschäftserweiterung 1930 – ungeachtet der Weltwirtschaftskrise – Umzug nach nebenan. 1935 heiratete Ottos Tochter Gertrud den Uhrmachermeister Hans Jordan. Bei Kriegsende 1945 lag das Geschäft in Trümmern. Hans Jordan war in den letzten Kriegstagen gefallen, Gertrud allein mit ihren beiden kleinen Kindern. 1946 öffnete sie wieder, ein Jahr später heiratete sie Fritz Schubert. Auch er ein Uhrmachermeister und seitdem heißt es »Schubert-Jordan«. 1961 heiratete Sohn Klaus, natürlich Uhrmacher, Jutta Wagner, Tochter eines Uhrmachermeisters aus der Danckelmannstraße. Im Jahr darauf wurde Thomas geboren, der natürlich auch Uhren, aber eben auch die Natur liebt. Trotz billiger Quarzuhren aus Japan, die damals den Markt überschwemmten und das Uhrmachergewerbe bedrohten, begann er 1979 eine Lehre. Thomas Schubert-Jordan wurde Uhrmachermeister wie seine Vorfahren. Mit seiner Frau Daniela, einer Edelsteinexpertin aus Idar-Oberstein, übernahm er 2001 das Geschäft am Kaiserdamm. Schubert-Jordan spezialisierte sich fortan auf Schmuckstücke und Edelsteine, überwiegend selbst entworfen und in der Kaiserdamm-Manufaktur gefertigt. Soweit die Firmenhistorie, sehr knapp zusammengefasst. Laufkundschaft verläuft sich selten zum Kaiserdamm, sondern irrt durch die Wilmersdorfer Straße, sagt Schubert-Jordan. Er kann mit diesem Phänomen leben. »Ich bediene keine Konsumtrends«, betont er. In seinem Beruf gehe es um bleibende Werte. »Viele Kunden kommen ins Geschäft an der Hand der Eltern oder Großeltern, die wiederum bereits von meinem Großvater bedient wurden.« Aktuell haben die Menschen weniger Geld in der Tasche. Das spürt ein Juwelier. Er vielleicht am ehesten. Über prominente Kunden, ehemalige und aktuelle, verrät Schubert-Jordan »kein Sterbenswörtchen«. Auch kein Wort über Einbrüche und Überfälle, die es natürlich gab.

Wie er den Kaiserdamm erlebt, möchte ich vom Juwelier wissen. Er beginnt (wie dieses Buch) mit dem Haus. »Früher war der Kaiserdamm eine gutbürgerliche Magistrale. Wobei in den riesigen Vorderhauswohnungen meist Künstler und Intellektuelle wohnten. Die Bürgerlichen waren eher in Richtung Hof zu finden.« Und die Straße? Was ist mit der Straße? »Die Population der Haussperlinge ist rückläufig, die der Haustauben stabil. Zwischen RBB und Autobahnbrücke kann man regelmäßig einen Wanderfalken beim Jagen beobachten. Ansonsten erlebe ich den Kaiserdamm wie den Rest dieser einstmals schönen Stadt: Dreck, Fastfood, Roller und Leihfahrräder, und alle drei Meter liegt eine weggeworfene Corona-Maske.« Dieser Uhrmacher und Juwelier mag kein Fan des Kaiserdamms sein. Womöglich steckt jedoch mehr hinter seinen Worten. Ich vermute Liebe. Wobei es leichter ist, den Kaiserdamm aus der Entfernung zu lieben. Alltägliche Sorgen werden verklärt, Distanz löst Probleme bisweilen wie von Geisterhand. Bin ich nicht das beste Beispiel dafür? Bei Gelegenheit werde ich Thomas Schubert-Jordan wieder besuchen und über seinen »Liebeskummer« befragen. Ich glaube, er ist in Wirklichkeit doch ein Geschichtenerzähler. In jedem Fall ein sehr guter Beobachter, denn den jagenden Kaiserdamm-Falken bemerkte ich bisher nie.

Ein Nebenhaus weiter endete am 31. Juli 2018 eine Ära. Damals verschwand »Buch & Kunst«, 1947 von Hanna Haverland und ihrer Freundin gegründet. Bis zur Schließung waren noch Teile ihres Mobiliars vorhanden. Allein der Eingang zur Buchhandlung war originell. Es ging halbrund in den Laden. In der

Hanna Haverland (l.) und ihre Freundin, Gründerinnen von Buch & Kunst, in ihrem Laden

Wand auf Augenhöhe eingelassen ein kleiner Schaukasten, wie bei einem Kino. Was ich nicht im Antiquariat, bei »Kiepert« in der Hardenbergstraße oder im »Divan« in der Reichsstraße kaufte, das fand ich bei »Buch & Kunst«. Ich erinnere mich an die Bücherregale, Kunstpostkarten, Lesezeichen, Notizbücher und an Waltraud Martini. Sie wachte seit 1990 über all das, beschäftigte drei Angestellte und sagte über sich: »Mein Gedächtnis ist so präzise wie ein PC.« So fiel ihr die Beratung von Leseratten ebenso leicht wie die Buchhaltung mit Bleistift. 2010 übernahm Jan Balster das Traditionsgeschäft, damals die älteste existierende Buchhandlung Berlins. Um Balster zu treffen, musste ich nach Karow fahren. Dort übernahm er im September 2018 die Buchhandlung »Schmökerzeit«. Vom Kaiserdamm nach Karow? Das muss er mir erklären.

Jan Balster und ich stammen aus derselben Generation, aber unterschiedlichen deutschen Himmelsrichtungen. Er etwas jünger, geboren 1974 in Halberstadt. »Studiert habe ich an der Fernuni Hagen und lebte bis 2016 in Dresden.« Verstehe ich nicht, entgegne ich leicht verwirrt. »2010 übernahmen Sie doch Buch & Kunst am Kaiserdamm.« Balster nickt. »Täglich mit dem Bus, von Dresden bis Messedamm, zwei Stunden, ging super.« Er zeigt mir alte Dokumente der Buchhandlung. »Im Gründungsjahr 1947 gab es noch Papierkontigentierung, Bücher waren Mangelware. Die beiden Damen ließen sich etwas einfallen und verkauften Antiquitäten. Als es Anfang der 1950er-Jahre genug neue Bücher gab, hörte der Möbelhandel auf, aber der Name Buch & Kunst blieb erhalten.« Ein Foto zeigt Hanna Haverland mit ihrer Freundin im Laden. Man sieht eine Bücherwand, auf einem Schreibtisch jede Menge Papierkram und die Verlags- und Kundenkartei. Was ist eigentlich aus den schönen Leuchtbuchstaben an der Fassade geworden, frage ich. Balster schüttelt den Kopf, wüsste er auch gern. Wenig später erfahre ich es. Sie landeten im Buchstabenmuseum in Moabit, genau wie der Schriftzug der Konditorei Kammann am Kaiserdamm 8. Der geschwungene »Bücher«-Schriftzug von Buch & Kunst schmückt im Eingangsbereich die Bücherecke. Denkbar gelungenes Recycling! Der lange Weg nach Karow hatte sich gelohnt. Allein wegen Jan Balsters Extrem-Pendelgeschichte. Täglich mit dem Bus Dresden-Berlin und zurück – Wahnsinn! Heute gibt es am Kaiserdamm 19 die »Milchwiese«. Service rund um Schwangerschaft und Stillzeit. Wo 75 Jahre Bücher verkauft wurden, werden mit großem Erfolg Milchpumpen vermietet. Der Eingang mit dem Schaukasten ist leider vermauert. »Da passten auch keine Kinderwagen durch«, berichtet mir Anja Estrada Pox, die im Januar 2020 die Räume bezog. Wir treffen uns beruflich, weil sie dringend Azubis sucht. »Nur Mädchen oder auch Jungs?«, frage ich, wegen der Milchpumpen. »Egal«, sagt die studierte Apothekerin. »Hauptsache Spaß an der Arbeit mit Menschen.« Gutes Stichwort, damit endlich zu Sylvia.

Sie schnitt mir jahrelang das Haar. Im schönen Salon, Hausnummer 18. Reizendes Entree im Art-déco-Look. An Friseuren mangelt es nicht am Kaiserdamm, aktuell ein halbes Dutzend. Aber ich ging zu Sylvia, vertraute ihrem Geschmack. Beim Vorbeilaufen Blick ins Geschäft. Immer in der Hoffnung, sie würde einmal aufschauen, lächeln, mich hineinbitten. Dann würde ich erfahren, dass sie vor einigen Jahren den Salon von Monika Gerlach übernahm. Darauf hätte ich damals schon gewettet, würde ich antworten. Nun also Salon Sylvia Schulze. Aber es gibt kein Aha-Erlebnis durch die Scheibe! Kein Blick, kein Wieder-Sehen. Weil Sylvia nicht nur eine der besten, sondern offenbar auch die fleißigste Friseurin der Welt ist. Ständig mit Augen und Händen am Kopf der Kundin. Mit den Gedanken beim Styling statt auf der Straße. Warum hat der Salon so große Scheiben, wenn die Chefin nie durchschaut? »Mach' doch einfach einen Termin und lass dir die Haare schneiden«, sagt meine Frau (auch sie war Kundin im Salon). »Auf keinen Fall«, antworte ich. Wie käme ich mir vor? Unter einem Vorwand die Haare schneiden lassen?

Dann rief im Juni 2023 Ulli Zelle von der »Abendschau« an. Zelle ist fast so berühmt wie damals Evelyn Lazar. Er möchte über den Kaiserdamm und mein Buchprojekt berichten. Wir ziehen los ,und ich mache ihm einen Vorschlag. »Wollen wir meine Friseurin überfallen?« – »Warum nicht?«, sagt Ulli Zelle. »Wann war der letzte Besuch?« – »Vor 13 Jahren rum.« – »Dann kennt sie Sie bestimmt nicht mehr.« Am Salon angekommen, schaue ich durch die Scheibe, Sylvia sieht mich (endlich) und winkt. »Lass uns drehen«, ruft Zelle zum Kameramann, und wir gehen hinein. Sylvia begrüßt mich herzlich und beantwortet dem TV-Kollegen ein paar Fragen. Vor 17 Jahren fing sie am Kaiserdamm an, vor acht Jahren übernahm sie das Geschäft. Meisterin war sie längst, nur die Berechtigung zum Ausbilden war nachzutragen. Sylvia ist selbstverständlich waschecht, aufgewachsen in Lankwitz, inzwischen glücklich in Neu-Westend. Und schon muss sie wieder weg. Eine Kundin wartet. Ein paar Tage später trinken wir nebenan Kaffee. Viele Themen, sie gehen aber das Buch nichts an. Bei der Gelegenheit treffe ich auch Frau Gerlach, elegant wie immer. Sylvias ehemalige Chefin wohnt im Nebenhaus. »Den Salon gibt es seit 80 Jahren, hieß ursprünglich Güldner. Meine Familie betrieb ihn 55 Jahre«, erzählt sie mir. Sie selbst begann 1976, als die Frisuren viel opulenter waren als heute. Auch Frau Gerlach ist immer auf dem Sprung. Sie kümmert sich bis heute um die Blumen vor dem Geschäft. Mit Ulli Zelle war ich dann noch drüben bei Ulrike und Peter im »Alt-Berlin« und natürlich bei »Eisen Döring«.

Den Menschen näherte ich mich am Kaiserdamm auf verschiedenen Wegen. Mal schrieb ich einen Brief (wie dem Botschafter), mal eine Mail (wie dem Juwelier), eher selten griff ich zum Telefon. Zu vielen Begegnungen kam es zufällig. Bei Döring platzte ich das erste Mal an einem Hochsommertag 2022 in den Laden. Am Jugendstil-Ladentisch sage ich: »Guten Tag, ich schreibe über den Kaiserdamm. Ist der Seniorchef zu sprechen?« Der junge Mann hinter dem Tresen weiß sofort, was zu tun ist, winkt dem Juniorchef. Frank Döring mustert mich kurz und sagt dann höflich. »Mein Vater ist im Urlaub, noch bis Anfang August.« Ich spüre, dass ich ihm bekannt vorkomme. Er: »Schreiben Sie für die ›Morgenpost‹?« – Ich: »Nee, für die ›B.Z.‹, bin aber privat hier.«

Gründerin Monika Gerlach und Inhaberin Sylvia Schulze in der Tür des Friseursalons

Döring Junior würde sich vielleicht später erinnern, dass wir dieselbe Schule besuchten. Zunächst hat er ein anderes Problem. Es war Sommer, und Putin drohte, Deutschland das Gas abzustellen. Döring berichtet mir, dass er in den letzten Tagen alle sieben Radiatoren aus dem Lager verkaufte. »Dazu habe ich 35 Vorbestellungen, aber keiner kann Ware liefern. Wir haben nur noch Heizdecken.« Er sagt das ehrlich besorgt, und ich denke bei mir: Was für ein seltsamer Kaufmann. In Sorge wegen großer Nachfrage. Dann blättere ich durch den Firmenflyer. Das Motto des Traditionsgeschäfts klärt Dörings Besorgnis im Nu auf. Es lautet: »So nah, so gut und hat alles«. Im Augenblick nicht. Keine Radiatoren – und es ist erst Sommer. Was wird im Oktober los sein? Er verspricht mir, seinem Vater von mir zu erzählen.

Döring Senior treffe ich einige Wochen später. »Meine Frau sollte auch dabei sein«, sagt er am Telefon. »Sie erinnert sich besser an alles.« Mit Helmut und Renate Döring sitze ich einige Stunden in ihrer Wohnung im ersten Stock des Hauses. Wir trinken Kaffee, schauen Fotoalben an. Auf dem Wohnzimmertisch liegt die ganze Firmengeschichte. Das Fachgeschäft für Eisenwaren und Haushaltsgeräte gründete Helmuts Großvater Otto, ein gelernter Sattlermeister aus Rixdorf. Das war am 1. Oktober 1906 in Neukölln, die erste Kundin kaufte einen Kochtopf. Helmuts Vater Bruno trat 1925 als 25-jähriger Diplom-Ingenieur ins Geschäft ein. Die Nazijahre überstanden sie durch Anpassung, wie so viele. In die Partei traten die Dörings aber nicht ein. Das Geschäft blieb im Krieg geöffnet, fast bis zuletzt. Direkt nach Kriegsende wurde es von russischen Soldaten und einigen Nachbarn ausgeplündert und verwüstet. »Mein Vater wollte damals eigentlich nach Amerika auswandern, aber sein Antrag wurde abgelehnt. So räumte er den Laden auf und fing wieder an. Bald lief es gut, sehr gut sogar.«

Der heutige Senior (Jahrgang 1945) war auch einmal Junior, half schon mit elf Jahren im Eisenwarenhandel aus. »Der jüngste Lehrling« steht unter einer Fotografie, das ihn vor einem Schraubenregal zeigt. »In den Schulferien nahm mich Vater mit in den Laden, schickte mich auf Botengänge. Vor dem Mauerbau brachte ich auch das eingenommene Ost-Geld päckchenweise zur Wechselstube. Die Karl-Marx-Straße, nahe der Grenze zum Ostsektor, war damals tagsüber schwarz vor Menschen. Viele Kunden kamen von drüben, kauften alles, was Vater an Ware organisieren konnte.« Noch in der Nachkriegszeit kam eine erste Filiale in der Saalestraße dazu, intern »Filiale B« genannt. Bald darauf entstand auch das Firmenlogo mit dem Hammer im D. Dann wird Dörings Bericht nachdenklicher. Die Familie lebte bis 1953 noch im Brandenburgischen. »Es war ein schönes Grundstück bei

Blankenfelde-Mahlow. Die Kriegszeiten überstanden wir durch Selbstversorgung. Doch Anfang der 1950er-Jahre ahnte mein Vater, dass es politisch immer schwieriger werden würde in der DDR.« Im kleinen Grenzverkehr schaffte Bruno Döring nach und nach Familienunterlagen und Besitz nach West-Berlin. »Schließlich fuhr ich mit meiner Mutter, meiner Schwester und unserem Hund mit der letzten S-Bahn über die Grenze, um nicht mehr zurückzukehren. Das war am 17. Juni 1953, dem Tag des Volksaufstands.« Döring erzählt und ist dabei bewegt, noch immer. »Wir fuhren damals direkt ins Geschäft, schliefen in den Regalen, später dann auf dem Dachboden.« Nach dem Mauerfall brauchte Döring 20 Jahre, um das ehemalige Familiengrundstück in Blankenfelde und sein Recht zurückzubekommen – aber er bekam es.

Die Geschichte von Eisen-Döring in Charlottenburg beginnt in Eichkamp. Dort baute sich Bruno Döring ein Einfamilienhaus aus, ursprünglich nur eine bessere Ruine. Hier wuchs Helmut Döring auf, ging zur Waldgrundschule und fuhr mit dem Fahrrad regelmäßig zum väterlichen Laden. Denn seit dem 1. April 1962 gab es die »Filiale C« am Kaiserdamm 17. Nach dem Mauerbau 1961 war das »Zonenrandgeschäft« in Neukölln augenblicklich zum Erliegen gekommen. Von ehemals 20 Mitarbeitern waren einige im Osten eingesperrt. »Mein Vater schaute sich in Charlottenburg um und bekam über die Genossenschaft einen Tipp. Das alte Geschäft von Julius Walter stand zum Verkauf.« Die Eisenwarenhandlung am Kaiserdamm gab es seit 1906, genau wie Eisen-Döring. Teile der Einrichtung von Eisen-Walter findet man noch heute im Geschäft. So der Jugendstil-Verkaufstresen, an dem mir der Juniorchef sein Leid über den Radiatorenmangel geklagt hatte. Zum verabredeten Besichtigungstermin nahm Bruno Döring seine Frau mit und seinen

Renate und Helmut Döring

Sohn – und das war ein Glück. »Frau Walter sagte am Schluss mit Blick zu mir: ›Du sollst den Laden kriegen, du passt zum Kaiserdamm!‹« Helmut Döring war damals ein 16-jähriger Handelsschüler. Bis 14 Uhr büffelte er in der höheren Handelsschule Danckelmannstraße. Dann kurz zum Essen nach Eichkamp und mit dem Rad zum Laden. Dort packte er mit an, bis Geschäftsschluss um 18 Uhr. »Schularbeiten machte ich abends, darum kamen Maschineschreiben und Steno wohl auch zu kurz.« Seinen Einzelhandelskaufmann bestand er dennoch mit Bravour. Die tägliche Radpartie brachte ihn womöglich 1966 auf die Idee, seinem Vater folgenden Vorschlag zu machen: »Papa, du solltest das Haus am Kaiserdamm kaufen.« Vom Hauswart hatte er erfahren, dass das große Mietshaus tatsächlich zum Verkauf stand. Bruno Döring hörte auf seinen Sohn. Es war eine gute Gelegenheit, die Immobilienpreise nach dem Mauerbau im Keller. »Zur Finanzierung wurde das Haus in Eichkamp verkauft, das reichte für die Anzahlung.« 300.000 Mark kostete das Haus am Kaiserdamm, Baujahr 1906. Zustand: Handwerkerobjekt. Zwei Jahre brauchte Familie Döring für notwendigste Arbeiten. Rohre, Leitungen, Heizung, Kellerdecke, alles wurde erneuert. Das Dach war marode, ebenso der Hof, alle Fensterrahmen vergammelt. »Muskelhypothek« nennt Döring die Sanierung in Eigenregie.

Der Kaiserdamm brachte Helmut Döring Glück – auch privat. 1968 traf er in der U-Bahn das erste Mal Renate. »Wir saßen vom Bahnhof Kaiserdamm bis Hallesches Tor nebeneinander. An der Amerika-Gedenkbibliothek sah ich sie wieder, und wir verabredeten uns zu einem Spaziergang. Renate Döring wurde ein Jahr später nicht nur seine Frau, sondern auch seine Partnerin im Geschäft. Er sagt: »Sie ist die Seele und der Motor von Eisen-Döring.« Sie lächelt und weiß, dass er natürlich recht hat. Heute ist der Hausbesitz ihre wertvollste geschäftliche Lebensversicherung. »Sonst könnte man eine Eisenwarenhandlung am Kaiserdamm nicht betreiben«, betont Helmut Döring.

1971 übernahm er die Geschäfte, sein Vater starb 1978 mit 78 Jahren. Seit 2012 ist das Geschäft eine OHG und Teilhaber Frank Döring Geschäftsführer in vierter Generation. Das Sortiment reicht vom Austernbrecher bis zum Zollstock – wie gehört, waren zwischenzeitlich nur Radiatoren aus, dafür lagern im Keller massenweise Schlitten, falls es im Berliner Winter endlich wieder einmal schneit. In jedem Fall sind Auswahl und Sortiment legendär. Am Kaiserdamm erzählt man sich, eine Stammtischrunde wollte Döring einmal auf die Probe stellen. Man beratschlagte, was er sicher nicht im Laden hätte. Man einigte sich auf eine Schafschere. Döring, wenig später nach einer Schafschere gefragt, ging wortlos in den Keller. Augenblicke später legte er das gewünschte Werkzeug auf den Verkaufstresen. Hat sich die Story tatsächlich so zugetragen? Der Seniorchef kann sich nicht genau erinnern, betont jedoch, dass Döring selbstverständlich solche Scheren im Sortiment führt.

Eine hübsche Anekdote verriet mir zum Abschied Renate Döring. Ich fragte sie nach prominenten Stammkunden. Es fielen einige Namen, darunter Heidi Hetzer. Bevor die Rennlegende und Unternehmerin im Sommer 2014 zu ihrer Weltreise startete, versorgte Döring sie mit allerlei nützlichem Gerät für das Oldtimer-Abenteuer. Darunter ein Dutzend Taschenmesser. Sie leisteten ihr unterwegs gute Dienste. Vor allem als Bestechungsgeschenke bei komplizierten Grenzübertritten. Eine weitere Stammkundin war Johanna von Koczian. Man erinnert sich an »Das bisschen Haushalt«, 1977 ein Riesenhit. Was sie in ihrem privaten Haushalt in Westend brauchte, das kaufte sie bei Döring.

Helmut und Renate Döring sind überzeugt, dass der Kaiserdamm ein Geheimtipp ist, den man erst vollständig zu schätzen lernt, wenn man dort lebt. »Natürlich verändert sich ständig alles, viele Läden sind verschwunden«, sagt Döring beim Abschied auf dem Bürgersteig. Er deutet auf die gegenüberliegende Straßenseite, zählt von links nach rechts: Volksbank, Lebensmittelladen, viele kleine Händler, alle verschwunden. Die Reinigung sei noch da, die Kneipe »Alt-Berlin« und der Modellbauladen. Dazwischen viel Leerstand, und das mag der Eisenwarenhändler nicht: »Was leer steht, zieht keine Kunden auf den Kaiserdamm.« Darum, neben historischem Interesse, sein großes Engagement für die 2004 gegründete »Interessengemeinschaft Kaiserdamm«. Viele Jahre war er deren Vorsitzender und eifrigster Trommler. »So gut, so nah – 1.680 Meter Handel, Handwerk und Dienstleistung« – der IG-Kaiserdamm-Slogan. Dabei: Fachgeschäfte, dienstleistende Unternehmen, Hotels und Handwerksbetriebe. Döring hatte 2006 das 100-jährige Kaiserdammjubiläum mitorganisiert, inklusive Seifenkistenrennen. Die waren auf dem Kaiserdamm in den 1950er-Jahren gut besucht. Die Straße liegt an einem Abhang des Teltow, verliert vom Theo bis zum Lietzensee 28 Höhenmeter. Die Kisten beschleunigen dabei auf über 50 km/h. Im Juni 1953 war die Trasse 300 Meter lang, und »Deutscher Seifenkistenmeister« wurde der 15-jährige Udo Nietsch. Beim »Comeback« am 27. August 2006 siegten Hai Yen Hong (Juniorenklasse) und Darleen Neuland (Seniorenklasse) in den Rennen um den »Deutschlandpokal 100 Jahre Kaiserdamm«.

Auch der 110. Geburtstag wurde von der Interessengemeinschaft festlich gestaltet. Zur Eröffnung am letzten Oktoberwochenende 2016 dankte Bezirksbürgermeister Reinhard Naumann den Geschäftsleuten für »den Erhalt der guten wohnungsnahen Versorgung und die Branchenvielfalt am Kaiserdamm«. Es gab Fotoausstellungen in Schaufenstern und Stadtspaziergänge zu sonst nicht zugänglichen Orten. Zum 111. Schnapszahlen-Jahrestag war die Feier schon deutlich kleiner, und Döring zog sich vom Vorsitz zurück. Corona machte alles auch nicht besser. »Die IG ist ein wenig eingeschlafen«, sagt Helmut Döring. Es ist August 2022, ein sehr heißer Sommer, die Kaiserdamm-Linden lassen die Blätter hängen. Vor Jahren hatte Döring mit seinen IG-Kollegen einmal sämtliche Baumscheiben bepflanzt. Massenweise Blumenzwiebeln wurden besorgt, via Döring zum Einkaufspreis. Er selbst rüstete einen elektrischen Rasenkantenschneider zum Kaiserdammeinsatz um. Eine nachhaltige Aktion, denn an einigen Stellen sieht man die Blumen bis heute. Vor dem Eisenwarenladen blühen sie im 30-Grad-Hochsommer knallrot.

Der Mensch, der dafür verantwortlich ist, und der da vor seinem Geschäft steht, der liebt seine Straße mit Leib und Seele. Renate Döring geht es nicht anders. Ihr Kaiserdamm-Mietshaus haben sie sich in sechs Jahrzehnten schwer erarbeitet. Klagen über den Lärm am Döringdamm, pardon Kaiserdamm, hält der Hausherr für Unsinn. »Kaiserdamm ist wie ein Wellenrauschen«, sagt Helmut Döring und geht in sein Geschäft. Sohn Frank hat gerade mit dem Händler telefoniert, der für Radiatoren zuständig ist. Ergebnis: »Lieferung in ein paar Tagen.« Helmut Döring nickt zufrieden und lächelt, denn: In Kürze hat Eisen Döring wirklich wieder alles.

Bis Ende der 1920er-Jahre wohnte im Haus »die braune Erna«. Diesen Spitznamen musste sich die Fotografin Erna Lenvai-Dircksen wegen ihrer Rolle im Dritten Reich gefallen lassen. 1916 hatte sie ein Porträtstudio am Viktoria-Luise-Platz eröffnet und eine Wohnung am Kaiserdamm 17 gemietet. Sie fotografierte berühmte Persönlichkeiten wie Käthe Kollwitz und Ricarda Huch. Daneben hatte sie sich zur Aufgabe gemacht, das »deutsche Volksgesicht« abzubilden. Dazu stellte sie mit der Kamera Porträtreihen von Menschen verschiedener Regionen her. 1932 versammelt in einem Bildband. Ihm folgten »Das Gesicht des deutschen Ostens«, »Nordseemenschen«, »Menschen der Scholle« und andere mehr. Die beigefügten Beschreibungen der Fotos waren schwülstig und entsprachen der widerlichen Rassenideologie der Nationalsozialisten. Zwei ihrer Fotos erschienen 1942 in der von SS-Hauptamt herausgegebenen Hetzschrift »Der Untermensch«. Kurz vor Kriegsende wurde das Archiv der Fotografin zerstört, und Lendvai-Dircksen zog nach Coburg, wo sie 1962 im Alter von 78 Jahren starb.

Im oben beschriebenen heißen Sommer kam ich vor der Galerie am Kaiserdamm 5 mit der Chefin ins Gespräch. Vor dem Haus lag ein vertrockneter Weihnachtsbaum. »Manche Bewohner sind nur alle halbe Jahre in ihrer Wohnung. Dann kommt die Tanne eben erst im Juni raus«, bemerkte die Galeristin. »Traurig, wenn man bedenkt, wie lange die schönen Wohnungen leer stehen.« Neugierig fragte ich nach Werken meines berühmten Bekannten: »Haben Sie auch Frank Zander in Ihrer Galerie?« – »Nee«, antwortet die Galeristin, »nur Lindenberg und Otto.« Alles Originale, genau wie Wolfgang Gruner und Edith Hancke. Ihnen verdankte ein Mann vom Kaiserdamm maßgeblich seine Berühmtheit. Denn mit Berliner Schnauze machten sie Radiowerbung für Tilo Stöhr. Gab bei uns der Kühlschrank den Geist auf, fuhren wir zu Stöhr. Das Geschäft am Kaiserdamm 113 war in ehemaligen Wohnräumen einquartiert und mit Elektrogräten vollgestellt. Waschmaschinen, Geschirrspüler, Kühlschränke, Staubsauger, Fernseher, Hauptsache ein Stecker. Stöhr brummte viele Jahre, nicht zuletzt durch seine Werbestrategie. Der Slogan »Tilo Stöhr bietet mehr« war in den 1980er-Jahren stadtbekannt. Dazu sah man Anzeigen wie: »I come to Stöhr from Boston wegen little Kosten«. Eine Berliner Werbehistorie müsste Tilo Stöhr ein eigenes Kapitel widmen. Über ihn persönlich weiß man wenig. Handeln lernte er im Nachkriegs-Berlin, mit Tauschgeschäften auf dem Schwarzmarkt. 1957 eröffnete Stöhr den Laden am Kaiserdamm und schockte seine Konkurrenz durch aggressive Rabattkampagnen. Schnäppchenjäger aus ganz Berlin pilgerten zum Kaiserdamm, um zu feilschen. Tilo Stöhr wurde mit dieser Geschäftsidee Millionär, doch seine Geschichte endete tragisch. Am 24. Februar 2005 fand ihn die Haushälterin verletzt in der Wohnung über seinem Elektrohandel. Es hieß, er habe sich beim Reinigen einer Pistole (Stöhr besaß einen Waffenschein) an der Hand verletzt. Der 75-jährige Unternehmer kam ins Virchow-Klinikum, am 19. März starb er an einem Schlaganfall. Tilo Stöhr Junior übernahm das Geschäft, musste jedoch drei Jahre später Insolvenz anmelden. Am 30. August 2008 um 16 Uhr war für zuletzt 30 Mitarbeiter Schluss. Wie berühmt Stöhr war, erfuhr man 2002: Als Thilo Sarrazin Berlins neuer Finanzsenator wurde, stellte ihn ein RBB-Moderator im ersten Interview als Tilo Stöhr vor. Der Versprecher wurde viel belächelt und klug kommentiert. Es hieß, dann wäre in Berlin immerhin ein Mann für das Geld zuständig, der damit umgehen kann.

Im Sommer entdeckte ich einen Weihnachtsbaum, im Winter Freunde meines alten Lehrers. Das war im »Alt-Berlin«. Vor Urzeiten ging ich mit Herrn K. dort zwei- oder dreimal ein Bier trinken. K. war mein Deutschlehrer. Nach dem Abi bot er mir das Du an. K. wohnte gleich um die Ecke und war gern in der Kneipe. An einem bitterkalten Januartag 2023 stolperte ich nach Jahrzehnten wieder hinein. Es war kurz nach 13 Uhr, das Alt-Berlin gerade erst offen. Drin nur die Wirtin und ein Stammgast. »Gibt es auch Kaffee?«, frage ich. »Klar, wir haben ja nicht nur Alkohol. Mit Zucker?« – »Nein, danke.« – »Milch?« – »Nee, schwarz.« – »Aber Keks darf dazu?« Ich muss lachen. Sie schmunzelt auch ein wenig. Ich schaue mich um. Es ist gemütlich, recht dunkel, leicht verraucht. Im Radio dudelt Klaus Lage. Hinten steht ein Billardtisch, an den Wänden hängen Bilder, Fotos, Spiegel und die Münzsammlung des »Sparvereins«. Von der Decke baumelt künstliches Weinlaub, auf dem Flachbildschirm (sicher für Hertha-Spiele angeschafft) spricht der Bundeskanzler. Vor 25 Jahren war ich das letzte Mal hier, sage ich im Kneipenplauderton, mit meinem Lehrer. »Wie hieß er denn?« Ich nenne seinen Namen, und sie nickt. »Kannte ich. War sehr nett, aber leider gestorben.« Zum Gast am Fenster: »Den K. kennste auch noch, oder?« Er nickt und trinkt einen Schluck Bier. Der Kaffee ist gut, und ich freue mich. Herr K. ist nicht vergessen. Sie sagt: »Ein charmanter Mann, konnte nett erzählen.« Sicher, K. brauchte Publikum, darum wurde er ja Lehrer. Der Gast am Fenster bietet mir nach zehn Minuten und zwei kurzen Wortwechseln das Du an. Ich bestelle daraufhin ein Engelhardt. »Die Kneipe gibt's hier schon ewig«, sagt Peter. »Über 90 Jahre schon«, ergänzt Ulrike, so heißt die Kaiserdamm-Wirtin, seit 1999 hinter dem Tresen. »Direkt nebenan war früher auch eine Kneipe.« Peter kennt sie noch. »Man ging in die 100 und dann weiter in die 101, oder umgekehrt. Die kamen gut miteinander klar.« Er selbst wohnt direkt gegenüber, seit 57 Jahren. Vier Treppen im Gartenhaus, ohne Fahrstuhl. »Hält fit und ist günstig, alter Mietvertrag.« Sogar die Straßenbahn auf dem Kaiserdamm hatte Peter noch vor Augen. »Darf ich fragen, wie alt du bist?« – »Baujahr 1944. Hier in der Kneipe war früher auch mal ein Puff«, berichtet er. »Für den Bordellbetrieb hatte man den hinteren Teil abgetrennt. Ist aber lange her.« Peter trinkt noch einen Schluck Bier. Das Rauchen hat er sich kurz nach dem Mauerfall abgewöhnt. »Die letzte Kippe habe ich hier auf dem Tresen ausgedrückt, das war 1990.«

Zu Hause suche ich nach einer Aufnahme von Herrn K., zunächst in den Rilke-Bänden. Ich stecke oft Erinnerungen zwischen Buchseiten. Dann entsinne ich mich. K. muss in einem Thomas Mann sein, »Felix Krull« natürlich. Beim nächsten Kneipenbesuch zeige ich das Foto in die Runde und auch mein »Kaiserdamm-Sekt«-Dokument, vor Jahren einmal ersteigert. Im Dezember 1931 beantragte der Kaufmann Salke Weichselbaum beim Amtsgericht Berlin-Mitte, die »Ge-

Ulrike, Wirtin des »Alt-Berlin«

sellschaft Sekt Kaiserdamm GmbH« im Handelsregister zu löschen. Interessant ist der Sekt-Briefkopf mit der Adresse Kaiserdamm 101. »Großkelterei und Weingroßhandlung. Spezialitäten: Echte Ungar-Weine, Wein-Fruchtdessert sowie Frucht-Schaum-Weine«. 1929 war Weichselbaums neue Schampus-GmbH ins Handelsregister eingetragen worden, 1931 schon wieder gelöscht. Dem Sekt Marke Kaiserdamm war kein Erfolg beschieden. Im »Alt-Berlin« gibt's die Flasche »Lutter und Wegner« für 21 Euro. Herr K. hätte womöglich den 99-Euro-Schampus bestellt, dazu pro Stunde vier Zigaretten geraucht und über Gershwin und Vivaldi doziert. Bestimmt hätte er mir einiges zum Kaiserdamm erzählen können. Er war ein mittelmäßiger Magister, aber voller Geschichten. Im Gegenzug hätte ich Hanne Sobek aufgetischt, der gleich neben dem Waschsalon »Schnell & Sauber« (»Kochwäsche in 33 Minuten«) lebte. Über Sobek schrieb ich an meinem alten Kaiserdamm-Schreibtisch ein Buch. »Der größte Held von Hertha BSC« hieß es. Herr K. hätte mich sicher dafür getadelt. »Was hat Sport mit dem Leben zu tun, Oliver?« – Eine ganze Menge, alter Freund. Der Fußball-Superstar (das war er wirklich) zog 1940 mit seiner Frau an den Kaiserdamm 99. Dreieinhalb Zimmer im Gartenhaus, mit Blick auf den Lietzensee. Kurz zuvor hatten Johannes und Elisabeth im Standesamt Charlottenburg geheiratet, 1943 kam ihr Sohn Bernd zur Welt. Auch aus ihm wurde ein prima Fußballer, und mit seiner Geburt begann die große ck-Verwirrung. Denn der Standesbeamte hatte in der Geburtsurkunde »Sobeck« statt »Sobek« notiert. So hieß der Sohn anders als sein Vater. Doch das änderte nichts an der Liebe und schon überhaupt nichts an ihrer gemeinsamen Fußballleidenschaft. Als Hanne Sobek am Kaiserdamm eine Familie gründete, lag seine aktive Zeit hinter ihm. Von 1926 bis 1931 hatte er die Hertha Jahr für Jahr ins Endspiel um die Deutsche Meisterschaft geführt. 1930 und 1931 konnten die Berliner die »Viktoria« gewinnen. Anschließend ließ Hanne die Karriere ausklingen. Hauptberuflich war er seit 1937 für den Rundfunk tätig, als Sachbearbeiter für Sport beim Reichssender Berlin. Wenn er nicht auf Sportplätzen Radioreportagen produzierte oder Interviews führte, arbeitete er im Haus des Rundfunks an der Masurenallee. Da war es naheliegend, an den Kaiserdamm zu ziehen. Zumal zwei Häuser weiter, am Kaiserdamm 97, Günther Kummetz wohnte. Wie Sobek ein Sport-As (Hockey) und im Brotberuf Sportredakteur. Sie kannten sich gewiss.

»Oder war es wegen Albers?«, könnte Herr K. gedankenvoll einwenden. »Du hast also doch mein Buch gelesen«, würde ich entgegnen, gespielt erstaunt. Tatsächlich hätte der Tipp auch von Hans Albers kommen können. Der erfolgreichste

Filmschauspieler seiner Zeit und der »größte Fußballer, den Berlin jemals besessen hat« (Helden-Coach Sepp Herberger über Hanne Sobek) waren eng befreundet. Sicher enger als Herr K. und ich, denn sie saßen nicht nur gemeinsam in Kneipen, sondern spielten auch Karten dabei und verreisten an die Ostsee. Hans Albers erzählte dabei sicher von seiner wilden Kaiserdamm-Ehe mit Claire Dux, doch dazu etwas später. Gänzlich unvollständig wäre das Kapitel »Sobek und der Kaiserdamm« ohne die Erwähnung einer Ansichtskarte. Die fand der Sohn im Sommer 1954 im Briefkasten. Adressiert an Bernd Sobek (der Vater schrieb ihn trotzigerweise nur mit k), Berlin-Charlottenburg, Kaiserdamm 99. Abgeschickt wurde die Karte in Basel und darauf war zu lesen: »Liebes Berndchen, die deutsche Nationalmannschaft wünscht Dir und Deinen TeBe-Kameraden zum Pokalspiel alles Gute!« Darunter die Unterschriften sämtlicher Spieler, die wenige Tage später Fußballweltmeister wurden.

Sobek und Albers – zwei von mindestens einem Dutzend Namen, die man auf einer Gedenktafel am Kaiserdamm noch verewigen könnte. Die Straße ist nicht arm an öffentlicher Erinnerung. Auf einem Spaziergang zählte ich zuletzt 39 Stolpersteine und ein halbes Dutzend Gedenktafeln. Die Tafel am Haus neben der Kneipe war unlängst verschwunden. Aber nicht geklaut, wie vor Jahren die von Döblin, sondern abgenommen wegen Fassadenanstrich. Am Kaiserdamm 102 fand irgendwann im Jahr 1925 eine skurrile Szene statt: Das Ehepaar Betty und Theodor Tagger waren jüngst eingezogen. Der Dramatiker und die Philologin hatten 1922 in Charlottenburg eine Versuchsbühne für junge Autoren gegründet – das Renaissance-Theater. Betty war euphorisch, hatte gerade ein neues Stück entdeckt. Das Manuskript hieß »Krankheit der Jugend«. Der Autor war ihr bis dahin unbekannt, er hieß Ferdinand Bruckner. Theodor Tagger hörte sich die Lobrede an, und dann wird er wohl seine Frau angelächelt haben. Denn dieser Ferdinand Bruckner war er selbst, das Stück stammte aus seiner Feder. Das gewählte Pseudonym huldigte seinen Landsleuten Ferdinand Raimund und Anton Bruckner. Im Stück geht es um Sex, Drogen, Verbrechen, Selbstmord und Mord in einem Kreis von Studentinnen und Studenten. Das war damals noch skandalös. Nach ersten Aufführungen in Hamburg und Breslau feierte das Drama 1928 am Renaissance-Theater einen großen Erfolg. Der Name Bruckner wurde berühmt, und Betty Tagger behielt ihr Wissen um die wahre Identität für sich. Kein Kritiker und Bewunderer, nicht einmal der Staatsanwalt (der empört ermittelte), erfuhr die Wahrheit. Erst 1930 lüftete Tagger selbst das Pseudonym. 1933 emigrierte der Dramatiker nach Paris, ging 1936 in die USA. 1953 kam er nach Berlin zurück, hatte inzwischen seinen bürgerlichen Namen in Ferdinand Bruckner ändern lassen. Die letzten Lebensjahre bis zu seinem Tod 1958 war er als dramaturgischer Berater am Schillertheater tätig. Eigentlich sollte die Gedenktafel am Kaiserdamm 102 auch an seine Frau Betty erinnern! Zu gern hätte ich ihr Gesicht gesehen, als sie erfuhr, dass ihr Mann heimlich zum begnadeten Dramatiker geworden war.

Das Haus birgt noch ein Geheimnis, und dabei ist ebenfalls Jugend im Spiel. Nicht Krankheit der Jugend, sondern junge Kunst und ein ungewöhnlicher Kulturort. Dennis Gegenfurtner zeigte mir alles Anfang Dezember 2022. Der studierte Volkswirt, Jahrgang 1992, entwickelt kulturelle Zwischennutzungskonzepte für leer stehende Immobilien. Am Kaiserdamm 102 zogen zunächst Künstler in den unsanierten Dachboden und nutzten ihn als Atelier. »Dann sprach mich der Vermieter auf den Keller an und zeigte ihn mir. Selbst

Anwohner, die hier Jahre leben, wussten nichts von diesem Gewölbe.« Mit Marthe Howitz und Fred Unruh verwandelte Gegenfurtner die Kellerräume in eine temporäre Galerie. 15 zeitgenössische junge Künstler konnten dort ihre Werke präsentieren.

Unter dem Mietshaus betritt man durch eine unscheinbare Tür einen Geschichtsort. Das Kellergeschoss wurde 1936 zu einem Luftschutzbunker für bis zu 250 Menschen ausgebaut. Bereits seit dem Bau des Hauses vor über 100 Jahren war der Keller ungewöhnlich tief. »Das hatte mit dem U-Bahnbau zu tun«, recherchierte Gegenfurtner. Anstelle des Hauses gab es früher eine tiefe Grube, die mit Bahnschutt verfüllt wurde. Als man das Wohnhaus darauf baute, gaben die Mauern nach. So musste man zunächst den Schutt komplett entfernen und legte in der Grube einen tiefen Keller an. Beim Bunkerumbau wurden 20 Jahre später die Fundamente noch einmal verstärkt und zusätzliche dicke Stützpfeiler eingemauert. So entstand ein labyrinthartiges Kellergewölbe. 421 Fliegeralarme erlebten Charlottenburger hier von Juni 1940 bis April 1945. Gasschleusen und Hinweisschilder aus der Bunkerzeit blieben im Keller zum Teil erhalten. Nach dem Krieg wurde das Gewölbe für Jahrzehnte nur als Heizungskeller genutzt, dementsprechend kaum betreten. Als ich vor Ort war, hängte Nina Plášková aus Tschechien gerade ihre Werke an die Wand. Die 25-Jährige war von der Location beeindruckt. »Es ist wirklich ein Gänsehaut-Ort und wie geschaffen, um Kunst zu zeigen.« Ich dachte wieder einmal an meinen alten Lehrer. Herr K. hätte sicher im Bunkergewölbe angefangen zu singen. So wie er es 1985 auf unserer Schülerfahrt nach Polen im Salzbergwerk Wieliczka tat. Opernsänger war er nämlich auch einmal …

Wusste K. von den beiden Weltberühmtheiten, die nebenan wohnten? Ich weiß es nicht. Wir sprachen nie über

Film und selten über Literaten, die weniger anspruchsvoll schrieben als Thomas Mann. So ist uns damals ein Gedankenexperiment entgangen. Mitte der 1920er-Jahre hätte es am Kaiserdamm zu einem Zusammentreffen von zwei außergewöhnlichen Künstlern kommen können. Der eine war damals noch unbekannt und schrieb 1925 für die Zeitschrift »Sport im Bild«, die im Hugenberg-Konzern erschien. Der andere galt als bester Schauspieler der Welt und saß auf gepackten Koffern Richtung Amerika. Erich Maria Remarque – der Schreiber, Emil Jannings – der Schauspieler. Remarque wohnte 1925 für ein Jahr am Kaiserdamm 114, Jannings seit Beginn der 1920er-Jahre am Kaiserdamm 111. Beide würden in Kürze die USA erobern. Bei Jannings war es absehbar. Er hatte mit »Der letzte Mann« (1924) und »Varieté« (1925) die Hauptrollen in zwei Stummfilm-Welterfolgen zu verbuchen. Daraufhin bekam er einen lukrativen Vertrag der Paramount angeboten. Jannings nahm an und drehte in den USA weitere Erfolgsfilme. Remarque brauchte noch drei Jahre, bis sein Romanmanuskript fertig wurde. Es machte ihn weltberühmt und hieß »Im Westen nichts Neues«. 1929 standen beide im Zenit ihres Welterfolgs. Jannings bekam für »Der Weg allen Fleisches« und »Sein letzter Befehl« den ersten Oscar, der jemals vergeben wurde. Remarques Roman wurde in Hollywood verfilmt. Die weiteren Lebenswege der ehemaligen Nachbarn vom Kaiserdamm waren denkbar unterschiedlich. Remarque verließ sofort nach der Machtergreifung Deutschland, lebte viele Jahre in den USA. Er schrieb Erfolgsbücher, hatte Affären mit Marlene Dietrich und Greta Garbo, starb 1970 in seinem letzten Wohnsitz Locarno. Jannings verließ die USA, als der Tonfilm aufkam, denn er sprach nur ein paar Brocken englisch. Nach 1933 arrangierte er sich mit den Nazis, drehte auch NS-Propagandastreifen wie »Ohm Krüger«

(1941). Nach Kriegsende verhängten die Alliierten ein lebenslanges Auftrittsverbot, Jannings starb 1950 in Österreich.

Ein bemerkenswerter Zufall, dass 1925 ein Mann an den Kaiserdamm zog, der 1933 alles Unheil kommen sah. Sein Name ist Armin Theophil Wegner und er lebte – Erich Maria Remarque gegenüber – am Kaiserdamm 16. Der 1886 geborene Wegner war Dichter, Reiseschriftsteller, Journalist und Pazifist. Im Ersten Weltkrieg hatte er über den Völkermord an den Armeniern berichtet. Am Ostermontag, den 11. April 1933, schrieb er einen Brief an Adolf Hitler: »Herr Reichskanzler! In Ihrer Bekanntgabe vom neunundzwanzigsten März des Jahres hat die Staatsregierung die Acht über die Geschäftshäuser aller jüdischen Bürger verhängt.« Es folgte ein Protestschreiben gegen die Anordnungen und die daraufhin am 1. April folgenden reichsweiten Boykottaktionen gegen jüdische Geschäfte, Ärzte und Rechtsanwälte. Der elfseitige Brief schließt mit einem leidenschaftlichen Appell: »Ich beschwöre Sie! Wahren Sie den Edelmut, den Stolz, das Gewissen, ohne die wir nicht leben können, wahren Sie die Würde des deutschen Volkes!« Die Antwort Hitlers kam einige Monate später. Am 16. August 1933 wurde Wegner, dessen Ehefrau Lola Landau Schriftstellerin und Jüdin war, am Kaiserdamm von der Gestapo verhaftet. Er wurde im Columbiahaus in Tempelhof gefoltert, kam anschließend in die Konzentrationslager Oranienburg, Börgermoor und Lichtenberg. Im Dezember 1933 aus der Haft entlassen, verließ er Deutschland sofort. 1968 wurde er in die Reihe der »Gerechten unter den Völkern« aufgenommen. Armin Wegner, dessen Schriften und Wirken heute vergessen sind, starb 1978 in Rom. Am Kaiserdamm 16 erinnert eine Gedenktafel an einen Mann, der hellsichtig erkannte, was Deutschland nach dem 30. Januar 1933 blühte. »Hundert Jahre nach Goethe, nach Lessing kehren wir zu dem härtesten Leid aller Zeiten, zu dem blinden Eifer des Aberglaubens zurück«, hieß es im Brief an Hitler.

Die Nazis hatten lange vor ihrem Machtantritt Namen von politischen Gegnern und jüdischen Geschäften und Personen gesammelt. Diese Listen wurden seit 1933 immer wieder ergänzt und dienten für Boykott- und Terrormaßnahmen. Aus dem Jahr 1935 ist eine Liste der Ortgruppe Westend der NSDAP überliefert. Darauf verzeichnet die jüdischen Ärzte Dr. Goldschmidt und Dr. Oppenheim (beide Kaiserdamm 27), Dr. Ascrian (Kaiserdamm 31), Dr. Dentler und Dr. Gornick (beide Kaiserdamm 85), sowie die jüdischen Rechtsanwälte Kempner (Kaiserdamm 27), Dr. Rothschild (Kaiserdamm 32), Dr. Kayser (Kaiserdamm 82), Dr. Prasse (Kaiserdamm 85) und Schönberg (Kaiserdamm 87). In der NSDAP-Geschäftsstelle am Adolf-Hitler-Platz 2 hatte man dazu sieben jüdische Geschäfte am Kaiserdamm ausgemacht: Parfümerie Mode (Kaiserdamm 21), Massagepraxis Kuttner-Cohn (Kaiserdamm 22), Damenkonfektion Broh (Kaiserdamm 22), Lampengeschäft Lechleitner (Kaiserdamm 23), Entfleckerei Strauss (Kaiserdamm 30), Drogerie Koschminski (Kaiserdamm 33) und Schneiderei Goldberg (Kaiserdamm 88).

Widerwillig tippe ich solche Aufzählungen ab. Einst von Mörderbanden gesammelt, nur um die genannten Menschen »parat« zu haben, um sie so bald wie möglich zu terrorisieren, zu entrechten, zu vertreiben und schließlich zu töten. Sicher gab es auch entsprechende Listen für jüdische Nachbarn, die keine Geschäftsleute, Ärzte oder Rechtsanwälte waren. Darauf stand gewiss der Name Else Ury. Die 1877 geborene Kinderbuchautorin lebte seit 1905 an der Kantstraße 30, 1932 zog sie zum Kaiserdamm 24. In der Neunzimmerwohnung lebte sie zusammen mit ihrer Mutter und ihrem Bruder Hans, der dort als Facharzt für Magenkrankheiten praktizierte. Der erste Band der »Nesthäkchen«-Reihe war kurz vor dem Ersten Weltkrieg erschienen und hatte Else Ury berühmt gemacht. Fiktive Titelheldin war die goldblonde Arzttochter Annemarie aus der Knesebeckstraße. In zehn Bänden erzählte die Autorin Nesthäkchens Leben vom Schulkind (… und ihre Puppen) bis zur Greisin (… im weißen Haar). Viele weitere Erfolgsromane folgten, darin auch Erwähnungen von Kaiserdamm und Lietzensee. Mir gefallen Professors Zwillinge. Schon deshalb, weil Bubi und Mädi im Romanteil von 1925 die Waldschule besuchen. Bis März 1935 durfte Else Ury schreiben und publizieren, dann schloss man sie aus der Reichsschrifttumskammer aus. Hans Ury nahm sich 1937 das Leben. Elses zweiter Bruder Ludwig, von Beruf Rechtsanwalt, wanderte 1939 nach England aus und überlebte den Holocaust. Else Ury konnte 1938 ihre Neffen in London besuchen, doch sie kehrte nach Berlin zurück. Sie wollte sich weiter um ihre pflegebedürftige Mutter kümmern, die 1940 im Alter von 92 Jahren starb. Kurz zuvor hatte man Mutter und Tochter gezwungen, vom Kaiserdamm in ein »Judenhaus« nach Moabit umzuziehen. Wenig später wurde ihr gesamter Besitz enteignet, darunter das Sommerhaus »Nesthäkchen« im Riesengebirge. Am 12. Januar 1943 wurde Else Ury gemeinsam mit 1195 Berliner Juden in das Vernichtungslager Auschwitz deportiert. Vom »26. Osttransport« sortierte man an der Selektionsrampe 127 Männer zur Zwangsarbeit aus. Alle anderen wurden in der Gaskammer ermordet, unter ihnen die 65-jährige Else Ury.

Ein Porträt der Schriftstellerin entdeckt man auf dem S-Bahnhof Westend. Dort hat man Menschen, die in der Nazizeit verfolgt, inhaftiert und ermordet wurden, ein klei-

Zeitungshändler Heinz-Peter Dragoner

nes Denkmal gesetzt. Auch an die Opernsängerin Henriette Gottlieb wird erinnert. Seit 1912 war sie am Deutschen Opernhaus an der Bismarckstraße verpflichtet und berühmt für ihre Wagnerrollen. Sie war verheiratet mit dem Alteisenhändler Carl Huth, verwendete als Sängerin jedoch weiterhin ihren Mädchennamen. Das Ehepaar lebte am Kaiserdamm 84, Henriette bezog die Wohnung bereits 1919. Nach dem Machtantritt der Nazis verlor ihr Mann 1933 sein Geschäft, und Gottlieb wurde »aus rassischen Gründen« in der Oper entlassen. Ihr letzter Auftritt in Berlin, noch einmal gefeiert, als Brünnhilde in der »Götterdämmerung«. Am 24. Oktober 1941 verschleppte man das Ehepaar vom Gleis 17 des Bahnhofs Grunewald ins Ghetto Litzmannstadt. 1942 sind sie dort gestorben. Auf Schallplatten ist Henriette Gottliebs Sopran bis heute erhalten.

Einen Band von Else Ury fand ich einmal in der Kramkiste beim Zeitungshändler Dragoner. Er betreibt seit über 30 Jahren in Nummer 13 das »Pressezentrum am Kaiserdamm«. Ich krame dort öfter, und manchmal plaudere ich mit dem Inhaber. »Hier, das bin ich«, sagte er einmal und deutete auf eine Zwei-Euro-Münze. Darauf ein Ritter zu Pferde, das Staatswappen von Litauen. »Ein Dragoner, so heiß' ich, das ist mein Name.« Heinz-Peter Dragoner ist viele Jahrzehnte im Zeitungsgeschäft. »Es hat sich viel verändert, sogar Springer bietet jetzt Abos an. Schlecht für uns.« Darum hat er sein Sortiment ständig erweitert. Kalender, neue und gebrauchte Bücher, Tabak und Getränke. Natürlich kann man auch Lotto spielen und dabei ein Schwätzchen halten. Es gibt auch Schattenseiten, wie Überfälle. Im Februar 2017 kamen drei Kerle in den Laden, kurz vor Feierabend. Sie raubten 500 Euro aus der Kasse und bedrohten ihn mit einem Hammer. »War nicht das erste Mal, es gab viele Überfälle«, erzählt er mir. »Ich hatte auch schon ein Messer an der Kehle.« Aber Herr Dragoner hat keine Angst, nicht einmal vor der Zukunft. Weil er positiv denkt und weil sein Geschäft auf soliden Füßen steht. Er gehe mit der Zeit, sagt er. Auf Schüler muss man eingerichtet sein, darum gibt es auch Schreibwaren und Süßigkeiten. Die meisten Kunden mit Schulranzen kommen von schräg gegenüber. Wo die Witzlebenstraße in den Kaiserdamm einmündet, sieht man auf der linken Straßenseite die schöne alte Fassade der Lietzensee-Grundschule. Zu den Schülern gehörte ab 1929 Marcel Reich-Ranicki. Am ersten Schultag lernte er hier etwas kennen, das ihn ein Leben lang begleitete, wie er in seinen Erinnerungen schrieb: die Angst vor dem deutschen Rohrstock. Sie war für ihn nichts anderes als ein Synonym für die deutsche Barbarei. Über den beiden Eingangsportalen kann man noch lesen: »Knaben-

Schule« und »Mädchen-Schule«, heute wird selbstverständlich koedukativ unterrichtet.

Gegenüber erinnert eine Gedenktafel an die Opfer der Wehrmachtsjustiz. Das Gebäude Witzlebenstraße 4–10 war von 1936 bis 1943 Sitz des Reichskriegsgerichts. Über 260 Kriegsdienstverweigerer und zehnmal mehr Widerstandskämpfer wurden hier zum Tode verurteilt, viele von ihnen anschließend von der Wehrmacht in der Murellenschlucht hingerichtet. Als ich mit meinem Notizbuch vor Ort unterwegs war, sprach mich eine junge Frau an. Sehr höflich fragte sie mich, was ich im Kiez so treibe. Sie arbeite an einer Bewerbungsreportage für eine Journalistenschule. So plauderten wir über diesen spannungsreichen Ort, zwischen Abc-Schützen und Wehrmachtsverbrechen. Ich wünschte ihr alles Gute für die Bewerbung. »Welche Wunschredaktion haben Sie denn angegeben?«, fragte ich. »›B.Z.‹-Lokalredaktion«, war die Antwort. Na, wird schon schiefgehen …

Ich musste zurück zum Kaiserdamm. Dort stand eine Haustür offen. Bei solchen Gelegenheiten trete ich neugierig ein und schaue mich um, natürlich nur im Eingangsbereich. Ein prächtiges Vestibül, Kaiserdamm 109, mit viel Marmor und Kassettendecke. Ein großes Porträtmedaillon fiel mir ins Auge. Es erinnerte mich an Schiller, sicher der Nase wegen. Ein Herr meines Alters kam die Treppe herunter, und ich sprach ihn an. Nein, er wüsste nicht, ob das der Dichter sei. Aber der Architekt des Hauses war für schmuckreiche Eingangsbereiche berühmt. Nicht nur hier, auch in den beiden Nachbarhäusern könne man das sehen. Prunkvolle Eingänge waren sein Markenzeichen. Immer wieder staunte ich, wie gut die Menschen am Kaiserdamm über ihre Wohnhäuser informiert sind. Viele kennen irgendwelche Besonderheiten, viele das Baujahr oder sogar den Architekten. Muss man Psychologe sein, um dies für ein Zeichen sehr positiver Identifizierung mit dem Wohnumfeld zu erkennen?

Im Komplex mit dem Schiller-Medaillon, das wohl nicht Schiller zeigt, findet man seit 2010 ein viel besuchtes italienisches Restaurant. Auf alten Ansichtskarten sieht man an der Ecke ein Bierlokal. Einmal hieß es »Schultheiss am Lietzensee«, ein anderes Mal »Spaten«. Um 1933 war es ein übler Nazitreff, nach dem Zweiten Weltkrieg wurde die Ecke zur »Westfalenklause«. Der Gastroführer »Berlin von 7 bis 7« schrieb 1971: »Empfehlenswertes altmodisch gemütliches Restaurant mit altdeutschen Räumen und einer halbrunden, mit vielen Blumen hübsch geschmückten und für ruhig-bequemes Kaffeetrinken und Zeitungsstudium idealen Veranda. Die Küche bietet einige westfälische Spezialitäten und darüber hinaus ein abwechslungsreiches Angebot internationaler Speisen in guter Zubereitung. Gute Menüs, gute Toaste. Gesellschaftsraum und Kegelbahn. (Hauptgerichte DM 5,50 bis DM 12).« Trafen sich Mitglieder von Vertriebenenverbänden in Charlottenburg, dann gern in der Westfalenklause. Nachzulesen in der Heimatkreisrubrik des »Ostpreußenblatts«. In den 1980er-Jahren beerbte der »Wienerwald« die Westfalen. Nach der Jahrtausendwende verschwand bei einem Umbau die Kegelbahn. Im Keller ist heute nur ein Lagerraum, verriet mir der freundliche Kellner des »Rocco«. Das altdeutsche Ambiente ist verblasst, doch auf der Karte neben Pizza und Pasta: Bauernfrühstück und Spiegeleier.

Doch ich muss weiter, zur Verabredung im allerersten Haus an der Straße. Durch das prächtige Eckhaus Kaiserdamm 118 am Sophie-Charlotte-Platz 7 führte mich der angebliche Miethai. Im Gebäude gegenüber empfängt man mich bewaffnet. Katja Kintzel ist seit 14 Jahren im Polizeidienstgebäude Kaiserdamm 1 tätig und zuständig für die

Öffentlichkeitsarbeit. Mein Besuch wurde behördlich genehmigt. Die Oberkommissarin trägt Dienstkleidung, eine Pistole am Gürtel und in der Hand einen Gebäudeplan. »Gute Nachricht«, sagt die 41-Jährige, »wir können auch auf den Dachboden. Dort ist zwar gerade Baustelle, wegen der Heizungsrohre, aber heute baut keiner.« Ich folge ihr eine Treppe hinauf, einen Gang entlang. Noch eine Treppe, noch ein Gang. »Man kann sich wirklich verlaufen, habe ich auch schon.« Sie lacht und schließt eine Tür auf. »Haben Sie Höhenangst?« – »Nein, eigentlich nicht.« – »Schön, dann zum sportlichen Teil.« Wir betreten den Dachboden, im Originalzustand, Baujahr 1910. Eine Kathedrale aus Holzbalken. An den Wänden Kritzeleien. Figuren, die an Indianer erinnern. Es sind Hinterlassenschaften des Sommers 1945, als alliierte Soldaten im Gebäude waren. Über eine Treppe geht es noch einmal hinauf und dann hinaus. »Schade, dass es so bedeckt ist«, sagt die Oberkommissarin. Vom Türmchen trotzdem traumhafter Blick über den Kaiserdamm. Ich bitte sie, ein Foto von mir zu machen (Beweise sichern), und wir plaudern dort oben. Katja Kintzel liebt ihr Revier, zu dem auch die Kaiserdammgegend gehört. »Einige Ecken sind im Laufe der Jahre nicht schöner geworden«, sagt sie. »Welche denn?«, frage ich. »Beispielsweise die Unterführung am ICC.« Ich nenne diesbezüglich die Umgebung des Busbahnhofs. »Jetzt möchte ich Ihnen noch den alten Schießstand zeigen«, sagt die Beamtin. Er ist in einem Zwischengeschoss versteckt, aber sie hat ja den Plan dabei. Nach einem längeren Spaziergang durch das Dienstgebäude betreten wir einen niedrigen, dunklen Raum. Die Wände sind mit dicken Holzbohlen verkleidet. Ein Kollege kommt mit Taschenlampe dazu, deutet auf Schrammen an Wand und Decke: »Das sind Spuren der Querschläger!« Der Schießstand ist längst nicht mehr in Be-

Blick vom Türmchen des Polizeipräsidiums über den Kaiserdamm

trieb, genauso wenig wie Präsidentenwohnung und Dirnentür. »Dirnentür?« Habe ich richtig gehört? Ja, früher befand sich im Haus auch die Sitte. »Die Damen sollten nicht vorn über den Kaiserdamm ins Gebäude. So führte man sie unauffällig durch einen Nebeneingang am Horstweg zur sittenpolizeilichen Kontrolle.« Unweit die »Präsidententür«. Durch sie erreichte der jeweilige Chef seine Dienstwohnung im ersten Stock. Heute arbeiten dort LKA-Beamte.

Von 1927 bis 1932 bewohnte ein preußischer Jude und kämpferischer Demokrat die Wohnung. So steht es auch auf einer Gedenktafel am Gebäude, die Bernhard Weiß gewidmet ist. Ein bemerkenswerter Mann mit steiler Beamtenkarriere. 1880 in Berlin geboren, 1900 Abitur, 1904 Doktor der Rechts- und Staatswissenschaften. 1918 erst stellvertretender Leiter und 1925 Chef der Berliner Kriminalpolizei. Verantwortlich für 2400 Kripobeamte. 1927 schließlich Polizeivizepräsident mit Dienstwohnung in Charlottenburg. Als »Vipoprä« war Weiß bei der Bevölkerung beliebt, das Leitbild der Polizei als »Freund und Helfer« geht mit auf ihn zurück. In der Dokumentation »Jüdisches Leben und Polizei« heißt es: »Von Außenstehenden wurde Bernhard Weiß als Kämpfernatur beschrieben, die systematisch gegen illegale Aktivitäten vorging. Weiß setzte sich genauso konsequent gegen Linksextremismus wie Rechtsextremismus ein.« Goebbels überzog Weiß wegen seiner jüdischen Herkunft mit Schmähungen, diffamierte ihn als »Isidor Weiß«. Im Gegenzug führte der Jurist Dutzende erfolgreiche Prozesse gegen den Berliner Gauleiter der NSDAP. 63 Hauptverhandlungen sind dokumentiert, Weiß hatte in jedem Fall gerichtlichen Erfolg. Reichskanzler Franz von Papen enthob ihn 1932 seines Amtes. Nach dem »Preußenschlag« musste Weiß seine Dienstwohnung am Kaiserdamm verlassen und zog zum Steinplatz. Unmittelbar nach dem Machtantritt der Nazis, wurde seine Privatwohnung gestürmt. Weiß konnte in letzter Sekunde über die Hintertreppe fliehen. Mithilfe ehemaliger Kollegen flüchtete er mit seiner Frau über Prag nach London. 1949 besuchte Weiß erstmals wieder Berlin. Er wollte unbedingt zurück in seine Heimatstadt. Bürgermeister Ernst Reuter hatte ihm einen Beraterposten im Polizeidienst angeboten. Doch ein Krebsleiden vereitelte diese Pläne. Bernhard Weiß starb 1951 in London, einen Tag vor seinem 71. Geburtstag.

Die Oberkommissarin überreicht mir zum Abschied Auszüge aus einer Festschrift, die 2010 erschien. Zum 100-jährigen Bestehen des ehemaligen Charlottenburger Polizeipräsidiums. Es war neben dem gleichzeitig erbauten Reichsmilitärgericht am Lietzensee das zweite große Staatsgebäude der Kaiserdammgegend. Für die Errichtung erwarb

1905 der preußische Fiskus 8852 Quadratmeter Land von der Terrain-Actiengesellschaft Park Witzleben. Kaufpreis: 542.500 Mark. Der Untergrund war feucht. Darum trieb man zunächst 1300 Stahlbetonpfähle in den Boden. Für die Barockfassade verwendete man Terrasitputz, schmückende und gliedernde Teile wurden in Muschelkalk ausgeführt. Die Baukosten verschlangen 1,34 Millionen Mark. Zur feierlichen Schlüsselübergabe im Juli 1910 hatte der Charlottenburger Polizeipräsident von Herzberg versichert, das neue Haus werde nicht nur »ein Schmuckwerk für die Außenwelt, sondern auch durch sein inneres Leben eine Zierde der preußischen Staatsverwaltung sein«. Im Laufe von elf Jahrzehnten waren alle möglichen Dienststellen in allen möglichen Diensträumen vertreten. Von der Sitte bis zum Fundbüro, von der Bekleidungskammer bis zum Polizeigefängnis. Heute sind es die Direktion 2, Abschnitt 24 und einige Spezialdienststellen des Landeskriminalamts. In einem der vier Höfe sieht man eine Kastanie. »Sie wuchs mit dem Gebäude«, sagt die Oberkommissarin, und es klingt fast poetisch. Sicher gibt es kein Gebäude am Kaiserdamm, mit dem sich mehr Menschenschicksale verbinden. Von der Anzeige wegen Ladendiebstahl bis zur Dirnentür.

Am See

Von Napoleons Stippvisite, den Mädchen Evelyn und Annelie, Schwester Norberta und einer Lateinlehrerin, die Seegeschichte schrieb

Der Lietzensee liegt im Häusermeer. Zwischen Gewässer und Gemäuer nur ein schmaler Park. Am Kaiserdamm ist an dieser Stelle die geschlossene Bebauung aufgebrochen, die Straße scheint etwas Luft zu schnappen. Wie beginnen, diese Oase zu beschreiben? Vielleicht mit Napoleon.

Der Kaiser der Franzosen war am 27. Oktober 1806 nach seinen Siegen über die preußische Armee bei Jena und Auerstedt in Berlin eingezogen. Französische Soldaten bezogen Kasernen, Offiziere wurden privat einquartiert. Napoleon selbst logierte im Schloss Charlottenburg und im Stadtschloss. Nach zwei Monaten reiste er weiter nach Warschau, die Soldaten blieben als Besatzer. Im Frühsommer 1808 befahl Napoleon, in Charlottenburg ein riesiges Heerlager aufzuschlagen. Es wurden Truppen verschoben. Marschall Victor, der zum Gouverneur von Berlin ernannt worden war, traf mit dem 1. Korps am 24. März 1808 ein. Für seine 25.000 Soldaten wurden in fünf Wochen drei Feldlager errichtet. Josephbourg bei Havelberg, Louisbourg bei Neu-Ruppin und Napoléonbourg bei Charlottenburg, westlich vom Schloss. Die Napoleonsburg war einen ganzen Kilometer breit und reichte (aus heutiger Sicht) vom Krankenhaus Westend und den Kleingärten am Spandauer Damm im Nordwesten, bis zu Kaiserdamm, Lietzensee und Wundtstraße im Südosten.

Die eilig zusammengenagelten Quartiere fertigte man aus Kiefernholz, teils im Spandauer Forst geschlagen oder bei

Bretterhändlern beschlagnahmt. Einquartierungen waren die 3500 Einwohner Charlottenburgs seit 1806 gewohnt. Aber nun kampierten direkt vor ihrer Stadt 7000 französische Soldaten. Für ihre Verpflegung erhoben die Besatzer »Lagersteuer«, vor allem in Naturalien. Für das Charlottenburger Lager sind monatliche Anforderungen zur Truppenversorgung überliefert: 3300 Zentner Getreide, 80 Zentner Reis, 80 Zentner Salz, 130 Zentner getrocknetes Gemüse, 1700 Zentner Stroh, 6700 Pinten Essig, 5000 Pinten Branntwein. Dazu kamen Brennholz, Koch- und Essgeschirr. Wasser bezog man zunächst aus dem Lietzensee, wenig später wurden Ziehbrunnen angelegt. Die Napoleonsburg bestand aus zwei Reihen von je 190 Barackenhäusern, jeweils 20 Fuß breit, 24 Fuß tief, etwa 46 Quadratmeter. Die Unterkünfte mit Bretterdach waren mit Lehm verputzt und mit Kalk gestrichen. In jeder Baracke schliefen 20 Soldaten auf Holzpritschen und Stroh. Die Unterkünfte für Offiziere und Unteroffiziere waren etwas komfortabler. Dazu gab es 64 Küchen- und Speisebaracken, Zelte für Handwerker, Marketender und Offiziersequipagen. 57 Pferde mussten versorgt werden. Die Frontseite – etwa entlang der heutigen Königin-Elisabeth-Straße – war mit Kanonen und Trikoloren geschmückt. Anlässlich Napoleons Geburtstag zimmerten sich die Soldaten ein kleines Ballhaus, ausgeschmückt mit Türen aus dem Schloss und Tapeten aus der Oper. Eine Büste Napoleons war mit einem Lorbeerkranz verziert. Am 14. August 1808 dann Kanonensalven für Napoleon und ein Feuerwerk. An diesem Tag war der Abzug aus Charlottenburg bereits beschlossen. Das 1. Korps hatte Befehl erhalten, nach Spanien aufzubrechen, um einen Aufstand niederzuschlagen.

Nach dem Abzug der Franzosen am 2. November 1808 wurde die Napoleonsburg wieder abgebrochen und das Barackenholz versteigert. So schnell die Bebauung auf dem Areal gekommen war, so schnell wuchs wieder Gras über die Sache. Geblieben sind einige zeitgenössische Abbildungen und 70.000 Taler Minus in der Stadtkasse. Für die Annalen sei festgehalten: Der Kaiser der Franzosen war der erste Kaiser des Kaiserdamms.

Vor mir liegen zwei Fotografien. Sie zeigen Mädchen, die vor 85 Jahren am Lietzensee lebten. Das eine Mädchen hieß Anneliese Schultz, das andere Evelyn Greve. Sie wohnten in der zweiten Hälfte der 1930er-Jahre ganz nah beieinander. Womöglich kannten sie sich sogar und spielten zusammen. Beide Fotos entstanden am See, im Hintergrund sind Kaiserdammhäuser zu erkennen und Bäume ohne Blätter. Es ist Winter. Beide Mädchen tragen einen modischen Wollmantel, hellgraue dicke Strumpfhosen und schwarze Schuhe. Beide lächeln. Ihre Leben waren verschieden und doch verbunden – durch die Furchtbarkeiten der deutschen Geschichte.

Anneliese schmiegte sich im März 1942 am Nordeingang des Parks an ihren Vater. Die Mutter knipste mit der Boxkamera. Der Vater trug einen Uniformmantel der Wehrmacht, wenige Tage Heimaturlaub in Charlottenburg. Anneliese war gerade elf Jahre alt geworden. Die Familie lebte in der Danckelmannstraße. Sie notierte später auf der Rückseite der Aufnahme: »Hoffentlich erkennst du auch unsere Straße. Das große Haus ist nicht mehr. Dort war doch der Völkische Beobachter, das ist jetzt Ruine. Links Café Schneider, wieder großer Tortenbetrieb.« Heute findet man dort ein Modeoutlet. Wer wissen möchte, wie groß die Konditorei war, muss sich den Flucht- und Rettungsplan bei »Marc O'Polo« anschauen. Darauf ist der Grundriss zu sehen. Auf dem alten Foto erkennt man den 1921 aufgestellten »Bogenschützen« von Hugo Lederer. 1943 wurde das Bronzestandbild

Anneliese Schultz mit ihrem Vater und Evelyn Greve

für Rüstungszwecke eingeschmolzen. Zu dieser Zeit kämpfte Annelieses Vater in Russland, sie sah ihn erst viele Jahre nach dem Krieg wieder. Die Gefangenschaft hatte seine Seele zerquält. Anneliese heiratete später einen britischen Soldaten und zog nach Bristol. Von dort schickte sie das Foto irgendwann ihrem Bruder nach Berlin, dem Vater meiner Frau. Annelie Tyler wurde eine Dame, meine Frau liebte sie sehr. Mit weißem Haar und feinem Humor besuchte sie noch oft die Kaiserdammgegend und spazierte auch durch den Lietzenseepark. Sie starb mit 79 Jahren in ihrer britischen Wahlheimat.

Ein paar Häuser neben der Konditorei, die Annelie beschrieben hatte, lebte Evelyn Greve. Ihr Foto wurde Ende 1938 am See aufgenommen. Sie war damals zehn Jahre alt. Drei Jahre zuvor war die jüdische Familie Greve an den Kaiserdamm 10 gezogen. Kurz nach dem Einzug knipsten sie sich auf dem Balkon. Vater, Mutter und zwei Kinder. Man erkennt auf den ersten Blick: eine glückliche Familie. Zuvor lebten Walter und Johanna mit ihren Kindern in der Reichsstraße 2. Prächtiger als am Kaiserdamm. Ehedem hatte man einen Wintergarten, jetzt nur den schmalen Balkon. Doch man wollte sich verkleinern, erklärte Walter seinen Kindern Evelyn und Ludwig. »Das Haus war so verschachtelt, als wenn es aus zweien entstanden wäre: die dunkle Eingangshalle führte geradewegs wieder hinaus in den Hof, der an die Häuser der Danckelmannstraße grenzte; kein Hof für Spiele; auf dem gekachelten Grund, nicht recht in der Mitte, standen ein von Gestrüpp eingefasster Brunnen, aus dem schon lange kein Wasser lief, die Teppichstange und zwei oder drei verirrte Bäume.« So beschrieb es Ludwig Greve 1975 in seinen Jugenderinnerungen. Die Sache mit dem Verkleinerungswunsch stimmte nicht. Man hatte dem Vater den Auszug »nahegelegt«. Walter Greve war ein wohlhabender Textilfabrikant, an der Hemdenfabrik Hempel beteiligt. 1936 wurde das Geschäft »arisiert«, Greve gezwungen, seine Beteiligungen abzugeben. 1938 die Entlassung. Daraufhin bereitete sich die Familie auf eine Auswanderung vor. Ludwig musste bei Herrn Auerbach an der Heerstraße Hebräisch und »Jüdischsein« büffeln.

Bei den Novemberpogromen verschleppte man Walter Greve für Wochen ins KZ Sachsenhausen. Ein Moment, der sich tief in die Seele des Sohnes Ludwig einprägen sollte. »An diesem 10. November 1938 ist mir in der Tat die Kindheit abhandengekommen, so wenig ich gleich was anderes fand. Ich sah zum ersten Mal meines Vaters Hilflosigkeit.« Im Mai 1939 begann die Flucht-Odyssee der Familie, mit mühsam beschafften Einreisevisa für Kuba. Die Greves schifften sich in Hamburg auf dem HAPAG-Dampfer »St. Louis« ein. Ludwig war damals 15 Jahre alt, Evelyn elf. Doch in Havanna wurde den 937 Flüchtlingen die Einreise verweigert, ebenso wenig später in Florida. Die Irrfahrt ging zurück nach Antwerpen, und die Familie fuhr weiter ins zunächst noch sichere Paris. Nach Kriegsbeginn schlugen sich die Greves in das noch nicht besetzte Südfrankreich durch. 1943 gelangten sie nach Italien, wo sie sich in der Provinz Cuno im Stall des Bauern Lorenzo Oliviero verbergen konnten. Im Januar 1944 wurden Walter Greve und seine Tochter verhaftet, nach Auschwitz deportiert und am 26. Februar 1944 ins Gas geschickt. Evelyn Greve wurde 15 Jahre alt.

Ihr Bruder Ludwig hatte sich 1942 einer jüdischen Widerstandsbewegung angeschlossen. Nach der Verhaftung von Walter und Evelyn konnte er sich und seine Mutter, die durch einen Granatsplitter schwer verletzt war, mithilfe katholischer Geistlicher retten. Auf einer dramatischen Flucht über die Berge des Piemont kamen sie in einem Kloster in Lucca unter. So überlebten sie den Krieg. Ludwig Greve kehrte nach einem Aufenthalt in Palästina 1950 nach Deutschland zurück. Er wurde Schriftsteller, ein bedeutender Lyriker und Prosaist, sein erster Gedichtband erschien 1961. Von 1968 bis zum Ruhestand 1988 leitete er das Deutsche Literaturarchiv in Marbach. Ludwig Greve starb 1991. Im Februar 2023 verabredete ich mich mit seiner Tochter Cornelia. Frau Greve und ihr Mann Bernd wohnen nicht weit weg, als Studenten zogen sie nach Charlottenburg. »Wollen wir uns dort treffen, wo Ihre Familie lebte?«, fragte ich am Telefon. »Ja, gern am Haus.« Am Kaiserdamm 10 erinnern zwei Stolpersteine an Evelyn und ihren Vater. Vom Vorderhaus blieb nichts erhalten, nur das Gartenhaus ist alt. So gehen wir in ein Café. Wir sprechen über das Erinnerungsbuch des

Vaters, seine Berlin-Besuche nach dem Krieg und das Foto von Evelyn im Park. »Erzählte Ihr Vater zu Hause mehr als im Buch steht?«, frage ich. »Nicht wirklich«, sagt Cornelia Greve. Wie überstand das Foto vom Lietzensee den Krieg? »Die Eltern hatten viele Aufnahmen verschickt, auch zu Verwandten, die bereits in Haifa waren.« Ich erzähle, dass Ludwigs Sportidol Hanne Sobek 1940 gegenüber einzog. Das hätte Ludwig gefallen, oder? Das Ehepaar Greve lächelt. Wir sprechen auch über den Kaiserdamm von heute, ein Thema führt zum nächsten. So war es oft auf der Spurensuche. Man vergisst auch irgendwann, sich Notizen zu machen. Ein gutes Zeichen!

Als ich etwa so alt war wie Ludwig und Evelyn, ging ich das erste Mal allein in eine Kneipe. Auf dem Weg durch den Lietzenseepark hatte ich mächtig Bammel. Die Angst hörte auch nicht auf, als ich mich dann im »Stattcafé« am Lietzensee an einen Tisch setzte. Schülersprecher Erik hatte eine außerordentliche Versammlung einberufen. Warum, weiß ich nicht mehr. So lernte ich als Klassensprecher der 7.2 im verrauchten Café das Treiben der Heranwachsenden kennen. Die Oberstufenschüler qualmten Selbstgedrehte und tranken Tee. Ich bestellte mir eine Fassbrause und sog die Atmosphäre ein. Wie eine Droge. Das Stattcafé gefiel mir auf Anhieb. »Statt« war Programm, alternative Szene und Protest. Nie zuvor und nie danach in meinem Leben war ich der Revolution so nahe. Später radelten wir in echten oder selbsterklärten Freistunden manchmal zum Lietzensee und ins Café. Dort rauchten wir dann selbst und tranken Tee. Bis uns das Stattcafé als Bühne zu eng wurde, seinen Reiz verlor und wir weiterzogen zum Savignyplatz. Was für mich nie den Reiz verlor, das war der Lietzensee und sein Park. Kostbarkeiten am Kaiserdamm. Ich weiß auch, wen ich fragen muss, um alles zu erfahren, was man über diesen ganz besonderen Ort wissen muss. *Ad fontes!*

»Liebe Irene, hier ist Oliver, können wir einmal über den Lietzensee sprechen?« Natürlich können wir das, sagt Irene Fritsch. Sie ist 80, sieht aus wie Mitte 50, und ich kenne sie seit vier Jahrzehnten. Dreieinhalb Jahrzehnte nannte ich sie Frau Fritsch, denn sie war früher meine Lateinlehrerin. Seit ihrer Kindheit lebt sie am See und hat seine Geschichte in allen denkbaren Facetten erforscht und aufgeschrieben. 2001 veröffentlichte sie »Leben am Lietzensee«. Es ist und bleibt das Standardwerk zur Geschichte dieses himmlischen Ortes. Damit nicht genug. Irene hat auch ein halbes Dutzend Lietzensee-Romane geschrieben. Oder sind es inzwischen schon mehr? Mein Fimmel ist die Straße, ihrer der See.

Leben am Lietzensee begann lange vor dem Leben am Kaiserdamm. Charlottenburgs größter See ist ein Vermächtnis der Eiszeit. Bereits in der Stein- und Bronzezeit lebten Menschen an seinem Ufer. Man fand ihre Waffen und Werkzeuge, als um 1800 ein Kieshügel abgetragen wurde. Seinen Namen verdankt der Lietzensee dem Dorf Lützow, dessen slawische Bedeutung ist »Sumpfgebiet«. »Sophie Charlotte und ihre neue Residenz nahmen vom See kaum Notiz. Obwohl er nur wenige Hundert Meter von Schloss entfernt lag«, betont Irene Fritsch. Der oben bereits erwähnte Schwarze Graben bildete eine natürliche Grenze der königlichen Residenz.

Etwa seit 1800 verkaufte die Stadt Charlottenburg große Teile ihrer Feldmark. So kamen Lietzensee und umliegende Uferflächen in Privatbesitz. Erster Eigentümer war General Job Wilhelm von Witzleben. Der spätere preußische Kriegsminister und Vertraute Friedrich Wilhelms III. erhielt für seine Dienste enorme Geldgeschenke und einen königlichen

Rat: Kaufen Sie Grundstücke in Charlottenburg! 1822 erwarb Witzleben mehrere Äcker, Gärten und Gebäude und stellte am Weihnachtstag 1823 beim Charlottenburger Magistrat den Antrag, den »Lützower See« (inklusive Fischereirechte) und die umliegende Seewiese in Erbpacht zu übernehmen. Die Verhandlungen über die Pachtsumme zogen sich über zwei Jahre hin. Am 3. Februar 1826 schrieb man 120 Taler pro Jahr für ein Gebiet von 16 Hektar See und Wiese fest (62 Morgen und 176 Quadratruten). Wenig später kaufte Witzleben weitere Seegrundstücke an der heutigen Wundtstraße und einen Bürgeracker am Nordende des Gewässers. Der neu angelegte Park war öffentlich zugänglich, und Witzlebens Haus wurde zu einem gesellschaftlichen Treffpunkt. »Seine Feste mit Fischzügen und anschließendem Fischessen waren berühmt«, berichtet Irene Fritsch. Seit den frühen 1820er-Jahren litt Witzleben an den Folgen einer Gelbsuchterkrankung. Der General starb am 9. Juli 1837 mit 53 Jahren, sein Grabmal ist auf dem Invalidenfriedhof erhalten. 1827 hatte man Witzleben zum Ehrenbürger Charlottenburgs ernannt. Er wurde Namensgeber seines Parks, von Straße, Platz, Ringbahnhof, Schule, Großgarage, Wohnblock, Apotheke und eines Rundfunksenders.

Nach Witzlebens Tod teilte sich der Besitz, die Grundstücke am Ostufer wurden von verschiedenen Personen aufgekauft. Den Bereich des heutigen Parks kaufte 1840 der Kunstgärtner, Naturforscher und Sammler Ferdinand Deppe. Irene Fritsch vermutet, er wurde 1794 in Berlin geboren. In jedem Fall erhielt er eine Ausbildung im Schlossgarten von Charlottenburg. Nach den Freiheitskriegen führten ihn abenteuerliche Reisen bis nach Amerika. Er sammelte Tiere, Pflanzen und archäologische Objekte für die Königlichen Museen. Mit 46 Jahren erwarb er den Park Witzleben und bepflanzte ihn mit einheimischen und exotischen Gewächsen, züchtete mit großem Erfolg Rosen und Dahlien. Deppes Anwesen machte bald der Pfaueninsel an Blütenpracht und Besuchergunst Konkurrenz. Sein Landhaus wurde bisweilen an Sommergäste vermietet, bereits seit Witzlebens Zeiten gab es am Ufer eine kleine Badeanstalt. Nach Deppes Tod 1861 kaufte der Holzhändler Schönemann Anwesen und Park und löste für 15.000 Taler die Erbpacht ab. Er ließ tempelartige Bauten errichten und ein Wildgehege für Hirsche und Rehe. Die Folge waren Wilderei und Verwüstung durch »Charlottenburger Proletariat«. Nur zehn Jahre später stieß Schönemann sein Gut wieder ab, für die zehnfache Summe von 150.000 Talern. Von nun an ging's bergab. Die neuen Besitzer, Berliner Geschäftsleute namens Sobernheim und Pringsheim, wohnten nicht selbst im Landhaus. Der Park verwilderte, war nicht mehr öffentlich zugänglich, und der See drohte zu verlanden. Um 1900 betrug die Wassertiefe gerade einmal 20 Zentimeter.

Auf der Nordseite des Parks gab es damals noch das »Neue Schießhaus«, Überrest eines preußischen Militärübungsplatzes in dieser Gegend. Am Schützenhaus war im späten 19. Jahrhundert jedes Jahr Rummel. Heinrich Zille besuchte ihn, machte mit einer Plattenkamera faszinierende Aufnahmen von den Budenzelten, aufgeschlagen wie eine Wagenburg auf dem sandigen Untergrund. Zille berichtete: »Am Kaiserdamm war große Heide. Da saßen die Weiber mit ihren Kindern – hielten sie ungeniert an die Brust – oder hielten sie ab: da konnte man sie belauschen … Und überall waren freie Plätze, wo die Menschen sich noch auf die Erde setzen konnten.« Hier fällt mir eine Anekdote über Ingrid Steeger ein: 1969 porträtierte »Bild am Sonntag« die junge Schauspielerin, lange vor Klimbim. »Erstmals in insgesamt dreijähriger Nackedei-Tätigkeit kriegt die Süße jetzt Sau-

Rummelplatz am Lietzensee. Fotografie von Heinrich Zille, 1900

res«, schrieb Autor Peter Behrendt. Die 22-Jährige hatte ihm verraten: »Meine Mutter ist so sauer, weil ich für den Fernsehstreifen ›Berlin-Geflüster‹ nackt über den Kaiserdamm gerannt bin. Was sollen bloß die Nachbarn sagen, höre ich jetzt dauernd von Mama.« Vater Zille hätte ihr Auftritt sicher gefallen. Als sich der Kaiserdamm ankündigte, war mit dem Rummelplatz am Lietzensee Schluss. Das Schützenhaus wurde im Januar 1904 abgerissen und eine Brücke errichtet, die den eiszeitlichen See durch Aufschüttung künstlich in zwei Teile trennte. So konnte die Kantstraße nach Osten verlängert werden. Eine geplante Bebauung des Parks wurde nie realisiert – zum Glück, wie Irene Fritsch im Namen aller Liebhaber des Lietzensees sagt.

Zwei Plätze grenzen am Kaiserdamm in Höhe Lietzensee direkt aneinander – der Witzleben- und der Erwin-Barth-

Platz. Der Name Barth ist eng verbunden mit dem letzten Besitzerwechsel. Er erfolgte 1910, als die Stadt Charlottenburg Park und See für 2,88 Millionen Mark von der Terraingesellschaft kaufte. Als Gartendirektor Charlottenburgs war Erwin Barth für die Neugestaltung zuständig und schuf ab 1912 den heutigen Landschaftspark. Den See ließ er ausbaggern und metertief von Schlamm befreien. Seit 2005 trägt die dreieckige Grünfläche zwischen See und Kaiserdamm Barths Namen. Für diese Stelle hatte Wassili Luckhardt 1921 ein Volkshaus entworfen. Erhaltenene Skizzen zeigen einen walfischartigen Saalbau mit angrenzender Ausstellungshalle. Ein gezacktes Glasdach sollte als Lichtquelle dienen. Das expressionistische Gebäude wurde bekanntlich nie realisiert, das Grundstück blieb Wiese. Darauf seit 1983 die »Skulptur mit Kern-rot-blau« von Volkmar Haase. Ein merkwürdiges Kunstwerk aus aneinandergeschweißten Edelstahlblechen. Die Metallplastik stand zuvor zehn Jahre in Ufernähe, allerdings wurde sie immer wieder demoliert, in einer Silvesternacht sogar durchschossen. Barth hätte zur Gestaltung seines Platzes – an dem es im Frühling angenehm nach Flieder duftet – sicher einige Anmerkungen. Wie man eine Wiese gestaltet, hatte er selbst im Park vorgemacht – Stichwort Schillerwiese. Der Name ist nicht totzukriegen, obwohl kein Dichter weit und breit zu entdecken ist. Wir mittelalterlichen Charlottenburger haben ihn dagegen noch vor Augen. Mitten auf der sanft zum Ufer abfallenden hufeisenförmigen Rasenfläche stand tatsächlich einmal Friedrich Schiller. In Gestalt des Denkmals, das heute den Gendarmenmarkt schmückt. Eine dramatische Kurzgeschichte. Alles begann im Schillerjahr 1859. Zum 100. Geburtstag sollte ein Denkmal her. Nach langen Verhandlungen bekam Reinhold Begas den Zuschlag; es war sein erster Großauftrag. Enthüllt wurde das Denkmal erst an Schillers 112. Geburtstag, am 10. November 1871, auf dem Gendarmenmarkt. Als die Nazis den Platz 1935 für Aufmärsche leerräumten, sollte Schiller in den Schillerpark nach Wedding umziehen. Doch beim Abbau stürzte Schiller um. Das Marmorkunstwerk wurde schwer beschädigt, vor allem Füße und Mantel hatten gelitten. So wanderte der Dichter zunächst in einen Treptower Schuppen. 1951 stellte man ihn nach einer Restaurierung auf die Wiese im Lietzenseepark. 35 Jahre blickte Schiller vom schlichten Sockel Richtung See. Im Sommer sah er uns beim Frisbee-Spielen, im Winter beim Eishockey. Anfang der 1980er-Jahre gab es Verhandlungen über einen »kulturellen Austausch« mit Ost-Berlin. Schiller wurde Teil eines Deals und diente der Diplomatie. Im Mai 1986 hievte ein Kran das Standbild auf einen Tieflader. In langsamer Fahrt rollte der Dichter der »Räuber« – aufrecht stehend – von West nach Ost. Die Berliner standen Spalier und winkten, genau wie am Himmelfahrtstag 1965, als die Queen bei ihrem ersten Berlin-Besuch über den Kaiserdamm fuhr. In der »Hauptstadt der DDR« bekam Friedrich Schiller 1988 seinen ursprünglichen Standort am Gendarmenmarkt zurück, inklusive Unterbau mit den vier allegorischen Damen, die ihm am Lietzensee fehlten.

»Oliver, würdest du wieder einen Dienstag übernehmen?« – »Gern«, sagte ich zu Irene Fritsch und erzählte im »Lietzenseetreff« im Herbst 2022 etwas über Kino und Film in Charlottenburg. Die Runde der »Bürger für den Lietzensee e.V.« gibt es seit 2004. Jeden ersten Dienstag im Monat ein Vortrag im Gemeindehaus der Evangelischen Kirche. Ich begann mit der »Filmbühne am Lietzensee«. Das kleine Kino hatte kaum 300 Plätze und spielte von 1934 bis 1979 am Kaiserdamm 105. Heute findet man an der Ecke Sophie-Charlotten-Straße ein Kunstforum der Volksbank. Spuren der Kinovergangenheit finden sich leider nicht mehr. Ich hätte auch mit der »Exo-Film« beginnen können, welche Anfang der 1930er-Jahre am Kaiserdamm 16 Lichtbildreklamen herstellte. Der Kaiserdamm kann beim Thema Film und Bühne aus dem Vollen schöpfen. Dabei Privatadressen von Ufa-Stars wie Magda Schneider (Kaiserdamm 67) oder Lotte Werckmeister (Kaiserdamm 22). Am Kaiserdamm 112 wohnte der bedeutende Kameramann Mutz Greenbaum, in Nummer 81 der Schauspieler und Regisseur Reinhold Schünzel. Darüber hinaus bevölkerten vergessene oder unbekannt gebliebene Künstler den Kaiserdamm. Eine Stichprobe aus dem Berliner Adressbuch von 1931:

- Wie klang wohl die Stimme des Kammersängers R. Rübsam, der am Kaiserdamm 4 lebte, oder die des Opernsängers E. Pallat (Kaiserdamm 104)?
- Traten die Sängerinnen W. Helm (16), N. Richter (25) und R. Walter (44) jemals an der Charlottenburger Oper auf?
- Warum schafften die Schauspielerinnen E. Blaneboir (14), F. Braut (16), M. Rabinowitsch-Korsakoff (73), F. Greyn-Greinelmeyer (80) und H. Stock (102) nie den Durchbruch?
- In welchen Streifen wirkten die Filmschauspieler Fritz Schmuck (11) und Hans Stock (102) mit, in welchen Dramen ihre Bühnenkollegen H. Boettcher (51) und J. Geisendörfer (100)?
- Welcher Kunst widmeten sich die »Künstlerinnen« L. Sarau (2) und L. Neumann (10)?
- An welchen Manuskripten arbeiteten die Schriftstellerinnen F. Ziege (2), Kerkow (6) und W. Stech (100)?
- Was war die Spezialität des Vortragskünstlers O. Jaecks (24)?

- Was brachten die Kunstmaler P. Viergutz (5) und L. Waldschmied (6) auf Leinwand?
- Was komponierte Karl-Heinz Reichel am Kaiserdamm 28?
- Welche Bühne leitete Theaterdirektor Martin (28), welchen Chor dirigierte H. Lüddecke (114)?

Alle diese Künstler lebten vor 90 Jahren am Kaiserdamm. So wie Lucie Höflich und Ilka Grüning. Die Schauspielerinnen betrieben seit Mitte der 1920er-Jahre eine private Schauspielschule am Kaiserdamm 114. Zu ihren Schülerinnen gehörten Brigitte Horney, Evelyn Künneke, Lilli Palmer und Inge Meysel. 1933/34 leiteten sie gemeinsam die Staatliche Schauspielschule in Berlin. Grüning, die bürgerlich Ilka Henriette Grünzweig hieß, emigrierte 1938 über Frankreich in die USA und konnte dort ihre Schauspielkarriere fortsetzen. Jeder Filmfan kennt ihren Dialog mit Ludwig Stössel aus »Casablanca« (1942): »Liebchen, äh, Sweetness-Heart, what watch?« – »Ten watch!« – »Such much?« Lucie Höflich, geborene Helene Lucie von Holwede, blieb in Deutschland, wurde 1937 zur Staatsschauspielerin ernannt und drehte weiter für die Ufa. Lucie Höflich starb 1956 in Berlin, Ilka Grüning 1964 in Los Angeles.

Mein Lietzensee-Vortrag endete damals mit einem Kurzporträt der Filmproduzentin Regina Ziegler. Eine Pionierin, die bis heute 500 Filme realisierte. Seit fünf Jahrzehnten mit Büro direkt am See, Neue Kantstraße 14. Eigentlich seltsam, dass Frau Ziegler den Dichter ihrer Nachbarschaft noch nicht für das Kino entdeckte. Denn filmreif ist das kurze Leben von Georg Heym gewiss. An der Neuen Kantstraße 12 erinnert eine Gedenktafel an ihn. Die Lietzensee-Gegend war seit Frühjahr 1909 Heyms Lebensmittelpunkt. Der damals

21-Jährige steckte mitten im verhassten Jurastudium. Ein vor Vitalität strotzender, junger Mann, der sich nach Liebe und Dichterruhm sehnte. Am 29. November 1910 kritzelte Heym eine Zeichnung des Litzensees in sein Tagebuch und notierte: »Meine Natur sitzt wie in einer Zwangsjacke. Ich platze schon in allen Gehirnnähten. Müßte mein Drama längst vollendet haben. Und nun muß ich mich vollstopfen wie eine alte Sau auf der Mast mit der Arsch-Scheiß-Lause-Sau Juristerei, es ist zum Kotzen. (…) Ich habe solchen Trieb, etwas zu schaffen. Ich habe solche Gesundheit, etwas zu leisten.« Nachdem er Mitte Januar 1911 das erste Staatsexamen bestanden hatte, verbrannte er am Kuno-Fischer-Platz feierlich seine Lehrbücher. Dass er tatsächlich nicht für den Juristenberuf geschaffen war, bewies er wenig später am Amtsgericht Lichterfelde. Referendar Heym wurde nach vier Monaten aus dem Vorbereitungsdienst entlassen. Er hatte eine Grundbuchakte in der kaiserlichen Kanalisation verschwinden lassen. Im September 1911 zog die Familie an den Königsweg 31, die heutige Wundtstraße 72 um. Es ist Heyms letzte Adresse. Am 16. Januar 1912 verabredete er sich mit seinem Jugendfreund Ernst Balcke zum Schlittschuhlaufen auf der Havel. Heym lief an diesem bitterkalten Dienstag zum Bahnhof Charlottenburg, wo er Balcke im Vorortzug traf. Sie stiegen am Bahnhof Pichelsberg aus, schnürten ihre Rennschlittschuhe an und gingen aufs Eis. Nach einer Rast auf Lindwerder brach Balcke gegen 14 Uhr ins Eis. Heym eilte seinem Freund zu Hilfe und brach dabei selbst ein. Er rief um Hilfe, klammerte sich an die messerscharfem Eisscherben. Eine halbe Stunde lang hörten Waldarbeiter die Schreie, zu weit vom Unglücksort entfernt, um zu helfen. Dann Stille. Die Freunde im Eiswasser der Havel versunken. Eine Gestellungs-Ordre zum einjährigen Freiwilligendienst, die ihm angekündigt worden war, und die er im Mai 1912 im Dienstraum Kaiserdamm 1, Zimmer 6, in Empfang nehmen sollte, hatte sich erledigt. Georg Heym ruht auf dem Friedhof am Fürstenbrunner Weg. Nach seinem Tod nannte man ihn einen Frühvollendeten. Sein schmales Werk erfuhr den zu Lebzeiten so heiß ersehnten und verdienten Ruhm.

Mit gleichem Recht könnte Regina Ziegler auch das Leben von Schwester Norberta verfilmen. 1894 geboren als Johanna Oblöser, war Schwester Norberta 1930 bis 1947 Oberin im Hause des Katholischen Frauenbundes in der Wundtstraße. Ab November 1942 versteckte sie unter Lebensgefahr zwei jüdische Frauen. Unter falschem Namen arbeiteten sie als Küchenpersonal im Frauenbundhaus und überlebten so den Holocaust. Eine von ihnen hieß Lizzi Buttermilch und schrieb 1946: »Besonders gefährlich war es für sie, ehrwürdige Oberschwester, als meine Schwester sich im Januar 44 in Leipzig, wo sie illegal lebte, mit Veronal das Leben nahm, und die Polizei bei ihr die Telefonnummer des Frauenbundhauses und meinen Decknamen fand. Doch die Polizei war mit Blindheit geschlagen, und ich danke Gott, dass keine von denen, die mir halfen, durch mich Schaden erlitt.« 13 weitere Jüdinnen wohnten seit 1933 im Haus. Einige konnten bis 1940 ausreisen, andere starben oder wurden nach Theresienstadt deportiert. So steht es in den Akten des Katholischen Frauenbundes. Schwester Norberta ging 1947 nach Wien und leitete dort vier Jahre das Internat einer sozialen Frauenschule. Anschließend betreute sie 27 Jahre Flüchtlinge und Heimatvertriebene in Dachau-Ost, bevor sie sich 1984 in das Hildegardishaus ihrer Wiener Schwesternschaft zurückzog. Die mutige Oberin vom Lietzensee starb 1999 mit 102 Jahren. 2013 wurde sie als »Gerechte unter den Völkern« anerkannt und in Yad Vashem geehrt.

Das Frauenbundhaus am Lietzensee

Im April und Mai 1945 hatte Schwester Norberta Tagebuch geführt. Es ist ein bedrückendes Dokument der letzten Kriegstage an Lietzensee und Kaiserdamm. Ein Auszug: »Freitag, 20.4.: Wir haben den ganzen Tag kein Licht. Alarm und wieder Alarm. In den Vororten sind die Russen eingedrungen. Den ganzen Tag hörten wir schon das Artilleriefeuer. Es dröhnt und kracht. Wir sind Front geworden. – Sonntag, 22.4.: Unentwegter Beschuss. Vom Flakturm (Zoo) wird fleißig geschossen, wir hören das Gedröhn und die Tiefflieger sind über uns. – Montag, 23.4.: Gestern wurde in der Königin-Elisabeth-Straße die Kaserne mit Phosphorbomben beworfen und brannte, so wie auch die Deutschlandhalle. – Dienstag 24.4.: Die ganze Nacht dröhnten die Kanonen. Am Nachmittag erschien der Leiter des Roten Kreuzes und beschlagnahmte unsere Räume. Es soll Notlazarett werden. – Mittwoch, 25.4.: Eine ganz schreckliche Nacht. Granaten schlagen ein, auf den Straßen gibt es viele Tote. – Freitag, 27.4.: Eine aufregende Nacht liegt hinter uns. Um ½ 12 Uhr hieß es, dass der Feind bis zum Adolf-Hitler-Platz vorgedrungen sei. Die Kanonen stehen im Lietzenseepark, und die Mannschaft sucht einstweilen bei uns noch Schutz. Es kostete einen Kampf, die Soldaten hinauszubekommen, weil wir als Lazarett kein Militär beherbergen dürfen. Eben knattern die Tiefflieger über unser Haus. Der Feind nähert sich dem Bahnhof Witzleben, und in der Danckelmannstraße drängt der Feind ebenfalls schon vor. – Samstag, 28.4.: Die Morgenstunden waren von einer fürchterlichen Beschießung und wir meinten, bei uns stürze alles zusammen. Unsere Ecke Riehl-/Wundtstraße ist noch nicht dran. Des Nachts liefen Soldaten mit den Panzerfäusten durch, um so schneller zum Kaiserdamm zu kommen. Diese Häuserkämpfe sind fürchterlich. Auch von Dächern wird geschossen, mit Maschinenrevolvern. Um die Ecke liegen viele tote Volkssturm-Männer. Es ist Kriegsgebiet und so bleiben sie liegen. – In einem Geschäft in der Nähe vom Bahnhof Witzleben soll es morgen Brot geben. – Sonntag, 29.4.: Der Beschuss geht weiter immer noch vom Park, Kaiserdamm, unsere Ecke, linker Park und Danckelmannstraße. – Dienstag, 1.5.: Sehr gespannte Stimmung. Das Toben des Kampfes in unserem Park und Kaiserdamm geht weiter. In verschiedenen Häusern sind schon Feinde, und man hört unerfreuliche Dinge, die uns alle beängstigen. 12 Uhr nachts kam die Meldung, dass der Führer tot sei. Große Unruhe und doch wieder eine Befreiung. – Mittwoch 2.5.: Im Laufe des Tages kamen fünf- bis sechsmal die Russen in unser Haus, doch es ging gut ab. – Sonntag 6.5.: Wir haben immer noch kein Wasser. Vom Kaiserdamm kommen die Leute und bitten uns, einen Eimer Wasser auf

Schwester Norberta

die Mauer zu stellen. Die Russen kommen immer wieder ins Haus. Aus der Garage sind fast alle Autos fort, das war eine gute Ablenkung. – Donnerstag, 10.5.: Gestern mussten alle registrieren gehen, angeben, ob man in der Partei war. Heute bekamen wir die neuen Lebensmittelkarten. Tagesration ist 200 gr. Brot, 400 gr. Kartoffeln, 10 gr. Zucker, 10 gr. Salz, 20 gr. Kaffee, 25 gr. Fleisch und kein Fett. Ausländer (ob wir auch dazu gehören), KZ-Leute und Juden erhalten doppelte Karten. Es fährt noch keine Bahn, alle Wege müssen zu Fuß erledigt werden. Wer seine Angehörigen weiter entfernt hat, muss sich gedulden. Post verkehrt keine. Im Park blüht der Flieder.«

Rauf

Von Cato und ihrem Mut, Meister Koeppel und dem Skipper, Hans Albers und Hermann Göring, einer selbstlosen Fürstin und Fräulein Crain

Ich stehe auf der Kaiserdammbrücke, blicke hinauf zum Theo und denke an die Külze. Erich Kästner entsandte 1935 in »Die verschwundene Miniatur« einen von ihnen an den Kaiserdamm. Kästners Fleischerdynastie ist vor Ort mit Otto Külz vertreten, der allerdings nichts von Leberwurst versteht. Genau genommen denke ich nicht an diese Satire, sondern an Sabine. Sie war die hübsche Tochter des Fleischers Nachtigall. Ich bin einmal mit ihr gegangen. Eine sehr kurze, sehr harmlose Liebelei. Ich hätte sie gern über das beliebte Kaiserdamm-Geschäft ihrer Familie ausgefragt, doch sie blieb unauffindbar. Sie erlernte den sympathischen Beruf der Buchbinderin, ging irgendwann nach England, mehr weiß ich nicht. Ihren Vater Horst habe ich im Geschäft am Kaiserdamm 22 noch vor Augen. Ein stattlicher Mann, der seinen Beruf leidenschaftlich ernst nahm – und anders als Otto Külz etwas von Leberwurst verstand.

Gleich nebenan war der »Eisbeinwirt«. Da machte Heinrich Lummer einmal Kneipenwahlkampf für Diepgen, 1999 war das. »Es gibt nur einen Stammtisch – und der ist fest in linker Hand. Zufrieden sei man momentan zwar nicht, aber deshalb CDU wählen?«, schrieb die »Welt« in einer Reportage. Dann drehte Lummer auf, mit einem Argumentationshattrick: »Erstens sind die anderen alle schlechter als wir, zweitens wählen Nichtwähler immer die Extremen, und drittens ist Eberhard Diepgen der kompetenteste und beste

Kandidat für unsere Stadt.« Die 30-jährige Martina war beeindruckt, schrieb die Zeitung: »Ich sollte wählen gehen, da hat er Recht.« Lummer schmiss eine Runde Freibier, dann zog er mit seinem Team weiter ins »Alt-Berlin«. Ergebnis am Wahlsonntag: Eberhard Diepgen bekam 40,8 Prozent und blieb Regierender. Der Eisbeinwirt ist seit einem Jahrzehnt Geschichte, ebenso das Geschäft der Familie meiner Schulfreundin. Wo Nachtigall einst seine Fleischerei betrieb, gibt es heute einen Schnellimbiss.

Auf dem Pflaster vor dem Haus sieht man drei Stolpersteine. Zwei von ihnen erinnern an Hedwig und Edith Broh. Die 1879 in Berlin geborene Hedwig betrieb bis 1938 im Haus ein Etagengeschäft für Damenbekleidung. Mit ihrem Sohn Julius und Schwiegertochter Edith lebte sie gemeinsam in einer Dreizimmerwohnung über dem Geschäft. Julius gelang es, im Februar 1939 mit einem Touristenvisum nach Brasilien zu reisen. Trotz größter Bemühungen konnte er für Mutter und Ehefrau keine Einreisegenehmigungen erwirken. Hedwig und ihre Schwiegertochter Edith wurden im November 1941 nach Minsk deportiert und dort ermordet. Es war, ganz nebenbei bemerkt, das Jahr, in dem der Namensgeber des Kaiserdamms in Doorn starb. »Wilhelms antisemitische und antidemokratische Äußerungen im Exil waren so schlimm, als stammten sie von Goebbels, Himmler und Hitler«, bemerkte sein Biograf John Röhl. Hitler schickte zum Begräbnis einen monströsen Kranz.

Der dritte Stolperstein erinnert an Cato Bontjes van Beek. Sie wurde 1920 in Fischerhude bei Bremen geboren und stammte aus einer Künstlerfamilie. »Dodo«, wie sie in der Familie genannt wurde, wollte Fliegerin werden oder Keramikerin (wie ihr Vater Jan), vielleicht aber auch Schauspielerin und Tänzerin (wie ihre Mutter Olga). In der Hinterhauswohnung ihres Vaters am Kaiserdamm lebte sie seit dem Spätsommer 1940. Eines der drei vorhandenen Zimmer teilte sie sich mit ihrer Schwester Mietje. Sie sahen mit an, wie die Gestapo die jüdische Familie aus dem Haus verschleppte. Cato und Mietje machten damals eine Lehre in der Keramikwerkstatt ihres Vaters, drei S-Bahnstationen entfernt am Tegeler Weg. Auf den Fahrten nach Jungfernheide wurden die Schwestern auf französische Kriegsgefangene aufmerksam. Man transportierte sie in den letzten Waggons (»Für Reisende mit Traglasten«) zur Zwangsarbeit im Grunewald. Cato und Mietje nahmen im Gedränge am Bahnhof Westkreuz unbemerkt Kontakt mit Gefangenen auf, steckten ihnen Briefe zu, Zigaretten oder Seife. Auch sie bekamen Nachrichten. Manchmal stand »Brûlez ces lettres« darauf. Verbrennt diese Briefe!

Im September 1941 stieß Cato zur Widerstandsgruppe um Harro Schulze-Boysen. Sie bekam in Gestapoakten den irreführenden Namen »Rote Kapelle«. »Ich möchte Ihnen meine zwei Töchter vorstellen.« Mit diesen Worten des Vaters lernte Cato in der Kaiserdamm-Wohnung Libertas Schulze-Boysen kennen, Harros charismatische, schöne Frau. Libertas und Cato verstanden sich auf Anhieb, sprachen über Literatur, Film, Schauspielkunst – und ihre Haltung zum NS-Regime. Bald darauf war Cato an der Herstellung von Flugblättern beteiligt, half bei Formulierungen und Übersetzungen. Ihre Schwester weihte sie mit den Worten ein: »Das ist eine tolle Sache. Ich darf nicht darüber sprechen. Aber nur so viel: Ich bin aufgefordert worden mitzumachen.« Mit ihrem Freund, dem Lyriker Hans Strelow, verfasste sie auch eigenhändig Flugblätter. Zur Vervielfältigung tippte Cato im Januar 1942 auf Wachsmatritzen: »Im Namen des Reiches werden die scheußlichsten Quälereien und Grausamkeiten

Cato (l.) und Mietje Bontjes van Beek 1941 und 1940

an Zivilpersonen und Gefangenen begangen. Noch nie in der Geschichte ist ein Mann so gehasst worden wie Adolf Hitler. Der Hass der gequälten Menschheit belastet das ganze deutsche Volk. (…) Alle Verantwortlichen müssen mit den Tatsachen rechnen: Ein Endsieg des nationalsozialistischen Deutschlands ist nicht mehr möglich.«

Ein von der deutschen Abwehr abgefangener und dechiffrierter Funkspruch aus Moskau, der viele Klarnamen enthielt, wurde der Widerstandgruppe zum Verhängnis. Cato Bontjes van Beek und ihr Vater wurden am Morgen des 20. September 1942 am Kaiserdamm verhaftet. Vier Gestapo-Leute drangen um 8 Uhr in die Wohnung ein, stellten Beweismaterial sicher und führten Vater und Tochter ab. Jan wurde nach drei Monaten Haft aus Mangel an Beweisen entlassen, wenig später zur Wehrmacht eingezogen. Er starb 1969 in Berlin. Mietje war der Verhaftung entgangen, weil sie bereits im März wegen einer Rippenfellerkrankung aufs Land gezogen war. Mit Cato machte die NS-Justiz kurzen Prozess. Am 15. Januar 1943 verurteilte das Reichskriegsgericht sie »wegen Beihilfe zur Vorbereitung des Hochverrats und zur Feindbegünstigung« zum Tode.

Im Herbst 2022 klingelte mein Handy, und Saskia Bontjes van Beek, 1958 in Hamburg geboren, meldete sich. Ich hatte ihr einige Tage zuvor eine E-Mail geschrieben. Als sie ihren Namen sagte, war das ein merkwürdiges Gefühl. Sie erzählte vom Alltag und Leben, das ihre Vorfahren in der Kaiserdammwohnung führten. Die Ehe der Eltern von Cato, Mietje und ihrem jüngeren Bruder Tim war einvernehmlich geschieden worden. Jan lebte seit 1933 mit seiner zweiten Frau Rahel Weisbach, einer Innenarchitektin, und ihren drei gemeinsamen Kindern in Berlin. Cato kümmerte sich nach ihrem Einzug liebevoll um ihre Halbgeschwister. Ihr Vater, der Kunstkeramiker und Bildhauer Jan Bontjes van Beek, 1899 in Jütland als Kind holländischer Eltern geboren, war eine Berühmtheit. Seit Mitte der 1920er-Jahre konnte man seine Arbeiten in ganz Europa ausgestellt sehen. 1934 in den Messehallen am Kaiserdamm, in der Schau »Sommerblumen am Funkturm«. Heute findet man seine Keramiken auch in der Sammlung des Charlottenburger Bröhan-Museums. Hitler und den Nationalsozialismus lehnte der Künstler, der seit 1907 die deutsche Staatsbürgerschaft besaß, kategorisch ab.

Vor der Vollstreckung des Todesurteils durften Mietje und Tim (der von der Ostfront kam) ihre Schwester noch einmal besuchen. Cato trug eine Armbinde mit der Aufschrift »TK« für Todeskandidatin. Ein letztes Begnadigungsgesuch wurde von Hitler persönlich abgelehnt. Am 5. August 1943 hat man die 22-Jährige in Plötzensee hingerichtet. Cato wurde enthauptet. Den letzten Brief hatte sie an ihre Mutter Olga geschrieben. »Meine liebe Mama, ich habe geglaubt, ich könnte Dir diesen Brief als Geburtstagsbrief schreiben, und nun wird es der allerletzte sein. Es ist nun so weit, und ich werde nur noch ein paar Stunden unter den Lebenden sein. (…) Aber ich bin sehr gefasst und habe mich völlig mit dem Schicksal ausgesöhnt.«

Saskia Bontjes van Beek schickte mir einige Fotos ihrer Tante Cato – die niederländische Form von Katharina – und ihrer Künstlerfamilie. Cato hatte hellblaue Augen. Ihr Gesicht wirkt sanft und entschlossen zugleich. Wie Sophie Scholl sechs Monate zuvor, ging Cato gefasst und aufrecht in den Tod. So berichteten es Mithäftlinge aus Plötzensee. Die Mutter forderte nach dem Krieg 1948 juristische Rehabilitierung und eine Entschädigung für Haft und Hinrichtung ihrer Tochter. Elf Jahre später erhielt sie 1959 eine kleine Summe. Erst 1998 hob der Bundestag pauschal alle nationalsozialistischen Unrechtsurteile auf.

Vor dem Haus, in dem Cato lebte, geschah 2011 ein Verbrechen. Auf dem Mittelstreifen des Kaiserdamms erinnert eine Gedenktafel daran: »An dieser Stelle wurde Giuseppe Marcone am 17. September 2011 im Alter von 23 Jahren durch gewalttätige Jugendliche in den Tod gehetzt. Möge sein Schicksal den Menschen Mahnung sein, einander mit Achtung und Respekt zu begegnen.« Giuseppe und sein Freund Raul waren auf dem Nachhauseweg. Wegen einer Zigarette kam es gegen 4.45 Uhr im U-Bahnhof Kaiserdamm zu einem Streit mit jugendlichen Schlägertypen. Giuseppe und Raul wurden provoziert, dann attackiert. Giuseppe rannte daraufhin auf die Straße und wurde überfahren. Raul rief gerade mit seinem Handy die Polizei, als er den Knall hörte. Er rannte zum Unfallort, fand seinen Freund reglos.

Die Polizisten gaben per Handy Anleitungen zur Reanimation. Doch es war vergeblich, Giuseppe starb in seinen Armen. Die Angreifer Ali T. und Baris B., zwei Jahre jünger als Giuseppe und Raul, erklärten später vor dem Landgericht: »Wir haben uns laut und großspurig aufgeführt. Wir haben uns benommen wie betrunkene Idioten.« Sie erhielten Bewährungsstrafen. Giuseppes Mutter Vaja Marcone sagte in der Verhandlung: »Ich hadere mit dem Schicksal. Zwei Sekunden mehr, und Giuseppe wäre über die Straße gekommen. Ich verstehe nicht, warum ihm das Schicksal nicht diese beiden Sekunden gegeben hat.« Die Schriftstellerin Roswitha Quadflieg schrieb 2016 ein Buch über den Fall. Sie sprach dazu mit Giuseppes Familie, seinen Freunden und Lehrern der Wald-Oberschule, die er bis zur neunten Klasse besucht hatte. Sie zitiert auch aus dem Urteil (»Angesichts dessen hat das Tatgeschehen hinsichtlich der Todesfolge gewisse Züge eines Unglücksfalls«), aus Zeitungsmeldungen (»Hier wird ein Junge mit unerfüllten Zukunftsplänen zu Grabe getragen«) und dem Kondolenzbuch, das am U-Bahnhof Kaiserdamm auslag. Ein Täter kommt auch zu Wort, auf dem Anrufbeantworter der Autorin: »Lassen Sie mich damit in Ruhe. Ciao.« Giuseppes Freund Raul antwortete der Autorin auf die Frage, was er Giuseppe sagen würde, wenn er ihm noch etwas sagen könnte: »Mit dir war das Leben viel schöner.« Es ist ein sehr berührendes Buch von Roswitha Quadflieg, deren Namen ich zuvor nur als Buchgestalterin kannte. Sie schuf 1978 Typografie und Illustrationen für Michael Endes Roman »Die unendliche Geschichte«. Die Realität in Rot, die Fantasie in Grün – ich las den Roman in meinem Kinderzimmer am Kaiserdamm 27.

Meine Frau und ich kamen kurz nach der Jahrtausendwende wieder zurück zum Kaiserdamm. Damals war es noch möglich, ohne größere Umstände eine Wohnung in Charlottenburg zu ergattern. So schauten wir uns um und unterschrieben einen Mietvertrag am Kaiserdamm 30, dritter Stock links. Von 27 nach 30. Nach Studium und Berufsanfang immerhin drei Häuser weiter! Das Eckhaus war mir einigermaßen vertraut. Dort befand sich in meiner Schulzeit ein gut sortierter Schreibwarenladen. Radiergummis, Millimeterpapier und Geodreiecke – dazu Schlümpfe und Drei-Fragezeichen-Kassetten. Damit kannte ich mich aus. Das Seglerfachgeschäft gegenüber verwirrte mich dagegen. Mein Freund Jens wohnte in der Ahornallee und gewann Pokale im Opti. So weit reichten meine Segelkenntnisse. Im Schaufenster des »Skipper« blickte ich in eine fremde Welt. Sie ähnelte so manchem gepflegten Hobbykeller: Fähnchen, Taue, Messgeräte aus Messing und Netze voller Seesterne. Ich gehe einfach einmal an Bord. Im Laden steht Betty Lensch und telefoniert. Schon seit fünf Minuten. Betty Lensch macht einen Lieferanten rund. »Hören Sie, der Kunde will morgen Abend nach Schweden. Darum braucht er jetzt die Seekarten. Klar?« Sie beendet das Gespräch und schaut zu mir. »Ferienbeginn, und die können keine Seekarten liefern.« Ich versuche, so zu schauen, als würde ich ihren Schmerz teilen. Sie erzählt daraufhin ein wenig über die Ladengeschichte. Mietvertrag 1975 unterschrieben, sie selbst ist seit 1999 an Bord. Auf eine Stelle beim Jobcenter als Verkäuferin gemeldet. »Waren Sie damals schon Seglerin?« Frau Lensch schüttelt den Kopf. »Jetzt aber?« – »Nee, bis heute nicht«, sagt die Geschäftsführerin. Ich denke an Rock Hudson. 1964 mimte er einen Verkäufer in einem Angelgeschäft, der einen Bestseller über das Fischen schrieb, ohne jemals selbst geangelt zu haben. Frau Lensch kennt den Film nicht, aber sie kennt ihr Geschäft. 300 verschiedene Taue, Sicherheitsausrüstung, Bootslacke und alles

Babette »Betty« Lensch in ihrem Laden

erdenkliche Zubehör für Segel- und Motorboote. Dazu Wassersportbekleidung, Seekarten (wenn lieferbar), Fachliteratur, nautische Instrumente und maritime Geschenke.

Das Telefon klingelt. Der Lieferant ist noch einmal dran und die Geschäftsführerin in Hochstimmung. »Jetzt ist die Karte da, die schicken einen Kurier. Geht doch.« Ich muss an Döring Junior und seinen Radiatorenengpass denken, beide Geschäfte scheinen seelenverwandt. Mit Eisen-Döring, der alles hat (außer Flagleinenwirbel), steht der Skipper übrigens traditionell in Kontakt. Man schickt sich gegenseitig die Kunden, wenn man weiß, dass der andere das Gewünschte im Sortiment hat. Auf einem Schubladenschrank stehen die Namen von Kleinteilen, die man wohl braucht, wenn man ein Boot hat. Wir gehen gemeinsam kurz die Begriffe durch, die ich nie zuvor gehört habe: Brummelhaken, Mastrutsche, Genuaschlitten. Ich verspreche dann noch, das Buch vorbeizubringen, wenn es fertig ist. Könnte aber ein Jahr dauern oder zwei. Betty Lensch grinst. »In meinem Rentenbescheid steht 2042, so lange stehe ich hier noch.« Irgendwann möchte ich einmal mit Betty segeln gehen. Wir wüssten beide nicht, was zu tun ist, aber wir würden uns sicher bestens unterhalten.

Über dem Skipper wohnte einmal der Berliner Maler Matthias Koeppel. Genaueres wusste ich nicht, bevor ich ihn um ein Gespräch über den Kaiserdamm bat. Der Künstler empfängt mich in seiner Ateliergalerie in der Wittelsbacher Straße. Als ich eintrete, sitzt er an der Staffelei. »Sie malen gerade?« – »Ja, aber was Unerfreuliches.« Ein großformatiges Gemälde aus dem Jahr 1999 bekam beim Transport eine Schramme. Koeppel stellt das »Picknick bei Blechen« fachgerecht wieder her. Wir setzen uns an einen Tisch, seine Frau Sooki serviert duftenden Mangotee. »Zum Kaiserdamm bin ich mit der Familie 1971 gezogen. Ein Freund hatte die Wohnung gefunden, dann doch nicht genommen.« 240 Quadratmeter im dritten Stock. Sein Atelier richtete Koeppel im großen Salon ein. »Die Wände wurden weiß gestrichen, ansonsten war die Wohnung in gutem Zustand. Wir bekamen damals viel Besuch. Es gab große Tafeln, manchmal Frühstück für 20 Personen. Nur den Balkon nutzen wir nie, war zu laut.« Genau wie die fünf Töchter des bekannten RIAS-Journalisten, der über Koeppel wohnte und mit dem er befreundet war. »Das war Lutz Meunier, und seine Töchter stritten sich morgens über ihre Unterwäsche und solche Sachen.«

Wir blättern durch Koeppels Fotobuch »Selbstauslöser« von 1984. Einige der Gruppenaufnahmen wurden in der Kaiserdamm-Wohnung geschossen. Auf den Fotos viele bekannte Gesichter: Manfred Krug, Annette Humpe, Ulrich Schamoni, Kurt Mühlenhaupt, Ben Wagin und andere

Künstlerkollegen. Vor jeder Aufnahme drückte Koeppel den Selbstauslöser, rief: »Bitte philosophisch gucken!« Dann sprang er als Letzter ins Bild.

In Koeppels Kaiserdamm-Zeit fällt die Gründung der »Schule der Neuen Prächtigkeit«, die er 1973 mit Johannes Grützke, Manfred Bluth und Karlheinz Ziegler ins Leben rief. Ihr Realismus fiel aus der Zeit, denn die damals in West-Berlin vorherrschende Kunst war abstrakt. Koeppel wollte dagegen mit seinen Bildern Geschichten erzählen. Hat er den Kaiserdamm gemalt? »Nein, fand ich nicht sehr inspirierend. Kürzlich zeichnete ich mal das Scharounhaus.« Er zeigt mir die Zeichnung, entstanden 2022. Titel: »Besichtigung des Scharounhauses mit Malewitsch«. Die Beschäftigung mit dem Avantgardisten Kasimir Malewitsch aus der Ukraine inspirierte ihn zu diesem »Besuch«, der so natürlich nie am Kaiserdamm, Ecke Königin-Elisabeth-Straße stattgefunden hat. Kaiserdamm 25, gezeichnet mit sehr weichem Bleistift (»8B«), der für Koeppel so typische Himmel verwischt, das Gebäude für Tiefenwirkung schraffiert. Ich frage nach einem meiner Lieblingsgemälde, die Cosy-Wash-Herren vom Messedamm. Mein Freund Michael jobbte 1985 als Schüler an dieser Waschanlage. Koeppel malte die »Wagenpflege« 1979. Im Hintergrund das damals brandneue ICC, vorn vier Männer in Anzügen und ein S-Klasse-Mercedes. »Dem rechten Herrn gehörte die Waschstraße, und die Frauen waren damals sauer, dass ich ihre Männer beim Nachpolieren zeigte.« Für sein Gemälde »Requiem für Luise« malte er 1984 Annette und Inga Humpe, unverkennbar in Gestalt der Prinzessinnengruppe von Schadow. Auch hier kamen Beschwerden. Die dargestellten Sängerinnen fanden ihre Beine zu dick.

Das Kapitel Kaiserdamm war für Matthias Koeppel 1977 beendet. »Ich zog damals ins Märkische Viertel, bekam ein

Atelier.« Für einen Freund dichtete er später noch einen Schüttelreim. Er sagt ihn mir auf: »Lang wohnte er am Kaiserdamm, bis dann ins Paradeis er kam.« Sooki erinnert ihn an die musikalischen Postleitzahlen. »Ach ja, stimmt«, sagt Koeppel. Als die neuen fünfstelligen Postleitzahlen kamen, dachte er sich Merksätze aus, die man zu einer Melodie summen konnte. Der zur Kaiserdamm-Postleitzahl lautete: »Wo seid ihr denn geblieben, Vierzehnnullfünfsieben«. Nach drei Tassen Tee gebe ich die Koeppel-Leidenschaft meines Vaters preis. Er hatte mit dem Künstler einige Male an der TU zu tun, als 1991 das Gemälde »Die Zukunft der Metropole Berlin« entstand. Koeppel hatte ihm wohl auch von seiner Lyrik erzählt. Daraufhin besorgte sich mein Vater die »Starckdeutschen Gedichte« und fing an, abends im Familienkreis daraus vorzutragen. Die ersten Poeme entstanden 1972 am Kaiserdamm, erschienen 1976 in Buchform. Darin bekommt auch die in Berlin oft so gleichförmige »Arrkiteikturr« ihre Strophen ab.

Arr, di Arr; di Arrckitucktn –
jarr, di sünd tautul pfarrucktn.
Pauhn onz euburoll Quaduren,
vo se gurrnücht henngehuren.

»Machte er es gut, der Vater?«, fragt mich der Malerdichter. Ich schüttele den Kopf. »Fontanes Balladen konnte er brillant, Starckdeutsch eher nicht.« Koeppel dachte es sich. »Können die meisten nicht«, sagt er lächelnd und setzt sich wieder an seine Staffelei. »Nichts bleibt, wie es ist« heißt ein Bildband, der einen Querschnitt von Koeppels Werken aus sechs Jahrzehnten zeigt. Er erschien 2017 anlässlich seines 80. Geburtstages. Ich blättere ihn später in der Bahn durch.

Die meisten Gemälde kenne ich, Koeppels Kunst ist in Berlin nicht zu übersehen. Ist sie modern oder unmodern? Koeppel überlässt solche unbedeutenden Urteile den Kritikern. Der Künstler ist mit seinem experimentierfreudigen Geist »immer im Aufbruch«, schreibt Sooki im Vorwort. Vielleicht ist das die schicksalhafte Gemeinsamkeit, die Koeppel lebenslang auch mit dem Kaiserdamm verbindet.

Vom Mangotee geht es zu einem starken Kaffee. Den serviert Peter Carstensen, der Tischlermeister vom Kaiserdamm 82. In der Tischlerei fing er 1985 als Geselle an, 1993 Meisterbrief, bald darauf wurde aus der Tischlerei Förster die Tischlerei Carstensen. »Förster war reine Bautischlerei, hauptsächlich Fenster und Türen. Ich fing dann mit Inneneinrichtungen an, so entwickelte sich das. Kennen Sie noch Leineweber?« Ja, kenne ich. »Da fingen wir größer an, dann Sport-Lepp und heute Peek & Cloppenburg. Wir bauen neu, sorgen aber auch dafür, dass Altes erhalten bleibt.« Aufträge für 18 Mitarbeiter kommen aus ganz Berlin und dem Speckgürtel. Die Werkstatt ist im Keller. Eine ehemalige Autogarage, in die aber nur drei Wagen passten. Vor zehn Jahren mietete Carstensen die Ladenwohnung nebenan, seitdem gibt es ein richtiges Büro und diesen kräftigen Kaffee. Vorn steht »Kleiner gleich 5«, ein Holzobjekt, das ich nicht einordnen kann. Was ist das, frage ich. »Das Meisterstück von Sascha, eine aufklappbare Gin-Bar. Es kommt in Kürze vom Kaiserdamm ins Kunstgewerbemuseum. Der Altmeister gab seine Tischlerei kürzlich in die Hände eines Jungmeisters. Carstensen darf, wird und muss auch ein wenig kürzertreten. Kaiserdamm-Netzwerker bleibt er zu 100 Prozent. »Warst du eigentlich schon am Kaiserdamm 118?« Zwischenzeitlich waren wir beim Du gelandet. »Oft davor, aber nicht drin.« Carstensen nimmt sein Telefon und wählt eine Nummer.

»Hallo, hier Peter, ich habe hier einen, der alles zum Kaiserdamm wissen möchte.« So einfach kam ich in Kontakt mit Burchard Junior, dem angeblichen Miethai.

Seitenwechsel. Gegenüber der Tischlerei lebte ein Mann, mit dem sich Peter Carstensen sicher gut verstanden hätte und die Crew vom »Skipper« sowieso: Hans Albers. Der Schauspieler wurde 1891 in Hamburg geboren, seiner Vaterstadt. Seinen Durchbruch als Schauspieler erlebte er in Berlin, die er seine Mutterstadt nannte. Kurz nachdem er 1917 von der Alster an die Spree gekommen war, verliebte sich »der blonde Hans« in die sechs Jahre ältere Claire Dux. Sie war eine damals sehr bekannte Sängerin, seit 1911 an der Königlichen Oper engagiert. Den noch wenig bekannten Albers verspottete man als »Dux-Baron«. Das Künstlerpaar lebte seit 1919 in wilder Ehe am Kaiserdamm 31, in einer großen Wohnung im vierten Stock. Claire Dux hatte 1909 den Industriellen Wilhelm Imperatori geheiratet. Mit ihm war sie 1914 eingezogen. Doch es kam bald wieder zur Trennung, wegen Albers 1921 auch zur Scheidung. Zu diesem Zeitpunkt hatte der Schauspieler allerdings bereits Hansi Burg kennengelernt, die Liebe seines Lebens. Die Dux ging wütend nach Amerika und kehrte nie wieder nach Europa zurück. Seine Kaiserdamm-Beziehung mit der berühmten Kammersängerin (die er nie geheiratet hatte) nahm er 1926 selbst auf die Schippe. Für ein »Lexikon des Films« gab Albers zu Protokoll: »Schauspieler. Verheiratet gewesen mit Claire Dux. Spielt auf der Bühne komische Rollen und filmt seit einer Reihe von Jahren. Adresse: Hotel Adlon.« Hans Albers machte in den 1920er-Jahren eine schillernde Bühnenkarriere, nebenbei drehte er massenweise Stummfilme, denen er wenig Bedeutung beimaß. Erst mit dem Tonfilm erkannte er selbst (und natürlich auch das Publikum) seine Starquali-

Mit Claire Dux verbrachte Hans Albers (r.) einige Jahre am Kaiserdamm. Hier mit Bruno Seidler-Winkler in Wiesbaden, 1921

tät. Nach 1933 durfte die Jüdin Hansi Burg als Schauspielerin nicht mehr arbeiten. Einem Berufsverbot entging Albers durch einen Brief, den er am 15. Oktober 1935 an Goebbels schrieb. Darin erklärt der Schauspieler: »Sehr geehrter Herr Reichsminister! In Erfüllung meiner Pflicht gegen den nationalsozialistischen Staat habe ich meine persönlichen Beziehungen zu Frau Hansi Burg gelöst.« Sie bekräftigte die Trennung anschließend durch eine Scheinehe mit einem norwegischen Architekten. In Wirklichkeit lebten Albers und Burg weiter zusammen, nun in seinem 27.000-Quadratmeter-Anwesen am Westufer des Starnberger Sees. Der größte Filmstar des Dritten Reichs liebte eine Jüdin. 1939 verließ sie mit norwegischem Pass Deutschland und ging nach London. Um ihn zu schützen, verriet sie Albers vorher nichts von ihren Plänen. Wenige Tage nach Kriegsende, noch im Mai 1945 kehrte Hansi zu Hans zurück, und sie lebten zusammen bis zu seinem Tod 1960. Burgs Familie wurde im Holocaust ausgelöscht. Sie selbst starb 1975 in Garatshausen und vermachte ihr Vermögen einem Verein, der sich geistig und mehrfach behinderter Menschen annahm.

Die Soorstraße markiert einen Bruch am modernen Kaiserdamm. Hier endet der Altbaubestand. Alle Gebäude – auf beiden Straßenseiten – wurden nach dem Krieg errichtet. So erinnert auch nichts mehr an Hermann Göring, der von 1931 bis 1935 am Kaiserdamm lebte, und zwar dort, wo man seit über sechs Jahrzehnten bei Shell tankt. Nach dem Tod seiner ersten Frau Carin konnte Göring angeblich seine Wohnung in Schöneberg nicht mehr ertragen. So zog er nach der Beisetzung im Oktober 1931 von der Badenschen Straße 3 an den Kaiserdamm 34. Dort entfachte er im dritten Stock einen skurrilen Totenkult um seine Frau, die an Tuberkulose gestorben war. In einem Zimmer gab es einen altarartigen Schrein mit Carins Porträtfoto. Darauf Kerzenleuchter, davor ein Teppich mit eingewebtem Hakenkreuz. Fotos davon haben sich erhalten, ebenso ein Taschenkalender von 1933, den Göring vom Fliegerkollegen Ernst Udet geschenkt bekam. Am 17. Oktober, ihrem zweiten Todestag, steht in Rot vermerkt »Carin tot«. Auf dem Vorblatt des Kalenders sind notiert Adresse und Telefonnummer: »Kaiserdamm 34, Westend 2301«.

Seit Juni 1933 ließ sich Göring ein Jagdhaus mit Landsitz in der Schorfheide ausbauen. In »Carinhall« trieb er den Totenkult noch wilder. Er ließ seine in Schweden bestattete Gattin exhumieren, in einen Metallsarkophag umbetten, in die Schorfheide bringen und dort in eine neugeschaffene Gruft stellen. Die tiefe Trauer hinderte Göring nicht, eine neue Beziehung anzuknüpfen. Mit der Schauspielerin Emmy Sonnemann bestieg Göring am 10. April 1935 am Kaiserdamm eine schwarze Mercedes-Limousine. Das Brautpaar (sie in Weiß, er in Uniform) fuhr zur standesamtlichen Trauung im Berliner Rathaus. Hitler war Trauzeuge. Wenig später zogen sie in die Schorfheide um. Dort ließ Göring seit 1943 seine zusammengeraubte, riesige Kunstsammlung nach und nach in Bergwerke schaffen, um sie vor der Roten Armee in Sicherheit zu bringen. Der Sarg seiner ersten Frau blieb zurück. Alle Gebäude wurden Anfang Mai 1945 auf Görings Befehl mit Fliegerbomben gesprengt.

Noch einmal Seiten- und Zeitenwechsel. Am Kaiserdamm 80/81 öffnete um 1970 täglich um 20 Uhr der »Star-Club«. Der Gastroführer »Berlin von 7 bis 7« notierte: »Was vor nicht allzu langer Zeit noch als Ausdruck individuellen Protests galt, ist längst, so auch hier, zur Norm reduziert: Lange Haare bei den Jungs, Röcke, die aufhören, wo die Beine anfangen und alles zusammengehalten von Soul und Beat. Ein Jugendtanzlokal vollkommen im Stil unserer Zeit. (Bier um DM 2).« Im selben Gebäudekomplex tanzte man daneben im »Studio 13«, täglich ab 21 Uhr: »Namensgemäß mit Filmatelier-Großaufnahmen dekorierte Tanzbar (Diskothek) im Bowlinghaus am alten Kaiserdamm. Nette Atmosphäre, gute Beleuchtung, angenehmes Sitzen. Für Tanz und Drinks gut geeignet.« Der Star-Club heißt heute »Grand« und ist eine Tapas-Bar. »Seit einem Jahr mache ich auch mittags auf«, sagt mir die Betreiberin und zeigt mir für meinen Computer die Steckdose im Boden. Ich nehme im schwarzen Clubsessel Platz, lehne mich zurück und lasse die Autos vorbeirauschen. Zur Cola gibt es Radiohits und Salzbrezeln. An den Wänden Fotos von John Wayne und Angelina Jolie. Hier notiere ich, was ich gerade eine Treppe höher aufgeschnappt hatte. Dort gibt es seit 1967 ein Bowlingcenter mit 18 Bahnen. Seinerzeit am Adenauerdamm eröffnet als »Berliner Kindl Bowling«.

Ein langjähriger Mitarbeiter zeigte mir Fotos und Zeitungsausschnitte von früher. »Im Hotel nebenan stiegen die Stars ab, die im SFB-Studio auftraten. Waren wirklich alle da.« Eine Riesensause muss es Silvester 1967/68 gegeben haben. Livebands, Go-Go-Girls, Tombola, kaltes Buffet und Moonlight-Bowling. Auf einem vergilbten Ausschnitt sieht man eine Braut im weißen Hochzeitskleid, daneben Wolfgang Gruner mit den Stachelschweinen »alle Zehne« schieben.

Unter der Bowlingbahn treffe ich eine Berühmtheit. 2021 zog das Sandmännchen zum Kaiserdamm, in die Räumlichkeiten des ehemaligen RBB-Shops. Die Tür des Sandmann-Studios öffnet mir Stefan Schomerus. Er ist Filmemacher, Regisseur, Autor und Grimme-Preisträger. Mit seinem Team arbeitet er an einer neuen Staffel. Fünf Folgen à dreieinhalb Minuten. In jedem Abenteuer stecken mindestens sechs Wochen Arbeit im Trickfilmatelier. Der Sandmann wird nicht digital, sondern in altehrwürdiger Stop-Motion-Technik zum Leben erweckt. 25 Einzelbilder für eine Sekunde Film. 20 Sekunden pro Arbeitstag, wenn nichts dazwischenkommt. Gerade läuft die aktuelle Produktion mit der 27 Zentimeter großen Sandmännchenpuppe. Keine Fotos, nur nichts verraten. Das kleine Studio am Kaiserdamm 80 ist dabei zugleich auch Kulissen-, Requisiten- und Figurenwerkstatt. Alles entsteht vor Ort in Handarbeit. Lohn dafür sind täglich eine Million TV-Zuschauer und neugierige Kinderaugen, die manchmal durch die Scheibe ins »gläserne Studio« schmulen. Führte ein Ausflug des 1959 gestarteten Sandmännchens je zum Bowling? Nein. »Laut Archiv war der Sandmann bislang noch nicht auf einer Bowlingbahn zu Besuch«, antwortete mir auf Anfrage die Serviceredaktion des RBB.

Geht man vom Sandmann weiter gen Theo, sieht man fensterlose Mauern. Sie gehören zum Rundfunk- und Fern-

Sandmännchen-Studio im Bowlingcenter

sehbetrieb, der vor fast 100 Jahren auf dem Gelände begann. An der Masurenallee entstand 1929 bis 1931 nach Plänen von Hans Poelzig das Haus des Rundfunks. Ungewöhnlich der Grundriss eines an zwei Seiten abgerundeten Dreiecks. Ab 1931 sendeten aus dem Haus: Funk-Stunde Berlin, Deutsche Welle und die Reichs-Rundfunk-Gesellschaft. Am 30. Januar 1933 unterbrach der Berliner Rundfunk eine Unterhaltungssendung und vermeldete Hitlers Ernennung zum Reichskanzler. Noch am selben Tag erklärte Rundfunkkommissar Dr. Hans Bredow seinen Rücktritt. Er ahnte, was kommen würde. Das Radio wurde zu Goebbels' wichtigster Propagandawaffe. Im Krieg erklang jeden Mittwoch und Sonntag ab 19.30 Uhr aus dem Haus des Rundfunks das »Wunschkonzert«. Live aus dem großen Sendesaal, moderiert von Heinz Goedecke. Unterhaltungskünstler aller Sparten traten vor die Mikrofone, dazu wurden Grüße zwischen Front und Heimatfront verlesen. Der Sender am Kaiserdamm hatte 1933 den Beginn des »Dritten Reichs« verkündet, zwölf Jahre später dann dessen Ende. Am 1. Mai 1945 meldete ein Sprecher Hitlers Tod. Unklar ist, wer den »Reichssender Berlin« und die Nachrichten vom Kaiserdamm noch empfangen konnte. Um 22.25 Uhr hieß es: »Aus dem Führerhauptquartier wird gemeldet, dass unser Führer Adolf Hitler heute Nachmittag in seinem Befehlsstand in der Reichskanzlei bis zum letzten Atemzuge gegen den Bolschewismus kämpfend für Deutschland gefallen ist.« Die allerletzten Radioworte im Krieg sprach dann 50 Minuten nach Mitternacht der 19-jährige Richard Baier ins Mikrofon. 2005 erinnerte er sich daran: »Normalerweise ging die Absage: ›Wir grüßen alle Deutschen jenseits der Grenzen.‹ Da es keine Grenzen mehr gab, hieß es: ›Wir grüßen alle Deutschen und gedenken noch einmal des heroischen Soldatentums. Der Großdeutsche Rundfunk beendet seine Sendefolge. Der Führer ist tot. Es lebe das Reich.‹« Wenige Stunden später besetzte die Rote Armee den Sender. Viele der zuletzt 500 Rundfunkmitarbeiter wurden festgenommen. Baier nicht. »Die Soldaten hatten eine veraltete Liste der Rundfunkmitarbeiter. Auf der stand ich noch nicht drauf. So kam ich frei.« 48 Stunden später nahmen die Russen den Sendebetrieb auf. Erst 1956 wurde das Haus des Rundfunks von der sowjetischen Militärkommandantur an den West-Berliner Senat übergeben. Zuvor hatte man wichtige technische Anlagen demontiert und nach Ost-Berlin geschafft. 1957 zog der Sender Freies Berlin ein.

Das am Theodor-Heuss-Platz unübersehbare Fernsehzentrum wurde 1965 bis 1970 für den SFB gebaut. Dem Kaiserdamm präsentieren Studios ihre fensterlose Kehrseite. Wo die Straße architektonisch recht trostlos endet, befanden sich früher zwei pädagogische Institutionen mit bewegter und bewegender Geschichte. Mit ihnen verbunden die Namen von zwei bemerkenswerten Frauen: Paula Fürst und Lucie Crain. Dazu stellte ein berühmter Mann, eher zufällig, eine Verbindung her – Heinrich Zille.

Am 31. Oktober 2000 wurde am Kaiserdamm 78 eine Gedenktafel enthüllt. Sie erinnert an die 1920 gegründete Volksschule des jüdischen Schulvereins. 1933 zog sie aus der Klopstockstraße als »Schule am Kaiserdamm« nach Westend, in ein umgebautes Fabrikgebäude auf dem heutigen RBB-Gelände. Seit 1934 hieß sie nach dem Begründer der Zionismusbewegung Theodor-Herzl-Schule, und die 40-jährige Reformpädagogin Paula Fürst wurde Direktorin. Die Schule war unabhängig von der jüdischen Gemeinde, koedukativ und bestimmte ihre Lehrpläne selbst.

Morgens stand Paula Fürst oft am Eingang und begrüßte alle Schüler mit Namen. »Wir liebten unsere Lehrer«, erinnerte sich 2006 Barak Nachsholi, von 1934 bis 1938 Herzl-Schüler am Kaiserdamm. Für ihn und seine Klassenkameraden war die Schule ein »Paradies in der Hölle«. Sie glich äußerlich einer Kaserne, innen war sie geprägt von Humanismus. Eine geistige Oase. Nicht nur Hebräisch stand auf dem Stundenplan, sondern auch moderne Fremdsprachen, dazu Sport und praktische Fächer wie Garten- und Hauswirtschaftskunde. Schüler sollten bestmöglich auf eine Auswanderung vorbereitet werden. Im Deutschunterricht lasen die Schüler bedeutende und verbotene jüdische Schriftsteller wie Heinrich Heine, Stefan Zweig und Lion Feuchtwanger. Es gab viele Exkursionen, einmal zu Gerhart Hauptmann ins schlesische Agnetendorf. »Wenn ihr nach Palästina geht, vergesst die deutsche Sprache nicht«, sagte er den Kindern zum Abschied. Zum Unterricht gehörten auch jüdische Geschichte, Palästinakunde und Theateraufführungen. »Adolf Hitler fuhr oft an unserer Schule vorbei. Dann rannten wir raus, um ihn zu sehen«, erinnerte sich 2005 die damals 83-jährige Sonia Gidal. »Einmal standen wir in der Menschenmenge vor der Schule. Die Berliner um uns hatten die Hände zum Hitlergruß erhoben, wir hatten unsere unten und radebrechten in unserer Geheimsprache, eine Mischung aus Englisch und Französisch. ›Diese Ausländerkinder brauchen unseren Führer nicht grüßen, eine Schande‹, sagte eine Frau neben uns zur anderen. Wir lachten und rannten ins Schulgebäude.«

Der ehemalige Schüler Adin Talbar erinnerte sich 2007: »Unsere Schule war die erste religiös neutrale, zionistische Schule in Berlin mit einem modernen pädagogischen Konzept. Mädchen und Jungen in einem Klassenverband, Schüler sprechen Lehrer per Du an. Alle sind gleich viel wert. Und das erste Mal wird Hebräisch als tägliches Fach gelernt und gesprochen. So dass diejenigen, die nach Palästina/Israel emigrierten, sich sofort zuhause fühlten. Für alle Fluchtländer half die gute, breitgefächerte Bildung sicher Fuß zu fassen. Unser aller Schulheimat verband uns für immer.« Nach dem Machtantritt der Nazis mussten viele jüdische Reformschulen schließen. Dadurch stieg die Schülerzahl am Kaiserdamm rasch von 600 auf 780. Paula Fürst stellte viele neue Lehrkräfte ein. Saul Aaron Kaléko, seit 1928 mit der Dichterin Mascha Kaléko verheiratet, unterrichtete am Kaiserdamm Hebräisch. Oberstudienrat Dr. Martin Deutschkron kam von einem Gymnasium in Wedding, wo er bis 1933 Latein, Griechisch und Französisch unterrichtet hatte. Seine 1922 geborene Tochter erinnerte sich: »Wer die Nazis waren, was sie taten und wollten, erfuhr ich aus den Äußerungen meines Vaters: ›Hitler – das bedeutet Terror, Diktatur, Krieg!‹ Im letzten freien Wahlkampf vor der Machtübernahme Hit-

Schuldirektorin Paula Fürst

lers gönnte er sich keine Rast. ›Berlin bleibt rot!‹, rief er beschwörend in Wahlversammlungen und spontanen Straßenkundgebungen Teilnehmern und Passanten zu.« Durch das »Gesetz zur Wiederherstellung des Berufsbeamtentums« war Martin Deutschkron in doppeltem Sinne aus dem Dienst zu entfernen, als aktives SPD-Mitglied und als Jude. Anfang Mai 1933 erhielt er sein Entlassungsschreiben und kam bald darauf in der Herzl-Schule unter. »Für meinen Vater bedeutete dies eine gewaltige Umstellung. Er, der ehemalige Studienrat, der sehr weltliche Ideale und Vorstellungen vertrat, war alles andere als ein überzeugter Anhänger des Zionismus. (...) Die Theodor-Herzl-Schule, in der er aufgrund seiner pädagogischen Befähigung und seines Organisationstalents zum Assistenten der Schulleitung aufgerückt war, übertrug ihm nach dem Lehrverbot, das auch für jüdische Schulen galt, die Verwaltung der Schule.« Dies schrieb 1978 seine Tochter, die Berliner Ehrenbürgerin Inge Deutschkron, in ihrem berühmt gewordenen Bericht »Ich trug den gelben Stern«. Sie beschrieb, wie sie die Nazizeit als jüdisches Mädchen in Berlin erlebte und überlebte. Ihr Vater Martin konnte 1938 nach England emigrieren, aber seine Familie nach Kriegsbeginn nicht mehr nachholen.

In der Pogromnacht des 9. November 1938 verwüstete eine Nazibande das Schulgebäude am Kaiserdamm. Wenige Monate später wurde der Trägerverein vom Erziehungsministerium aufgelöst, die Herzl-Schule endgültig geschlossen. Paula Fürst begleitete im August 1939 einen Kindertransport nach London. Trotz aller Warnungen kehrte sie nach Deutschland zurück und kümmerte sich um die verbliebenen jüdischen Kinder. Bis sie schließlich am 26. Juni 1942 selbst deportiert und in einem Vernichtungslager bei Minsk ermordet wurde. Am Kaiserdamm 101 lebte die »Fürstin« (wie Schüler sie liebevoll nannten) in den letzten drei Jahren ihres Lebens. »Fürst, P. Sara, Referentin« steht im Berliner Adressbuch von 1941. Seit 2015 erinnert auf dem Pflaster vor dem Haus ein Stolperstein an eine Lehrerin, die sagte, das Leben verliere seinen Sinn, wenn man einen anvertrauten Menschen im Stich lässt.

Martin-Heinz Ehlert hat vor rund 20 Jahren die Geschichte der Theodor-Herzl-Schule erforscht. Im April 2005 stellte er sein Buch auch in Jerusalem vor. Anlass war ein Klassentreffen 25 ehemaliger Schülerinnen und Schülern der Herzl-Schule. Seit den 1990er-Jahren gab es immer wieder Zusammenkünfte. Auch ein Online-Projekt mit vielen Zeitzeugenberichten ist entstanden. Einer der Ehemaligen, die den Holocaust überlebten, hieß Tom Tugend, am 30. Juni 1925 als Thomas Tugendreich in Berlin geboren. Die Familie lebte bis 1933 in der Reichsstraße 104, wo seit 2019 Stolpersteine an sie erinnern. Zur Verlegung der Messinggedenksteine besuchte Tom Tugend seine Geburtsstadt. Der damals 94-Jährige spazierte durch Westend, auch zum Kaiserdamm, wo er zur Schule ging, und er besuchte ein Hertha-Spiel im Olympiastadion.

Sein Vater Dr. Gustav Tugendreich war ein angesehener Kinderarzt, galt als »Vater der Säuglingsfürsorge«. 1937 hatte er (in Absprache mit seiner Frau) Berlin verlassen und eine Dozentenstelle in London angenommen, 1938 zog er weiter in die USA. Irene Tugendreich konnte 1939 mit ihren Kindern Brigitte und Thomas ebenfalls fliehen. Tom erzählte: »Mein Vater war immer ein bisschen ängstlich, und ich erinnere mich genau, wie wir über seine immer dringender werdenden Briefe kicherten, besonders nach dem Münchener Pakt von 1938, in denen er uns bat, die Möbel und das Geld nicht mitzubringen und sofort nach Amerika zu kommen. Also ließen wir uns Zeit und verließen am 20. April 1939 – Hitlers 50. Geburtstag – stilvoll das beflaggte Berlin, flogen vom Flughafen Tempelhof nach London und fuhren dann mit einem deutschen Passagierschiff von Southampton nach New York, wo es Mitte Mai ankam.« 1944 wurde Thomas Tugendreich als Tom Tugend amerikanischer Staatsbürger. Er arbeitete als Wissenschaftsautor und Kommunikationsdirektor an der University of California in Los Angeles. Viele Stunden verbrachte ich damit, mir seine Zeitzeugenberichte anzuhören, die man online findet. Am 10. November 2021 schrieb ich Tom Tugend eine E-Mail, doch ich bekam keine Antwort. Wenige Wochen später las ich in der »Jüdischen Allgemeinen«, dass Tom Tugend in seinem Haus in Los Angeles gestorben war. Er wurde 97 Jahre alt. Tom hinterließ seine Ehefrau Rachel, mit der er seit 1956 verheiratet war, drei Töchter, acht Enkelkinder und einen Urenkel.

Oben war die Rede von »umgebauten Fabrikräumen«, in welche die Schule 1933 eingezogen war. Das Fabrikgebäude gehörte zur 1862 in Berlin gegründeten Photographischen Gesellschaft. Seit 1877 arbeitete Heinrich Zille dort als Lithograf und Retuscheur, zunächst im »Roten Schloss«, einem Wohn- und Geschäftshaus An der Stechbahn 1. Die Gesellschaft stellte sehr erfolgreich klein- und großformatige Reproduktionen von Gemälden her, Alben mit thematischen Fotosammlungen und vieles mehr. Um 1895 eröffnete die Gesellschaft neue Werkstätten in Westend. Mit seiner »Geschäftskamera«, die er auch privat nutzte, entstanden Heinrich Zilles faszinierende Aufnahmen aus dem alten Berlin. Als er 1906 die Stellung aufgab, um sich ganz dem Zeichnen zu widmen, musste er die kostbare Plattenkamera im Betrieb zurücklassen. Von 1892 bis zu seinem Tod wohnte Zille in der Sophie-Charlotten-Straße 88. Auf einer Aufnahme, die er 1893 aus seinem Fenster im vierten Stock schoss, ist am Horizont ein großes Gebäude zu sehen. Man blickt über eine Wäscheleine Richtung Südwesten, unverbaut bis zu den Ringbahngleisen und weiter zum späteren Kaiserdamm. Am Horizont erkennt man ein damals einsam in die Landschaft hochragendes Gebäude – die Villa Tanneck. Das 1889 bis 1891 errichtete Gebäude erinnerte an ein Märchenschloss und diente bis 1918 als Pensionat für 50 Schülerinnen. Die Villa mit Fassade aus bläulichroten Siegersdorfer Verblendsteinen und grüngrauen Putzflächen gehörte zum Lebenswerk von Lucie Crain. 1833 in Wismar geboren, hatte die Tochter eines Schuldirektors die Vision, für bessere Bildung von Mädchen zu sorgen und dabei Geld zu verdienen. So schuf sie kurz nach der Reichsgründung die Crainschen Anstalten in Berlin. Sie wurden bis zur Jahrhundertwende zu einer der führenden Bildungseinrichtungen im Kaiserreich. Crain leitete ihr pädagogisches Unternehmen bis zu ihrem Tod 1902. Zu den Anstalten gehörten Lehrerinnenseminar, Höhere Töchterschule, Knabenschule, Kindergarten und das Internat beziehungsweise Pensionat für Mädchen, das 1906 die Adresse Kaiserdamm 38 bekam. Das überaus repräsentative Gebäude in Westend diente ebenso dem Renommee wie die hohen Gehälter, die Crain ihren Lehrkräften zahlte. Ihr Grundsatz: »So viel Stunden wöchentlich, so viel Taler monatlich.« Eine von ihnen war die Frauenrechtlerin Helene Lange, die seit 1876 für 15 Jahre an der Crainschen Anstalt als Lehrerin an der höheren Mädchenschule und Leiterin der Seminarklasse tätig war. In ihren 1921 erschienen Lebenserinnerungen beschrieb Lange das 15 Jahre ältere »Fräulein Crain«, die lebenslang unverheiratet blieb: »Lucie Crain war ein Original, äußerlich und innerlich. Klein, rund, sehr beweglich, war sie von einer nie abreißenden Betriebsamkeit. Dabei war es ihr fast unmöglich, allein zu sein; sie musste die Pläne, die sie unaufhörlich beschäftigten, anderen mitteilen. (…) ›Man muss immer mit vier Strang ziehen‹, pflegte sie in ihrem unverfälschten Mecklenburger Dialekt zu sagen.«

Die Rote Armee rückte im April 1945 über die Heerstraße Richtung Innenstadt vor und stieß am Kaiserdamm auf Gegenwehr. Der Volkssturm hatte Panzersperren aus Straßenbahnwagen und Bussen aufgerichtet und Gräben ausgehoben. Da lag die Villa Tanneck längst in Trümmern, ebenso die Theodor-Herzl-Schule, und Görings ehemaliges Wohnhaus war eingestürzt.

Theo

Von Joe und seinem Bierhaus, einer talentierten Tischtennisspielerin und Goebbels' Behausung, der Künstlerin des Obelisken und offenherzigen Freimaurern

Man erkennt es an 47 fehlenden Hausnummern. Bis zum 1. März 1950 reichte der Kaiserdamm weit über den Theodor-Heuss-Platz hinaus, bis zum S-Bahnhof Heerstraße. Das eingekürzte Drittel bekam damals die Heerstraße zugeschlagen. Der Kaiserdamm verlor seine Hausnummern 41 bis 79. Diese Neuaufteilung folgte 1950 einem allgemeinen Trend zur Vereinfachung. So gab es bis dahin allein in West-Berlin zehn Schulstraßen und 14 Kirchstraßen. Es kam immer wieder zu Verwechslungen, angeblich auch bei der Feuerwehr. Gleichzeitig wurden Straßenzüge namentlich angepasst, und so kam es zur Kaiserdamm-Verkürzung und »Heereserweiterung«. Am Kaiserdamm zeigte sich dabei die Schwäche des alten preußischen Hufeisen-Systems der Hausnummernvergabe. Eine von Haus zu Haus durchnummerierte Straße kann nicht verlängert werden – aber eben auch nicht verkürzt, ohne dass Hausnummern verschwinden. Moderner ist die Zickzack-Methode der Heerstraße, die in Berlin erst seit 1927 als Standard verwendet wird. Um die Verwirrung am Kaiserdamm noch zu steigern, verschwand in den 1960er-Jahren die 96, und der Lietzenseepark »verschluckt« 106, 107 und 108. Schließlich gibt es auch Kaiserdamm 91 bis 94 nicht, weil BMW postalisch nur die 90 beansprucht.

Der Theodor-Heuss-Platz taucht in Bauakten erstmals 1902 auf. Als »Platz B« und kreisrundes Pendant zum »Platz A«, dem heutigen Branitzer Platz. Ab 1904 wurde der neue »Reichskanzlerplatz« angelegt, auf den nicht weniger als acht Straßen münden. Das erste erhaltene Foto wurde aus der Villa Tanneck geschossen. Waldemar Titzenthaler baute 1907 an einem Fenster im oberen Stockwerk seine Plattenkamera auf. Das Objektiv zielte gen Westen. Sein Bild zeigt einen unbebauten Platz mit U-Bahnzugängen. Die Aufnahme symbolisiert die »Stunde Null« der Kaiserdamm-Gegend. Leider ist uns kein Gegenschuss Richtung Osten erhalten, wo die »Wüstenbahn« im Untergrund der baulichen Entwicklung vorausgeeilt war. Der Bahnhofsname korrespondierte in der Folge stets mit dem Platznamen. 1933 wurde der Reichskanzlerplatz zum Adolf-Hitler-Platz. Eine Umbenennung in »Mussolini-Platz« war geplant, jedoch nie realisiert. 1945 bekam der Platz zunächst seinen ursprünglichen Namen zurück. Nach dem Tod des ersten Bundespräsidenten benannte man den Reichskanzlerplatz 1963 schließlich nach Theodor Heuss. Das gefiel nicht jedem. Günter Matthes kritisierte im »Tagesspiegel« die »krankhafte Sucht zur Umbenennung«. Es gab eine Flut von Leserpost zur »Umbenenneritis«. Bürgerprotest à la Adenauerdamm, wie vier Jahre später, organisierte sich nicht. Am Rande erwähnt: »Google Maps« sorgte 2014 für eine verstörende Ansicht des Theodor-Heuss-Platzes. Für zwei Stunden zeigte die Online-Karte den Hinweis »Adolf-Hitler-Platz«. Nach Beschwerden entschuldigte sich das Unternehmen für den »falschen und unangemessenen Berliner Straßennahmen«.

Mitunter änderte sich auch die Verkehrsführung. 1930 gab es einen Ideenwettbewerb für die Verkehrsregelung auf dem Reichskanzlerplatz. Die »Deutsche Allgemeine Zeitung« sprach damals in Sachen Verkehr bereits von einem »Rückgrat Berlins«. Einst sei er nichts als ein Schmuck- und Ruhepunkt auf der 15-Kilometer-Chaussee vom Schloss zum

Döberitzer Heerlager gewesen. Inzwischen sei jedoch der Ausbau der Kant- und Reichsstraße in vollem Gange und immer neue Wohnviertel entstünden entlang der Heerstraße. Untergrund- und Straßenbahn, Automobilverkehr und Omnibusse würden auch immer mehr. »Außerdem habe der Platz gleichsam die Funktion einer Schleuse für die Menschenmassen, die aus besonderen Anlässen und an Sonn- und Feiertagen aus dem Stadtkörper und zu ihm zurückströmen«, bemerkte der Architekt Martin Mächler und kritisierte die viel zu klein geratenen Pläne, die das Preisgericht favorisierte.

Ein spannender Vorschlag blieb Vision: Erwin Barth entwarf 1924 eine kreisrunde unterirdische Halle. Sie sollte als Messestandort oder Schwimmbad dienen. Berlins Gartendirektor ließ bereits ein Modell anfertigen, umgesetzt wurde der Entwurf jedoch nie. Anders das Deutschland- und Amerikahaus. 1928 las man eine Reportage in der »Berliner Börsen-Zeitung«: »Zwischen Kaiserdamm, Pommernallee und Karolingerplatz erstehen augenblicklich Eisenkonstruktionen von gewaltigem Ausmaße, und zwar werden dort neben dem Berliner Kindl-Bräu, das bereits seine Pforten öffnete, ein großes Lichtspieltheater, ein Konzert-Café, das zweitausend Personen fasst, ein weltstädtisches Hotel und etwa zwanzig Läden, dem Bilde am Reichskanzlerplatz nach Fertigstellung der Bauten ein vollkommen verändertes Aussehen geben.« Eine Kletterpartie für Journalisten, unter Führung des Bauherrn Felix Mendelssohn, gab Einblick in die moderne neusachliche Bauausführung. Dazu gehörten ein 70 Meter hoher Turm und eine 100 Meter lange Caféterrasse. Pfeiler und Fußboden aus roter Meissner-Keramik harmonierten mit dem zarten Gelb des Holzwerks der Pergola, um das sich Blattpflanzen rankten. »Ja, dieser Dachgarten imponiert uns: Er ist ein entzückendes Ding, und man darf wohl sagen, dass hier Professor Straumer wieder ein Wurf gelungen ist«, jubelte der Reporter. Man hatte Aussicht bis zum Berliner Schloss!

Das Kino des neuen Amerikahauses war ebenfalls erstaunlich. »Beim Lichtbildtheater ist zum ersten Male in Deutschland das Problem gelöst worden, die Lichtspiele nicht wie bisher in die Höhe, sondern in die Tiefe zu bauen, d. h. das Parkett mit den Garderoben ist versenkt. Durch diese Anordnung ist es möglich, die vielerlei Beschwerlichkeiten, denen die Theaterbesucher beim Betreten und Verlassen der Theater bisher ausgesetzt waren, zu vermeiden und gleichzeitig die polizeilichen Sicherheitsvorschriften in vollkommenster Weise zu erfüllen.« Knapp 1000 Kinobesucher fasste »Oberon«. 1943 gingen nach einem Brand die Lichter aus. Drei Jahre später zogen die Briten ins Amerikahaus und beseitigten die Schäden. Es blieb bis 1991 als »Summit House« ihr Domizil. Die Nutzung blieb im Grunde dieselbe wie 1930 vom Bauherrn Heinrich Mendelssohn und Funkturm-Architekt Heinrich Straumer angedacht. Die Briten betrieben Gastronomie und Tanzvergnügen, das Kino wurde zum »Globe Cinema« und im »Naafi Club« (Navy-Army-Air Force-Institution) versorgten sich Soldaten und ihre Familien mit Waren des täglichen Bedarfs, günstig und zollfrei. Für Berliner war das streng bewachte Gebäude unzugänglich, genau wie das Olympiagelände und der Teufelsberggipfel.

Teile des Gebäudes stehen heute leer, nicht aber das alte Kino. Seit März 2000 spielt dort Dieter Hallervordens Kabarettbühne »Die Wühlmäuse«. Die Umbaumaßnahmen verschlangen Riesensummen. Die Briten hatten die Leitungen nicht nach den Auflagen der deutschen Bauaufsicht gezogen, dazu zehn Jahre Leerstand. Am Ende wurde alles dreimal teurer als gedacht. Hallervordens erster Eindruck, als er den alten Kinosaal besuchte, hatte sich bewahrheitet: »Ich stand

Dieter Hallervorden wenige Tage vor Eröffnung seines Kabaretttheaters »Die Wühlmäuse« im ehemaligen Amerikahaus

im Rang, sah hinunter in das von einer Notlichtfunzel spärlich beleuchtete Drecksloch und dachte: Ja – hier soll mein Geld begraben werden.«

Das Deutschlandhaus nebenan schrieb bald nach seiner Eröffnung Fernsehgeschichte. 1937 zogen die technischen Anlagen des Fernsehsenders »Paul Nipkow« von der Rognitzstraße 8 an den Adolf-Hitler-Platz. In der Kaiserdamm-Nebenstraße war im März 1935 der erste regelmäßige Fernsehprogrammdienst der Welt gestartet (täglich von 20.30 bis 22 Uhr). Im Deutschlandhaus wurde das Experiment technisch verbessert, bald konnte man ein sechsstündiges Programm ausstrahlen. 1943 wurde der Sender der Reichspost, der im Turm des Amerikahauses installiert war, durch Brandbomben zerstört.

1954 kaufte der SFB das Deutschlandhaus für 4,2 Millionen Mark. Die Fernsehabteilung richtete zunächst drei kleine Studios ein. Am 1. September 1958 hatte dort die »Berliner Abendschau« Premiere. 1970 zog der Sender quer über den Platz ins neue SFB-Fernsehzentrum. Nachmieter wurde für viele Jahre die Stiftung Deutsche Kinemathek. Heute findet man Büros im Deutschlandhaus, die meisten gehören der HDI-Versicherung, im Erdgeschoss Discounter und Möbelmarkt. Nebenan entstand 1962 nach Plänen von Werner Düttmann das sechsstöckige »Edinburgh House«. Gebaut im Auftrag der Senatsverwaltung für Bau- und Wohnungswesen für Beamte der britischen Militärregierung. Heute ein Studentenwohnheim. Die englische Vergangenheit ist noch allgegenwärtig. An den Wänden liest man Hinweise wie »Toilets« und »Telephone«. Im Keller steht neben einer Tischtennisplatte eine rote Londoner Telefonzelle. Im zweiten Stock geht es zu den »Second Floor Suites« und durch den hinteren Ausgang zum »Carparking«. Von dort gelangt man zur Thüringer Allee und dem alten Krankenhaus. Um 1900 als Garnisonslazarett errichtet, mit Krankenblock, Wirtschaftsgebäude und Leichenhaus. 1926 wurde es zum katholischen St.-Hildegard-Krankenhaus. Hildegard von Bingen stand Patin. Die Klinik schloss 1998, heute nutzt die Messe die Gebäude. Am Ende der Thüringer Allee spüre ich alten Sportstätten nach. Um 1920 hatte der Berliner Schlittschuhclub das Areal erworben. Man spielte Tennis und Schach, es wurde gefochten, und im Winter gab es eine Eisbahn. Heute endet die Neugier an der Schranke des »International Club Berlin«, der sich auch »Urban Country Club für sportliche Kosmopoliten« nennt. Ich plaudere mit der Dame am Empfang. »Schöne Tennisplätze haben Sie hier.« – »Ja, neuerdings auch eine Golf-Lounge.« – »Was Sie nicht sagen. Man kann

Abschläge machen am Theo?« Sie nickt und lacht. Die Kosmopoliten stehen unter der Schirmherrschaft des Prinzen von Wales, erfahre ich noch. So ist schließlich die Verbindung des heutigen Königs von England mit dem Kaiserdamm gelungen. *I am amused.*

Westlich an das Amerikahaus grenzte früher das »Berliner Kindl-Bräu am Reichskanzlerplatz«. Das Gebäude an der Heerstraße 3 ist erhalten, steht aber leer. Als das Bier noch floss, ließ Inhaber Wilhelm Klemke für bestimmte »Events« am Kaiserdamm 75 Ansichtskarten drucken. Auf der Bildseite Biersaal, Raffgardinen und Aussichtsterrasse. Auf der Rückseite ein Werbetext. Zum 5. Februar 1931 hieß es beispielsweise: »Am Donnerstag Schlachtefest im Kindl-Bräu am Kaiserdamm. Original Bayrische Bauernkapelle. Ich würde mich freuen, auch Sie und Ihre Angehörigen begrüßen zu können. Hochachtungsvoll.« Der Flachbau überstand den Krieg, Klemke bekam im November 1945 auch wieder die Betriebserlaubnis. Als angebliches SS-Mitglied wurde er jedoch denunziert, bedroht und mehrfach verhaftet. 1947 nahm er sich das Leben, und seine Frau Else führte den Betrieb weiter. Der Traditionsname »Kindl am Reichskanzlerplatz« blieb auch 1963 erhalten, als der Platz zum Theo wurde. Der letzte Besitzer Karl Friedrich Wollank schenkte bis zur Schließung Ende der 1960er-Jahre Helles, Pils und Bockbier aus, das kleine Glas zu 50 Pfennig. Dazu gab es deftige Kost. Bockwurst, Fleischsalat, Gulaschsuppe und für drei Mark die »Spezial Kindl Gurke«, gefüllt mit Schabefleisch.

Was war eigentlich die Spezialität in »Joe's Bierhaus«? Zunächst der Slogan, mit dem seit 1974 geworben wurde: »Wir um 30«. In den 1970ern soll David Bowie einmal im Bierhaus gewesen sein. Gut möglich, 1977 wurde Bowie 30 und lebte in Schöneberg. In den 1980ern gastierten Beat-Legenden wie die »Lords« und »Pretty Things« am Theo. Mit meinem Freund Stephen sah ich dort die »Tremeloes«. Wir merkten uns die Akkorde von »Silence is Golden« und tranken Brause im Bierhaus. Stephens Gitarrenlehrer spielte bei »Petticoat«, damals die Lokalmatadoren am Theo. Joe hieß in Wahrheit gar nicht Joe, sondern Detlef, Nachname Gerhardt. Nach zwei Jahrzehnten in Berlins oberster Livemusik- und Gastroliga ging sein Bierhaus-Imperium nach der Wiedervereinigung langsam in die Binsen. Steigende Mieten überall. Am Theo zog ein Steakhaus ein. Mit Bier und Beat war Sense und die Stammgäste längst über 50.

Im Dezember 2022 speiste ich nebenan. Viertel-Ente mit Rotkohl in »Joes Wirtshaus«. An der Wand ein altes »Joe«-Logo, dazu Emailleschilder von Brauereien. Schönheitsfehler: Aus dem Zapfhahn kommt Hacker Pschorr aus München. War Joe nicht ein Engelhardt-Mann? Ein Fall für die Facebookgruppe »West-Berlin« von Biggi Schulz. Unter dem Stichwort »Joe's Bierhaus« laufen Erinnerungen ein. »Schöne Stunden dort verbracht. Manchmal bis zum Frühstück ab 9 Uhr«, schreibt Olaf. Klaus erinnert sich an Pete Wyoming Bender und zeigt einen Original-Bierdeckel. Dietmar fragt: »Gab's schon vor der Wende in West-Berlin Ü30-Partys?« Prompt die Antwort. Joe war eine einzige Ü30-Party. Matthias merkt noch an: »Ich meine mich zu erinnern, dass man bei Joe erst ab 21 reingelassen wurde.« Nein, nein, werfe ich ein. Stephen und ich waren 15 und sahen auch keinen Tag älter aus.

Bemerkenswert ist das Haus, in dem sich das Bierhaus befand. Ein prächtiger Gebäudekomplex, vor 110 Jahren errichtet von den Kaiserdamm-Architekten Heidenreich und Michel. Lange vor Joe servierte das vornehme »Reichs-Café« im Untergeschoss Baumkuchen und Bohnenkaffee. In den

1930er-Jahren wurde daraus das »Café Stadion«, mit Clubsesseln und Kaminzimmer. Inhaber Max Dywicki betonte in einer Anzeige: »eigene Konditorei und Versandgeschäft«. Die Stuckdecke hat sich bis heute erhalten. Richard Strauss ist am Haus eine Gedenktafel gewidmet. Der Komponist wohnte hier von 1913 bis 1917, mit seiner tonangebenden Frau Pauline de Ahna und ihrem gemeinsamen Sohn Franz, genannt Bubi. In der Zwölfzimmerwohnung im vierten Stock komponierte Strauss die Opern »Die Frau ohne Schatten« und »Ariadne auf Naxos« – und verlor ein Vermögen. Der Komponist, den man den »zu allen Zeiten Zeitgemäßen« nannte, hatte das ab 1911 mit dem »Rosenkavalier« verdiente Geld bei der Bank von England deponiert. Nach Ausbruch des Weltkriegs wurde es als »Feindvermögen« konfisziert.

Ein anderer bedeutender Komponist lebte ab 1930 ganz in der Nähe, am Karolingerplatz 5a. »Sie kennen mich nicht, aber Sie haben schon viel von mir gehört.« Mit diesen Worten stellte sich Werner Richard Heymann gern vor. Und wie recht er hatte! Die bekanntesten Schlager der frühen Tonfilmzeit stammen von ihm. »Liebling, mein Herz lässt dich grüßen«, »Ein Freund, ein guter Freund«, »Das gibt's nur einmal«, »Irgendwo auf der Welt gibt's ein kleines bisschen Glück« und viele Ohrwürmer mehr. Im April 1933 verließ Heymann sein Haus und flüchtete ins Exil. Mit zwei Koffern, 600 Mark in der Tasche, über das Saarland nach Paris.

Zuvor hatte die Ufa ihrem erfolgreichsten Komponisten wegen seiner jüdischen Abstammung gekündigt. An der Unsterblichkeit seiner Kunst änderte sich dadurch nichts. Am Haus in Westend erinnert seit 2008 eine Gedenktafel an Werner Richard Heymann. Aufgehängt 75 Jahre nach seiner Vertreibung aus der Stadt und 47 Jahre nach seinem Tod 1961.

Die Kaiserdamm-Gegend ist nur scheinbar arm an historischen Ereignissen. Sie sind nur oft nicht bemerkt oder selten erzählt worden. Bei meinem Historiker- und Journalisten-Kollegen Sven-Felix Kellerhoff las ich: »In den letzten beiden Jahren des Rechtsstaates in Deutschland ging also Hitler ein und aus in der großen Wohnung am Reichskanzlerplatz. Und hier saßen der NSDAP-Chef und seine Getreuen auch am Abend des 29. Januar 1933, als noch keineswegs klar war, dass am nächsten Vormittag tatsächlich das erste Kabinett Hitler vereidigt werden würde. (…) Am Reichskanzlerplatz begann Hitlers Reichskanzlerschaft – und damit die düsterste Phase der deutschen Geschichte.«

1929 hatte Magda Quandt, nach der Scheidung von ihrem schwerreichen Mann finanziell versorgt, eine große Wohnung am Reichskanzlerplatz 3 angemietet. Ende 1931 heiratete sie Goebbels, der sogleich bei ihr einzog. Seit dieser Zeit war Hitler oft zu Gast. Eine Aufnahme zeigt ihn 1932 neben einem Flügel stehend, an dem Ernst Hanfstaengel spielt. Görings Wohnung am Kaiserdamm 34 war in wenigen Fußminuten erreichbar. Zehn Tage vor der »Machtergreifung« notierte Goebbels in sein Tagebuch: »Bei Göring. Schöner Abend. (…) Erinnerungen ausgetauscht. Hitler sehr witzig. Wir lachen uns bucklig. Bis nachts um 5 Uhr hocken wir zusammen.« Ganz sicher wusste die versammelte Naziführung, dass am Reichskanzlerplatz 4 zur selben Zeit der Vizekanzler und Finanzminister im Kabinett Brüning wohnte. Hermann Dietrich war maßgeblicher Mitgestalter von Brünings Deflationspolitik, deren katastrophale wirtschaftliche Auswirkungen die Wählermassen in Hitlers Arme trieb.

Durch die Hoffenster schaute man aus der Goebbels-Wohnung hinüber zur Hölderlinstraße 11. Dort lebten zur selben Zeit zwei bedeutende Künstler. Zum einen die 1914

Adolf Hitler zu Gast bei Goebbels' am Reichskanzlerplatz 3

geborene Schauspielerin Lilli Palmer, geborene Peiser. Sie war im Haus aufgewachsen, als Tochter eines erfolgreichen Charité-Arztes. Wie meine Großmutter Feodora besuchte Lilli die höhere Waldschule. Sie war eine sehr talentierte Tischtennisspielerin und verknallt in ihre Lehrerin, Fräulein von Prusenowski. Ihre Schwärmerei ist in Palmers Erinnerungsbuch »Dicke Lilli, gutes Kind« schön beschrieben. Meine Großmutter notierte: »nett zu lesen« auf das Vorblatt der Erstausgabe. »Prusi« mochte sie nämlich auch. Lilli Palmer konnte Deutschland 1933 verlassen und wurde ein Weltstar. Ein Nachbar war der Fotograf Erich Salomon. Mit Ermanox und Leica fing er im politischen Tagesgeschäft Situationen ein, die man nie zuvor gesehen hatte. Fünf kurze Jahre war Salomon ein Star unter den »Bildjournalisten« (den Begriff erfand er selbst). Ein bekanntes Fotobuch von Salomon trug

1931 den Titel »Berühmte Zeitgenossen in unbewachten Augenblicken«. Am 30. Januar 1933 hielt sich Salomon in den Niederlanden auf und fuhr nicht mehr zurück nach Berlin. Nach der Besetzung durch die Wehrmacht musste die Familie Salomon untertauchen, wurde jedoch verraten. Erich Salomon, seine Frau Maggy und ihr jüngerer Sohn Dirk wurden 1944 nach Auschwitz verschleppt und ermordet. Hitler, Goebbels, Göring, Dietrich, Palmer und Salomon, nur getrennt durch den Hof zwischen Reichskanzlerplatz und Hölderlinstraße.

Am 21. April 1933 erfolgte die Umbenennung in Adolf-Hitler-Platz, eine Art Geburtstagsgeschenk und nicht ohne politische Logik. Das Amt des Reichskanzlers hatte ausgedient, ebenso wie die Republik. Nun herrschte in Deutschland der »Führer«. Die Platzwahl war nur eine Zwischenlösung. Der Germania-Plan sah einen Adolf-Hitler-Platz südlich der »Großen Halle« vor. Seinen Platz in Westend wollte der »Führer« dem »Duce« überlassen.

Am 27. September 1937 rollten zwei Sonderzüge aus Essen im Bahnhof Heerstraße ein. In dem einen Hitler, im anderen Mussolini. Hitlers Zug kam einen Moment früher an, sodass er quer über den Bahnsteig eilen konnte, um den italienischen Diktator zu begrüßen. Der Bahnhof war mit Kränzen dekoriert, Menschen standen jubelnd Spalier, es ertönten »Duce, Duce«-Rufe. »Zwei Henker treffen sich in Berlin« – Antifaschistische Flugblätter mit dieser Aufschrift kursierten an diesem Tag. Die Henker schritten zunächst vor dem Bahnhof eine Ehrenkompanie ab. Dann stiegen sie um 17.45 Uhr in Mercedes-Wagen, fuhren den Kaiserdamm hinunter und weiter zur Reichskanzlei. Die Straße war herausgeputzt wie nie zuvor und nie danach. Zeitungen berichteten seit Tagen von der »Festausschmückung«. Der Kaiserdamm spielte an diesem Tag die Rolle, welche ihm das Dritte Reich zugewiesen hatte. In Hitlers Augen war die Inszenierung so gelungen, dass Pläne gefasst wurden, künftig alle Staatsgäste am Kaiserdamm zu empfangen. Der Bahnhof Heerstraße sollte zum »Mussolini-Bahnhof« werden.

Die geplante Neugestaltung des »Mussolini-Platzes« sah ein turmartiges Monument auf dem höchsten Punkt der Ost-West-Achse vor. In seinen Dimensionen ein Pendant zur Siegessäule. Rund um die Platzmitte zwei halbkreisförmige, zehn Meter hohe Bogenreihen. Ihre Funktion war es, den Blick auf die neusachlichen Bauten abzuschirmen. Der Verkehr sollte zwischen den Bögen direkt über den Mussolini-Platz führen. Die Pläne sahen einen neuen Bahnhof mit zwei Mittelbahnsteigen und vier Gleisen vor, die U-Bahn sollte unter der Heerstraße bis zur geplanten Hochschulstadt in Pichelsdorf verlängert werden. 1939 begonnene Arbeiten wurden nach Kriegsbeginn wieder eingestellt, die Tunnelvortriebe vergessen. Ihretwegen kam ich einmal zu spät zur Schule. In der Nacht war ein parkendes Auto in einen solchen Schacht eingebrochen. Dieses Spektakel war mir am Morgen wichtiger als Latein.

Ein Duce-Turm blieb dem Platz erspart. Ebenso ein Fernsehturm, der einmal für ihn vorgesehen war. Seit den 1950er-Jahren gab es zwischen Ost- und West-Berlin einen Wettlauf zum Fernsehturm. Auf Ostseite war zunächst der Volkspark Friedrichshain als Standort vorgesehen, später die Müggelberge und der Alexanderplatz. Für das westliche Turmbauprojekt wurden Bahnhof Zoo, Scholzplatz und das Olympiastadiongelände ins Auge gefasst. 1958 schlug SFB-Intendant Walter Geerdes einen 250 Meter hohen Fernsehturm auf dem Reichskanzlerplatz vor. Die Alliierten sahen darin jedoch eine Beeinträchtigung des Flugverkehrs und winkten rasch ab. Das Turmduell entschied Ost-Berlin 1969 mit der Einweihung des Fernsehturms zwischen Marienkirche und Alex.

Um die Gestaltung der Platzmitte gab es nach dem Krieg viel Streit. Einig war man sich darin, dass der Platz unter seinen Möglichkeiten blieb. Als 1984 die 70 Parkplätze auf der Mittelinsel verschwinden sollten, entbrannte eine Debatte um die Zukunft des Ortes. Er galt als verwahrlost und war es auch. CDU-Baustadtrat Wolfgang Antes wünschte sich einen Park auf dem vom Verkehr umtosten Theodor-Heuss-Platz. Geschäftsleute sahen in dem 1,2-Millionen-Projekt und im Verschwinden der Parkplätze einen »wirtschaftlichen Wahnsinn«. Irmin Burdekat, damals Chef von Joe's Bierhaus, forderte stattdessen die Aufstellung einer 50 Meter hohen Donald-Duck-Figur. Das würde den Theo weltweit in die Schlagzeilen bringen, außerdem solle man für die Vernunft der CDU-Politiker beten. Der Umbau mit Begrünung begann erst 1989 und blieb halbherzig.

Drei Dinge sind heute auf der Mittelinsel bemerkenswert. Erstens die öffentliche Toilettenanlage. Angeblich eine der beliebtesten Sexklappen der Stadt, wie ein Online-Portal behauptete. Zweitens die Ewige Flamme, die dort seit 1955 leuchtet. Ursprünglich sollte sie nur bis zur Wiedervereinigung brennen. 1990 erfolgte jedoch eine Umwidmung zu einem Denkmal für die Opfer von Flucht und Vertreibung. Am 30. September 2022 löschte die Gasag die Flamme. Als Grund wurden zahlreiche Bürgerbeschwerden über Gasverschwendung genannt. Es waren tatsächlich nur drei, wie ich herausfand und in einem Artikel beschrieb. Die Regierende Bürgermeisterin Franziska Giffey las ihn und ließ den Vorgang prüfen. Das Ergebnis war am 12. Oktober die Meldung: »Giffey macht die Ewige Flamme wieder an«. Die Regierende erklärte: »Gerade vor dem aktuellen Hintergrund der

Bombardierung von Kiew darf man sich von solchen Symbolen nicht verabschieden. Berlin ist die Stadt der Freiheit und muss Flamme zeigen.« Bemerkenswert ist drittens: der Blaue Obelisk. Ein Werk von Hella Santarossa.

Die Künstlerin kommt zu unserem vereinbarten Treffen mit dem Auto und parkt mitten auf dem Theo. Quittengelbe Baskenmütze, enges Kostüm, funkelnde Augen. Sie schaut sich an ihrem Obelisken um und scheint zufrieden. »Sieht heute gut aus, war schon anders.« Selbst in Westend gibt es Vandalen. Santrossa stammt aus einer Unternehmerdynastie. Glasmalerei Derix aus Kaiserswerth, 1910 ernannt zur »Päpstlichen Hofglasmalerei«. Für die Kunst nahm Hildegard Derix ihren Künstlernamen an, der Familie wegen. 1973 ging sie zum Studium nach Berlin, wurde HdK-Meisterschülerin. Kunstrichtung Cross Art, Freie Malerei, Experimentalfilme, Performance – und immer wieder: Glas. Hella Santarossa greift in ihre Tasche und gibt mir eine Scherbe blauen Glases in die Hand. »Solch mundgeblasenes Antikglas verwendeten wir für den Obelisken.« Die Texte schrieb sie vor dem Einbrennen mit Wachs darauf. Das Werkzeug dazu entwickelte sie selbst, ebenso den Kleber, um die Flächen rahmenlos zu verbinden (»Es sollte nicht aussehen wie blaue Fensterscheiben«). Ich gestehe ihr, dass ich Jahre brauchte, um den Obelisken zu mögen. »Kritik gab es viel«, sagt sie gelassen. Der Weg zum Kunstwerk auf dem Platz war lang und alles andere als leicht.

Für die höchste Anhöhe von Westend gab es eine Reihe monumentaler Pläne: Bavaria, Bismarck-Säule, Mussolini-Denkmal, Fernsehturm – alles nie gebaut. Hella Santarossa sagt: »Ich bin die Erste, die es geschafft hat.« Sie lächelt, und ihre Augen strahlen. Starke Frau? Feministin? Ich spreche sie gar nicht auf solche Selbstverständlichkeiten an. Einmal hat sie öffentlich dem Beuys die Meinung gegeigt, so bekam der große Star der Szene wenigstens einmal sein Fett weg. Sie erzählt es und lacht mit allen Sinnen. War der Standort Theo Zufall, frage ich. Nein, sie kennt die Kaiserdamm-Gegend seit Urzeiten, lebte und arbeitete in der Danckelmannstraße. »Nachts Schwimmen am Teufelssee, mit einem in der Krone.« Ich muss schmunzeln, denn das haben wir auch gemacht. Acht Jahre hat sie für ihren blauen Obelisken gearbeitet und gekämpft. Kämpfen müssen. Eine runde Million musste her, ein Drittel davon besorgte sie selbst. Dazu Verhandlungen mit dem Senat, dem Bezirk, Anwohnern und Geldgebern. Vier Aktenordner voll. Der Arbeitstitel lautete 1986 noch »Glasnost Obelisk«. Bis zur Fertigstellung hatte sich die Welt 1989 gedreht, und so hieß er zur Eröffnung 1996 schlicht »Blauer Obelisk«.

Mich nahmen schließlich die Texte auf dem Glas für das Kunstwerk ein, berichte ich. Das ganze Leben des Platzes und seiner Umgebung und seiner Menschen in Zitaten. Von Tucholsky und Döblin bis zu Teufeln wie Hitler, Goebbels und Göring. »Mit den Texten fing es an«, erklärt mir Hella Santarossa. »Es war ein langer Prozess, ich musste viel zusammentragen. Dazu fragte ich Freunde in aller Welt, damals noch via Fax.« Die Texte beginnen bei Königin Hatschepsut im alten Ägypten und enden im Berlin der 1990er-Jahre. »Es gibt verschiedene Sprachen und verschiedene Ebenen«, sagt die Künstlerin. Der Bezirk wollte auf dem Platz eigentlich nur einen Brunnen, oder? »Ja, aber ich einen Obelisken in sieben Stufen.« Warum sieben? »Magische Zahl! Wir müssten eigentlich mal rein«, sagt sie. »Aber ich habe keinen Schlüssel dabei.«

Jetzt nieselt es, und der Wind pfeift, wir vertagen uns in ein Café. Ihr Wagen bleibt wie selbstverständlich mitten auf dem Platz stehen. Dort wird gerade an Wasserrohren gear-

Künstlerin Hella Santarossa vor ihrem Obelisken

beitet, denn der Brunnen soll sprudeln und das Licht wieder angehen. Für die eigentliche Vision von Hella Santarossa. Den Obelisken als uraltes Symbol, aber nicht in tumbem Stein, sondern aufgelöst in Glas und Licht. Wir sitzen uns gegenüber. Ich trinke Kaffee, sie Tee mit Milch. Wir reden über Kunst und Leben, Dichtung und Wahrheit. Der Obelisk gefällt mir dabei immer besser. »Der wilde Trieb und die päpstliche Hofmalerei« heißt eine Monografie, die sie mir zum Abschied in die Hand drückt. Auf dem Heimweg in der Bahn lese ich darin und staune. Wen habe ich da gerade getroffen? Eine ewigjunge Ewigwilde, die auf dem Theo die Mitbewerber aller Zeiten in die Tasche steckte.

Vom Obelisken blickt man weit nach Westen Richtung Spandau. In der Kaiserzeit stand man hier am Rand des Grunewalds. Es gab fast keine Bebauung, nur einige Ausflugslokale. Etwa vor der Württembergallee den »Waldkrug«, eine

Stehbierhalle, die böhmisches Bier ausschenkte und sich als »Station für Radfahrer« anpries. An der Ecke Badenallee war der »Karolinger Garten«, beschattet von mächtigen Kastanien. Am 22. Mai 1912 schickten Erika und ihre Freundinnen Wally und Hertha eine Ansichtskarte nach Potsdam: »Liebe Mama! Senden Dir einen Gruß von der Landpartie. Wir amüsieren uns famos.« Wohlgemerkt: Ein Ausflug zum kürzeren Ende des Kaiserdamms galt als Landpartie. Carl Görke hieß der Waldhaus-Wirt an der Ecke Bayernallee. Er warb mit dem Hinweis, dass seine Gastwirtschaft an der Endstation der Untergrundbahn lag. Mit der U-Bahn aufs Land, wo gibt's denn so was?

Erst der Ausbau der Ost-West-Achse in den 1930er-Jahren beendete die Waldeinsamkeit. Auf der Nordseite der Heerstraße sind die Hausnummern 12 bis 20 heute unschwer als Verwaltungsgebäude der Nazizeit erkennbar. Das ehemalige Grundstück Kaiserdamm 45/46 wurde 1939 von der NSDAP erworben und der Karolinger Garten abgerissen. Der östliche Gebäudeteil war seit Januar 1941 Dienstgebäude der Reichsjugendführung (RJF) der Hitlerjugend. Der letzte Reichsjugendführer Arthur Axmann schickte bis zuletzt Kinderbataillone in den »Endkampf«, auch am Kaiserdamm. Nach dem Krieg zogen Dienststellen des Senats und Bezirksamtes ein. Heute findet man dort ein Bürgeramt und im Keller die Bücherbörse eines psychosozialen Trägers.

Zwischen Württembergallee und Badenallee ein fast baugleiches Gebäude. Ende der 1930er-Jahre befand sich dort Berlins Schultheiss-Zentrale mit angeschlossener Restauration »Schultheiss am Kaiserdamm« im Erdgeschoss. Die schmale Terrasse, die man auf dem Umschlag dieses Buches sieht, ist bis heute erhalten. Jenseits der Verwaltungsgebäude beginnt eine ganz andere Heerstraße. Man entdeckt eine

Die drei goldenen Kugeln am Tor der Freimaurervilla

Landhausvilla, davor drei goldene Kugeln am Tor. »Große National-Mutterloge zu den drei Weltkugeln« steht auf einem Schild. Es ist ein Logenhaus der Freimaurer. Klingt geheimnisvoll, und weil das Tor sperrangelweit offen steht, gehe ich hinein und drücke an der Villa auf die Klingel. Ein Herr öffnet und fragt, was ich wünsche. Ich habe mir eine kleine List vorgenommen. »Am Tor steht Freimaurer-Museum. Ist das öffentlich? Kann ich es besuchen?« Der Herr lächelt. »Nein, nicht wirklich öffentlich, aber ich zeige es Ihnen.« Dann bittet er mich hinein. So sehe ich, was mich in Wirklichkeit interessiert: die hochherrschaftlichen Räume der Villa. Die Diele ist ein ovaler, holzgetäfelter Traum, von dem sagenhaft große Gesellschaftsräume abgehen. Dazu makelloses Fischgrätparkett auf allen Böden und ein kunstvoll restauriertes Treppenhaus. Der Kaufmann Max Feldheim ließ sich diese Villa 1924 erbauen, damals am Kaiserdamm 55. Die Freimaurer zogen erst 1958 ein. Im Kellergeschoss ist eine historische Vitrinenschau des Logenhauses untergebracht – das besagte Museum. Bei einem Rundgang macht mich der Herr mit den Grundzügen des Freimaurertums bekannt. Hinter Glas sehe ich »Schürzen« für Lehrlinge, Gesellen und Meister, Hämmer, Kanonen-Gläser, Abzeichen, Urkunden und Bilder. 1740 wurde die Berliner Loge »Aux trois Globes« von Friedrich dem Großen gestiftet. In der Villa ist der Preußenkönig auf Gemälden und Büsten allgegenwärtig. »Sie haben ja gar keine Geheimnisse«, sage ich. »Stimmt«, sagt mein freundlicher Gastgeber, führt mich zur Tür und lächelt. Bin ich nach all dem schlauer? Ich weiß es nicht. Ich weiß es wirklich nicht.

Nach rechts geht es weiter bis zur Ampel. Dort, wo ich als Schüler morgens links zur Waldschule abbog. Teufelsseestraße. Mittags mit dem Rad wieder zurück zum Kaiserdamm. Einmal bemerkte ich auf dem Nachhauseweg im Herbst 1985 eine Wagenkolonne. Ich hielt an, stieg ab und sah zu einer Limousine. Die Fenster waren heruntergelassen, und im Wagen erkannte ich Prinzessin Diana. Ich winkte ihr zu, Lady Di winkte zurück und lächelte. Unsere Augen verloren sich auf dem Kaiserdamm. Ich war 16 Jahre alt, unsterblich verliebt und bereit für ein Leben, das nur in einer Stadt wie Berlin möglich ist.

Dank

Die Menschen am Kaiserdamm sind nicht meiner Fantasie entsprungen. Sie haben gelebt, sie leben am Kaiserdamm! Als Autor danke ich allen, die mir vertrauensvoll ihre Geschichten schenkten. Wo ich aufwuchs, am Kaiserdamm 27, wurde ich von Sibylle Korbmacher und Lilli Brandies überaus herzlich empfangen, ebenso von Henri Brandies und seiner Familie in »meiner alten Wohnung«. Ganz besonderen Dank für Gespräche, Mitteilungen und Dokumente schulde ich Jan Balster, Saskia Bontjes van Beek, Mareike Biggam, Henrik Burchard, Peter Carstensen, Familie Döring, Heinz-Peter Dragoner, Dieter Drost, Irene Fritsch, Monika Gerlach, Cornelia und Bernd Greve, Antje Hamilton, Christine Kahlau, Katja Kintzel, Andreas Köhle, Sooki und Matthias Koeppel, Christian Kratzer, Evelyn Lazar, Betty Lensch, André Lieske, Michaela Medrow, Joachim Mielke, Gert Möbius, Corinna Neuhaus, Kerstin Ratajski, Leibl Rosenberg, Hella Santarossa, Ellen Schikora, Stefan Schomerus, Sylvia Schulze, Thomas Stenzel, Ina Weiß, Horst Weyers, Judy Winter, Ulli Zelle sowie Peter und Ulrike. Wesentliche Erkenntnisse verdanke ich dem leidenschaftlichen Team der historischen Charlottenburger Magistratsbibliothek (VIZ). »Hier fällt immer etwas ab«, sagte mir Stefan Knobloch. und dies bestätigte sich bei jedem Besuch. Das Museum Charlottenburg-Wilmersdorf stellte Archivschätze zur Verfügung, ebenso das Geheime Staatsarchiv Preußischer Kulturbesitz. Ich danke dem Verleger Dr. Dirk Palm für das Vertrauen und den

Mut, dieses extravagante Buchprojekt zu realisieren, Tanja Krajzewicz für das zuverlässige, ungewöhnlich kluge Lektorat. Meine lebenslangen Freundinnen und Freunde wissen am allerbesten, was mir der Kaiserdamm bedeutet. Michaela vor allem und Ilka, Gummel, Michael, Jens und Marcus. Meinem Cousin Stephan danke ich für unseren Auftritt in der Diele anlässlich der Silberhochzeit meiner Eltern. Ich trug einen Minirock und war geschminkt wie Nina Hagen. Meiner Schwester Mailin danke ich für die anregende Durchsicht des Textes und die Überlassung des Herrenzimmers. Ohne meine Frau könnte ich kein Buch in die Nachwelt entlassen. Der Kaiserdamm ist unsere gemeinsame, altvertraute Heimat. Susanne begleitete das Manuskript seit Anbeginn. Erst durch sie fand dieser Bericht den richtigen Ton.

Und ja, meine Straße hat eine Seele. Am Morgen nach dem Mauerfall 1989 fiel ich am Kaiserdamm 27 todmüde in mein Bett. Ich war 20 Jahre alt, hatte stundenlang mit wildfremden Menschen gegrölt und getrunken, gelacht und geweint. »Wahnsinn, Wahnsinn!« So aufregend die Nacht voller Weltbedeutung war, der Kaiserdamm schenkte mir damals den Schlaf. Heute träume ich manchmal vom Kaiserdamm. Geliebte Menschen, Zimmer und Zeiten verschwimmen. Glückliche Träume sind in der Überzahl. Dieses Buch möge die Erinnerung an Christa und Joachim Ohmann bewahren, meine geliebten Eltern. Widmen möchte ich die Spurensuche meiner Tochter Elisa. Möge dir das Leben und die Liebe leicht werden, die Sehnsucht nicht zu schwer und das Abschiednehmen erträglich. In der Linde vor dem Haus Nummer 27 singt eine Amsel. Du musst am frühen Morgen hin, um ihr zu lauschen. Sie singt von mir und allen Menschen, die hinter diesen Fenstern lebten, leben und leben werden. Darum klingt dir ihr Lied so geheimnisvoll – und so vertraut.

Anmerkungen

Einleitung: Vor der Flucht aus Berlin im Frühjahr 1933 verabschiedeten sich die Kinder der jüdischen Familie Kerr, Michael und Judith, Raum für Raum von ihrer Wohnung in der Douglasstraße 10. Originaltitel »When Hitler Stole Pink Rabbit«, Übersetzung von Annemarie Böll, Ravensburg 1973, Zitat S. 24.

Wohnung: Hertha-Spiel am 5. 11. 2022 · Der Charlottenburger Bürgerbrief meiner Familie datiert auf den 24. Januar 1831. Voraussetzung für das Bürgerrecht war Grundstücks- bzw. Hausbesitz. · Die Ausfahrt »Kaiserdamm Ost« heißt heute »Kaiserdamm Süd«. · Den Auktionskatalog Ribbert bewahrt die Unibibliothek Heidelberg, den Katalog N.O. fand ich in der Kunstbibliothek Berlin. · Das Wohnsitzzitat stammt aus einer Zeitungsannonce, vermutlich »Berliner Lokalanzeiger«. · Zur Wirtschaft vgl. Hans-Ullrich Wehler: Deutsche Gesellschaftsgeschichte III, München 1995, S. 608 f. · Zu Wilhelm und Wilhelminismus vgl. Hagen Schulze: Kleine Deutsche Geschichte, München 1996, S. 141 ff. · Zu Wohnverhältnissen vgl. Jörg Vögele: Sozialgeschichte städtischer Gesundheitsverhältnisse während der Urbanisierung, Berlin 2001, S. 232. · Zitat aus »Köllnische Zeitung« 8. 10. 1912.

Balkon: Zur Entstehung des Kaiserdamms vgl. Wilhelm Gundlach: Geschichte der Stadt Charlottenburg, Berlin 1905, S. 550–553; Ural Kalender: Die Geschichte der Verkehrsplanung Berlins, Köln 2012, S. 142 f. · Personalakte Hercher im Geheimen Staatsarchiv, I. HA Rep. 151 IV, Nr. 522. Hercher war 1928 in die Deutsche Demokratische Partei eingetreten, 1930 wieder ausgetreten. · Herchers erster

Prachtstraßenvorschlag in: »Deutsche Bauwelt« 15 (1898), S. 92f. · Kritik und Lob zu Hercher-Plänen in: »Centralblatt der Bauverwaltung« 31 (1899), S. 187. · Herchers Überarbeitung in: »Centralblatt der Bauverwaltung« 68 (1902), S. 417f. · Weltausstellungspläne 1892, Entwurf Cremer & Wolffenstein im Architekturmuseum der TU, Inv. MK 64-001/2 · Die Bismarckstraßen-Enteignungen meldete die »Norddeutsche Allgemeine Zeitung« am 23. September 1903; Beschwerden in »Berliner Tageblatt« 2.5.1904. · Beratungen der Stadtverordneten-Versammlungen vgl. Tages-Ordnungen sowie Vorlagen und Mitteilungen für die Stadtverordneten-Versammlung zu Charlottenburg, 1897, 22.9.1897, S. 286ff.; 1902, 14.5.1902, S. 243ff.; 28.5.1902, S. 272ff. · Der Kaiser verlieh Charlottenburg am 25.2.1903 per Kabinettsorder das Enteignungsrecht für Grundstücke an der Bismarckstraße. · Zum Holzpflaster vgl. Verwaltungsbericht Charlottenburg 1906, S. 40. · Zum Namen Bismarckstraße äußerte sich Oberbürgermeister Schustehrus am 19.12.1906 in der Stadtverordnetenversammlung. Vgl. Amtliche Berichte über Verhandlungen der Charlottenburger Stadtverordneten, 1906, S. 383; vgl. auch »Berliner Börsen-Zeitung« 7.12.1906 · Zum Wilmersdorfer »Kaiserdamm« vgl. »Berliner Tageblatt« 30.11.1898, 3.12.1898. · A.K.O. vgl. Verwaltungsbericht der Stadt Charlottenburg für das Jahr 1906, S. 19; Charlottenburg hatte Vorschlagsrecht, scheint aber laut Aktenlage nicht davon Gebrauch gemacht zu haben. Hier lag das »Berliner Tageblatt« wohl falsch. · Konrad Haemmerling: Charlottenburg, Berlin 1956, S. 32 · Aufzeichnungen des Patentanwalts Becker im Archiv des Museums Charlottenburg-Wilmersdorf, C452, Nachlass Ute Becker, sowie Sammlung C272. · »Krieg ist aus« in: »BILD« 16.1.1968 · Adenauer-Rede auf einem CDU-Treffen in Dortmund am 13.5.1950 · Adenauer zum Rechtsstatus Berlins in einer Rede vor dem Berliner Abgeordnetenhaus am 11.1.1960, Bulletin 7/60, S. 55 · Straßennamen-Dossier erarbeitet von Felix Sassmannshausen aus Leipzig · Günther-Aquarell im Besitz des Museums Charlottenburg-Wilmersdorf; Max Beckmanns Kaiserdamm-Gemälde in der Kunsthalle Bremen · Eine Auswahl Ansichtskarten im Bildband »Charlottenburg in königlicher und kaiserlicher Zeit« von Clemens-

Maria und Michael Peuser, São Paulo 2004, S. 171 ff. · Louis Held (1996 geboren) veröffentlichte 2022 den Song »Kaiserdamm« (»Ja, ich weiß, morgen Nacht bieg' ich wieder zu dir ab«). · Franz Hessel: Ein Flaneur in Berlin, Berlin 1984, S. 147 · Theodor Mommsen beschrieb den Kaiserdamm bei Schuschtar in seiner Römischen Geschichte, Bd. III, Frankfurt am Main 2006, S. 432. · Goebbels-Ankündigung in: »Berliner Morgenpost« 16.4.1939 · Das Standardwerk zu den Laternen verfassten Klaus Herding und Hans-Ernst Mittig: Kunst und Alltag im NS-System. Albert Speers Berliner Straßenlaternen, Gießen 1975. Darin Beschreibung und Abbildung von Trappens Versuchsmodell: S. 12 f. · Erste Laternen und Kritik dazu in: »Neue Zeit« 9.3.1910 · Völker-Kritik in: »Tagesspiegel« 25.2.2015 · Zum Dauerfestschmuck vgl. Frances Livings: Ephemere Kulträume. Raum und Material nationalsozialistischer Masseninszenierungen 1933–1939. Diss. Hamburg 2003, S. 91 ff. · Zu Arent und Speer vgl. Herding, a. a. O., S. 64. · Hercher-Ordensvorschlag in der Bauakte, a. a. O., S. 105.

Haus: Hans Brennert: Osterspaziergang. Erschienen um 1905 in nicht identifizierter Tageszeitung. Eingesehen im Nachlass. Stadtmuseum Berlin, Theatersammlung · Zitate von Seeling, Gebert und Wolffenstein in der Stadtverordneten-Sitzung vom 12.2.1908, Stenografische Protokolle, S. 96 ff. · Zu den Architekten vgl. Erika Schachinger: Conrad Heidenreich und Paul Michel. Die Architekten des Weinhauses Huth in: Mitteilungen des Vereins für die Geschichte Berlins 4/1998, S. 422–425. · Paul Michel ruht auf dem Friedhof Heerstraße: 16-F-3. · Grundriss-Zitat in: Bauten und Entwürfe der Architekten B.D.A. Heidenreich und Michel, Berlin o.J. (um 1930), S. 3 · Zu Michels Petition vgl. Stadtverordneten-Sitzung vom 9.11.1910, Stenografische Protokolle, S. 411 ff. · Über das Fahrstuhlunglück des Kindermädchens vgl. »Vorwärts« 14.10.1913 sowie »Berliner Tageblatt« 14.10.1913 · Fontanes »Stechlin« erschien 1897. · »Donnerstagsweh« aus dem Ringelnatz-Gedicht »Abschied von Renée«, in: 103 Gedichte, Berlin 1933, S. 58 · Kästner-Zitat in: Gemischte Gefühle. Literarische Publizistik aus der »Neuen Leipziger Zeitung«

1923–1933, Bd. I., Zürich 1989, S. 239 · Zum Kaiserdamm 118 vgl. »Berliner Morgenpost« 16.4.2011 · Pit-Zitat in: »Welt« 26.11.2000 · Das erwähnte Immobilienportal ist konii.de, abgerufen 22.11.2022 · Ernest Bornemann: Die Ur-Szene. Eine Selbstanalyse, Berlin 1977 · Gespräche mit Robert Patzschke 24./26.11.2022 · Stenzel gehört das Haus Bismarckstraße 68, Ecke Windscheidstraße.

Nachbarn: Zu Willy Fritsch vgl. Heike Goldbach: Ein Feuerwerk aus Charme Willy Fritsch: Der Ufa-Schauspieler – Über eine große Filmkarriere in wechselhaften Zeiten, Ahrensburg 2017, sowie Willy Fritsch: … das kommt nicht wieder. Erinnerungen eines Filmschauspielers, Zürich/Stuttgart 1963 · Es existiert ein Widmungsexemplar an Paul Cassirer, in dem Walser auch seine Adresse Kaiserdamm 96 notierte. · Zum Brückenschloss-Neubau vgl. »Berliner Börsen-Zeitung« 14.7.1908. · Man findet den Film von Peter Halter bei »YouTube« und die Firma Halter Spreng- und Umwelttechnik GmbH bis heute in Spandau. · Jens Bisky: Berlin. Biographie einer großen Stadt, Berlin 2019, S. 295 · Iwan Heilbut in: »Berliner Tageblatt« 18.12.1930 · Von der Eishockey-OP berichtete Weyers in der »B.Z.« vom 8.11.2005 · Einige Zitate von Sibylle Korbmacher stammen aus ihren Aufzeichnungen, die sie 2015 zur Geschichte ihres Hotels niederschrieb, die meisten jedoch aus dem persönlichen Gespräch. · Zum Berlin-Tourismus erklärte der Soziologe Hasso Spode im »Tagesspiegel« 11.1.2023: »Der Mauerfall kam zur rechten Zeit. Danach setzte langsam, aber stetig der Tourismus-Boom ein, der bis zur Corona-Pandemie anhielt.« · Um mit Frau Flatow in Kontakt zu treten, half mir die Senatskanzlei. In ihrem Auftrag erscheint die Zeitschrift, und eine Mitarbeiterin leitete einen von mir vorbereiteten Brief nach Südamerika weiter. Das war im November 2022, leider erhielt ich keine Antwort.

Nebenan: Café-Kammann-Zitat in: »Tagesspiegel« 29.12.2002 · Café-Fröhlich-Zitat aus einem Roman von Stefan Holl, in: »BILD am Sonntag« 12.4.1959 · August Horch: Ich baute Autos. Vom Schlosserlehrling zum Autoindustriellen, Berlin 1937, Zitate S. 247f., 298f.

· Michael Bienert: Döblins Berlin. Literarische Schauplätze, Berlin 2017, S. 118f. · Döblins »Ostler«-Zitat in: Schriften zu Leben und Werk, Zürich/Düsseldorf 1986, S. 221 · Glosse über Döblin in: »Bücherwurm« 10.9.1931, S. 290. · Zu Döblin am Kaiserdamm vgl. Wilfried F. Schoeller: Döblin. Eine Biographie, München 2011, S. 370ff. · Döblin zum Donnerstagskreis in: Briefe, Bd. I, Zürich/Düsseldorf 1970, S. 166 · Fluchtepisode zit. nach: Schoeller, a.a.O., S. 401f. · Döblin über sein Leben: »Hier lebten, liebten und litten sie ...« in: »Telegraf« 15.7.1947 · Zu Judy Winters Haus: »Tagesspiegel« 14.6.2009 · Winter-Zitat in: »B.Z.« 10.9.2006 · Die SWR-Sendung wurde am 24.1.2022 ausgestrahlt. · Spiers Merkzettel in: »Berliner Morgenpost« 26.9.2005; geklauter Mercedes in: »Welt« 30.9.2006; zur Wohnung »Berliner Morgenpost« 4.4.2011; Pillau-Zitat in: »Berliner Morgenpost« 26.9.2005 · Spier galt als »Halbjude«, vgl. Wolfgang Spiers Erinnerungen in: »Charlottenburger Welttheater«, Reiner Matzker (Hg.), Berlin 1993. · Alexander Kulpok: SFB mon amour. Die Geschichte des Senders Freies Berlin, Berlin 2019, S. 72 · Zu Walter Cartun vgl. »Hamburger Flimmern« 22/2015. · Damals schrieb ich »Heinz Rühmann und die Feuerzangenbowle. Die Geschichte eines Filmklassikers«. Das Buch erschien 2010; zu Henckels vgl. S. 250–253 · Im Jüdischen Adressbuch von Berlin war Thea Grodtczinsky 1929/30 als Theodora Henckels verzeichnet. · Gründgens-Zitat in: Heinrich Goertz: Gustaf Gründgens, Reinbek bei Hamburg 1982, S. 80, über das Eierkochen: S. 104 · Klaus Mann lässt Hendrik Höfgen im Gründgens-Roman »Mephisto« am Reichskanzlerplatz wohnen. Ausgabe Frankfurt am Main 1981, S. 177. · Goebbels-Tagebücher zitiere ich nach der Ausgabe von Ralf Georg Reuth (Hg.), München 1992. · Guido Altendorf vom Filmmuseum Potsdam dokumentierte Jugos Forderungskatalog. · Zu Hedda Forsten vgl. Kurt Mühsam/Egon Jacobsohn: Wie ich zum Film kam. Lexikon des Films, Berlin 1926, S. 56.

Gegenüber: Döblin zit. nach: Bienert, a .a. O., S. 117, ursprünglich: Kleine Schriften III, Zürich/Düsseldorf 1999, S. 273. Die angesprochene Bauausstellung eröffnete am 9.5.1931. · »Vorwärts«-Lob in der

Ausgabe vom 23.5.1930 · Zu Marlene und Sternberg vgl. vielleicht Oliver Ohmann: Klappe! Eine Geschichte Filmstadt Berlin, Berlin 2022, S. 83 f. · Delschaft als Mitschafferin des Marlene-Typs vgl. »Sirius« 10.5.1933. · Kaiserdamm als Aussichtspunkt vgl. Stefan Loose: Berlin. Ein Handbuch, Berlin 1980, S. 65. · Weltkriegsschaugräben abgebildet in: Stephan Brandt: Berlin-Westend, Erfurt 2009, S. 71 · Huschke zur Hechtsuppe in: »Spiegel« 41/1979 · Hans Borowik zum Boxkampf in: Sportstadt Charlottenburg, 1962, S. 51 · Technische Daten zur Messehalle aus der unentbehrlichen Buchreihe: Berlin und seine Bauten IX (Industriebauten, Bürohäuser), Berlin 1971, S. 27 · Zur Messegelände-Geschichte vgl. Leonie Holz (Hg.): Messestadt Berlin, Berlin 1986. · Die Kaiserdamm-Atmosphäre erwähnt in: »Die Zeit« 26.5.1949 · Einsteins dreiminütige Rede findet man im (kolorierten) Film bei »YouTube«. · Gerhart Hauptmanns Festansprache am 14.5.1932 in: »Um Volk und Geist«, Berlin 1932. · Bericht zur BMW-Ecke in: »Berliner Morgenpost« 28.3.2014 · Zu Fehlern bei Google Maps vgl. »B.Z.« 10.1.2014, sowie »Tagesspiegel 12.2.2014.

Verkehr: Zur Vollsperrung vgl. »Tagesspiegel« 2.5.2023, sowie »B.Z.« 4.5.2023 · Zum U-Bahnbau vgl. Paul Wittig: Zur Eröffnung der Untergrundbahn nach Westend, 1908, sowie Senator für Bau- und Wohnungswesen (Hg.): Berlin baut, Teil 3: S- und U-Bahnanlagen, 1987, S. 23 ff. · Zur Ausrichtung von Charlottenburgs Straßen vgl. Dieter Schütte: Charlottenburg, Geschichte der Berliner Verwaltungsbezirke, Bd. 1, Berlin 1988, S. 11. · Die Bundesstraße 2 (845 km) führt von Mescherin in Brandenburg bis Mittenwald in Oberbayern, die Bundesstraße 5 (555 km) von Ellhöft in Schleswig-Holstein bis Frankfurt/Oder. Auf dem Abschnitt von der Wilhelmstraße in Spandau bis zum Alexanderplatz teilen sie dieselbe Trasse. · Zur Grünen Welle vgl. »Hamburger Abendblatt« 23.5.1956 · Speer zu Unfällen 1936 in: »Völkischer Beobachter« 18.4.1939 · Zur Verkehrsstudie 1992 in: »Taz« 1.6.1993 · Die RBB-Dokumentation »Tag X« von Hans Sparschuh und Rainer Burmeister rekonstruierte die DDR-Pläne zur Eroberung West-Berlins. Erstausstrahlung am 12.8.2010 · Der Anbieter des U-Bahnschilds hieß »epochengut«. · Rosenthal produzierte auch die Serien »Berlin«, »Kurfürstendamm«, »Halensee«, »Bellevue« und »Friedrichstraße«. · Zur ersten Kaiserdammbrücke vgl. Stadtverordnetenversammlung vom 20.4.1904; Verwaltungsbericht 1906, S. 42. · Zum Moscheebauprojekt 1923: https://www.revuederreligionen.de/das-berliner-moscheebauprojekt-von-1923/, abgerufen 11.6.1923. Zitat in: »Berliner Illustrirte Zeitung« vom 2.9.1923 · Zum Stadtautobahn-Deckel: Protokoll IG Kaiserdamm, 9.1.2019, Sitzung vom 5.11.2018 · Die Anagramm-Installation wurde im Zuge des Programms »Aufwertung Berliner Bahnhöfe – ABB« vorgenommen. Die ausführende Firma war »fz-design – Visuelle Kommunikation – Grafik Design«. · Gregor von Zobeltitz: Chronik der Gesellschaft unter dem letzten Kaiserreich, Hamburg 1922, S. 290f. · Rose Austerlitz zit. nach: Klaus Strohmeyer: Berlin in Bewegung, Reinbek bei Hamburg 1987, S. 134 · Zur verrutschen Pickelhaube des Kaisers vgl. Jürgen Meyer-Kronthaler: Berlins U-Bahnhöfe, Berlin 1996, S. 132. · Zu Alfred Grenander vgl. Heiko Schützler: Ein meisterlicher Modernist, in: »Berlinische Monatsschrift« 7-2/2001, S. 103–113. · Sigurd Hilkenbach/Wolfgang Kramer: 125 Jahre Straßenbahnen in Berlin, Düsseldorf 1990 · Zur BVG-Halle Königin-Elisabeth-Straße vgl. Christian Winck: Die Straßenbahn im Bezirk Charlottenburg-Wilmersdorf. 150 Jahre Straßenbahnverkehr in Berlin. 1865 bis 2015, Berlin 2015, S. 177–179. · Ankündigung zum Bau der Straßenbahn am Kaiserdamm in: »Norddeutsche Allgemeine Zeitung« 15.11.1913 · Peter Bley: Berliner S-Bahn, Düsseldorf 1985 · Zum BVG-Start 1945 am Kaiserdamm vgl. Heiko Schützler: Staudamm im U-Bahntunnel, in: »Berlinische Monatsschrift« 10/1998, S. 36. · Heidi Hetzer: Ungebremst leben. Wie ich mit 77 Jahren die Freiheit suchte und einfach losfuhr, München 2018, Zitat S. 357.

Runter: Zu Otto Dix vgl. Anja Walter-Ris: Die Geschichte der Galerie Nierendorf. Kunstleidenschaft im Dienst der Moderne Berlin/New York 1920–1995. Diss. Berlin 2003, S. 142. · Der »Abendschau«-Beitrag von Ulli Zelle wurde am 4. 6. 2023 ausgestrahlt. · Nach Mitteilung von Barbara Dechant bemüht sich das Buchstabenmuseum aktuell um den »Apotheken«-Schriftzug Kaiserdamm 114. · Am Theo sind es 65 Höhenmeter, am Witzlebenplatz 37 laut Topografischer Karte topographic-map.com, abgerufen 25. 1. 2023. · Seifenkisten-Bericht in: »Welt« 17.6.1953 · Die Stöhr-Erbengemeinschaft wollte leider nicht mit dem Autor reden. Eine der wenigen Körbe, die ich mir am Kaiserdamm einfing. Im Haus wurde 2017 die TV-Anwaltsserie »Jenny – echt gerecht« gedreht. · Kummetz war ab 1929 Hockey- und Eishockey-Nationalspieler, in beiden Sportarten wurde er mehrfach Deutscher Meister, als Fachjournalist war er Experte für Pferdesport. Er starb 1990 im Alter von 88 Jahren in Berlin. · Das Haus Kaiserdamm 111 stand nach dem Krieg im Visier der Staatssicherheit. Sie vermutete und überwachte dort in den 1950er-Jahren eine konspirative Wohnung des US-Geheimdienstes. Vgl. BStU-Findbuch zum »Archivbestand 2: Allgemeine Sachablage« des Ministeriums für Staatssicherheit der DDR, AS 275/61. · Lola Landau veröffentlichte 1987 Erinnerungen mit dem Titel »Vor dem Vergessen. Meine drei Leben«. Sie starb 1990 in Jerusalem. Die Ehe mit Wagner wurde 1939 geschieden. · Die Schwarze Liste der NSDAP ist abgedruckt in der Quellensammlung »Schon damals fingen viele an zu schweigen«, Berlin 1986, S. 106f. · Bis 1942 aus jüdischem Besitz enteignet wurden die Immobilien Kaiserdamm 10, 11, 12, 13, 58 und 76. Vgl. Akten Landesarchiv A Pr. Br. Rep. 057 · Gunnar Schupelius berichtete am 6. 3. 2017 in der »B.Z.« über den Raubüberfall bei Dragoner. · Marcel Reich-Ranicki: Mein Leben, Stuttgart 1999, S. 30f. · Zur Baugeschichte Kaiserdamm 1 vgl. Berlin und seine Bauten III (Verwaltung), Berlin 1966, S. 87. · Zitat des Polizeipräsidenten in »Berliner Morgenpost« 5.7.1910.

Am See: Zu Napoleon in Charlottenburg vgl. Marie-Luise Kreuter: Napoleonsburg, in: Geschichtslandschaft Berlin. Orte und Ereignisse, Bd. 1: Charlottenburg, Teil 1: Die historische Stadt, Berlin 1986, S. 45–54. · Die französische Pinte entsprach etwa 1,6 Litern. · Zum Bogenschützen vgl. »Vorwärts« 29. 11. 1921. Lederers »Diana«, die seit 1925 am See stand, wurde ebenfalls eingeschmolzen. · Ludwig

Greve: Wo gehörte ich hin? Geschichte einer Jugend, Berlin 1994 · Bernt Engelmann verarbeitete 1986 die Irrfahrt der »St. Louis« literarisch in »Die unfreiwilligen Reisen des Putti Eichelbaum«. · Irene Fritsch: Leben am Lietzensee. Das Standardwerk zur Lietzensee-Historie liegt in 6., überarbeiteter Auflage (2014) vor. · Zille-Fotos vom Rummelplatz in: Das alte Berlin. Photographien von Heinrich Zille 1890–1910, München 2014, S. 93–127. Das Schützenhaus wurde 1904 abgerissen · Zu Witzleben und den weiteren Eigentümern vgl. Fritsch, a.a.O., S. 21 ff. · Zum Wasserball vgl. »B.Z. am Mittag« 3.8.1920. Es spielten Potsdamer und Spandauer Schwimmvereine. · Zum Volkshaus vgl. Carsten Krohn (Hg.): Das ungebaute Berlin. Stadtkonzepte im 20. Jahrhundert, Berlin 2010. Darin: Friederike Hoeber: Wassili Luckhardt: Volkshaus am Kaiserdamm, S. 44-46 · Jura-Zitat von Heym (29.11.1910) in: Werke III (Tagebücher, Träume, Briefe), 2. Auflage München 1979, S. 152 · Zur Grundbuchakte vgl. Werke VI (Dokumente zu seinem Leben und Werk), München 1968, S. 632. · Den Eistod von Heym und Balcke beschrieb ich in den »Mitteilungen des Vereins für die Geschichte Berlins« 2/2000, S. 49–56. · Schreiben der Ersatzkommission vom 31.10.1911 abgedruckt in: Heym, Werke III, a.a.O., S. 268 · Reich-Ranicki-Zitat in: »Frankfurter Allgemeine« 18.10.2003 · Heyms Grabstelle: HI-6-9/10 · Zur Biografie von Schwester Norberta vgl. Broschüre »100 Jahre Katholischer Frauenbund in Berlin«, Berlin 2009. · Das Tagebuch von Schwester Norberta zit. nach: »Schon damals fingen viele an zu schweigen«, a.a.O., S. 238–243 · Laut Berliner Umweltatlas leben zehn Fischarten im Lietzensee, darunter die stark bedrohte Karausche.

Rauf: Zum Lummer-Wahlkampf vgl. »Welt« 8.10.1999: »Der Heinrich ist wie Juhnke, der wird immer gemocht«. Eisbein mit Kartoffeln und Sauerkraut kostete beim Eisbeinwirt damals 7,50 DM · »Wilhelm II. sah in Hitler seinen Vollstrecker«, Interview mit John Röhl in: »Süddeutsche Zeitung« 4.6.2011 · Hermann Vinke: Cato Bontjes van Beek. Ein Porträt, Zürich 2013. Daraus zitiert auch Mietjes Erinnerungen. Zu Jan und Cato vgl. auch: Stefan Roloff:

Die Rote Kapelle. Die Widerstandgruppe im Dritten Reich und die Geschichte Helmut Roloffs, Berlin 2002. · Cato-Radiofeature in Deutschlandfunk Kultur, Erstausstrahlung am 14. 11. 2020 · Zitat von Giuseppes Mutter in: »Welt« 20. 2. 2012 · Roswitha Quadflieg: Das kurze Leben des Giuseppe M. Ein Opfer von Jugendgewalt, Berlin 2016. Roswitha Quadflieg, 1949 in Zürich geboren, ist die Tochter des Schauspielers Will Quadflieg. Die zitierte Zeitungsmeldung aus »Berliner Zeitung« vom 8. 10. 2011 · Der Film mit Rock Hudson heißt »Men's Favorite Sport?« (»Ein Goldfisch an der Leine«), USA 1964, Regie: Howard Hawks. · Das Bild der Humpes abgebildet in: Matthias Koeppel: Malerei – Nichts bleibt, wie es ist. Bilder aus den letzten sechs Jahrzehnten, Berlin 2017, S. 48 f. Das Gemälde findet man im Humboldt Forum, Berlin-Ausstellung · Zu Hans Albers vgl. Michael Grisko: Hans Albers in Berlin, Halle (Saale)/Heidelberg 2015, S. 10 ff. · Albers-Zitat in: Mühsam/Jacobsohn, a. a. O., S. 6 · Zum Albers-Brief an Goebbels vgl. »Welt« 22. 7. 2020. · Zu Göring vgl. Volker Knopf/Stefan Martin: Görings Reich. Selbstinszenierungen in Carinhall, Berlin 2006. · Richard Baiers Geschichte in: »B.Z.« 27. 3. 2005 · Fritz Lothar Büttner: Das Haus des Rundfunks in Berlin, Berlin 1965 · Barak Nachsholi zit. nach: »Berliner Morgenpost« 6. 10. 2006 · Sonia Gidal zit. nach: »Tagesspiegel« 4. 10. 2005. Gidal wurde Pressefotografin und schrieb Jugendbücher. · Online-Projekt zur Herzl-Schule unter: https://theodor-herzl-school-berlin.org/, abgerufen 30. 5. 2023 · Martin-Heinz Ehlert schrieb 2005 eine Biografie über Paula Fürst und legte 2006 mit »Wir gehen gern in unsere Schule« eine Dokumentation zur Herzl-Schule vor. · Tom Tugend: Remembering my Father, in: »Aktuell« 12/2006 · Nachruf auf Tom Tugend von Benjamin Kuntz in »Jüdische Allgemeine« 15. 12. 2022 · Zu Zilles Fotografien vgl. Christian Schröder: »Der Bauch von Berlin« in: »Tagesspiegel« 12. 1. 2015. · Die Hausnummernfolge in der Ahornallee änderte sich nach dem Krieg. · Zille-Zitat aus: Hans Ostwald (Hg.): Das Zille Buch, Berlin 1929, vor Bild 71 · Kaiserdamm-Zitat von Ingrid Steeger in: »BILD am Sonntag« 14. 12. 1969 · Zur Villa Tanneck vgl. Berlin und seine Bauten V (Schulen), Berlin 1991, S. 370. · Helene Lange: Lebenserinnerungen, Berlin 1921, 11. Kapitel.

Theo: Der Begriff »Umbenenneritis« in: »Tagesspiegel« 22.12.63 (Leserecho) · Zur Verkehrsführung in: »Deutsche Allgemeine Zeitung« 14.7.1930 · Mächler-Kritik in: »Deutsche Allgemeine Zeitung« 29.7.1930 · Reportage in: »Berliner Bösen-Zeitung« 11.7.1928 · Der Sensationsreporter schrieb für das »Berliner Tageblatt« 7.7.1928 · Zu Deutschlandhaus und Haus des Rundfunks vgl. Kreuter: Geschichtslandschaft, a.a.O., S. 59–97. · Der Fernsehsender »Paul Nipkow« hieß bis 29.5.1935 »Sender Witzleben«. · Wühlmäuse: vgl. Dieter Hallervorden: Wer immer schmunzelnd sich bemüht ... Ein autobiographischer Blick zurück nach vorn, Berlin 2005, S. 194 · Bowie im Bierhaus vgl. »Musikexpress« 10/2017 · Das »zeitgemäße« Zitat zu Richard Strauss stammt von Ulrich Schreiber, aus den Liner Notes für »Also sprach Zarathustra«, CBS-Aufnahme: Leonard Bernstein und die New Yorker Philharmoniker, 1970 · Wolfgang Trautwein: Werner Richard Heymann. Berlin, Hollywood und kein Zurück, Berlin 2011 · Sven Felix Kellerhoff: Niemand hat die Absicht ... Neue Streifzüge durch Berlin, Berlin 2008, S. 62 · Das Goebbels-Quandt-Wohnhaus Reichskanzlerplatz 3 ist nicht erhalten. 1933 wurden die Hausnummern neu vergeben, heutige Adresse: Theodor-Heuss-Platz 6. · Goebbels, Tagebücher, a.a.O., Bd. II, S. 749f. (20.1.1933) · Zum geplanten Mussolini-Platz vgl. Hans J. Reichhardt/Wolfgang Schäche: Von Berlin nach Germania. Über die Zerstörungen der »Reichshauptstadt« durch Albert Speers Neugestaltungsplanungen, Berlin 2005, S. 84–87, sowie Kreuter, a.a.O., S. 33–40. · Zum Fernsehturmprojekt vgl. Henselmann H #5, 2021-1, Beiträge zur Stadtpolitik, S. 14f.; »Spiegel« 6/1966 · Zum Parkplatzstreit vgl. »Berliner Morgenpost« 13.7.1984, sowie »Neue Charlottenburger Rundschau« 8/1984. · Das Gay-Portal ist planet-randy.com. · Der erste Bericht über die erloschene Flamme erschien am 1.10.2022 in der »B.Z.«, die Comeback-Nachricht am 12.10.2022 ebendort. · Martina Weinland: Der Blaue Obelisk, Berlin 1999 · Zur Reichsjugendführung vgl. Kreuter, a.a.O., S. 41–58. · Diana, Princess of Wales, besuchte Berlin am 18. Oktober 1985.

Das Manuskript wurde abgeschlossen im Juli 2023.

Abbildungsnachweis

akg-images: 30, 93 (TT News Agency/SVT), 109, 202 – Jan Balster: 160 – **Bildarchiv Preußischer Kulturbesitz:** 249 (Heinrich Hoffmann) – **BMW Berlin:** (Annette Koroll) – **Saskia Bontjes van Beek:** 215 – Cornelia Greve: 195 r. – **Katholischer Deutscher Frauenbund Diözesanverband Berlin e. V.:** 209, 211 – **Sibylle Korbmacher:** 83 – **Patzschke Architekten:** 73 – **picture-alliance:** 2 (brandstaetter images/Votava), 44 (ullstein bild/Irm Kühn), 127 (arkivi), 226 (United Archives/90061), 243 (dpa/Jens Kalaene) – **Kerstin Ratajski:** 100 – Alle anderen Bilder stammen aus dem Archiv des Autors.

Foto auf S. 2: Der Kaiserdamm Mitte der 1950er-Jahre

Bibliografische Information der Deutschen Nationalbibliothek
Die Deutsche Nationalbibliothek verzeichnet diese Publikation in der Deutschen Nationalbibliografie; detaillierte bibliografische Daten sind im Internet über http://dnb.d-nb.de abrufbar.

Asternplatz 3, 12203 Berlin
post@bebraverlag.de
Lektorat: Tanja Krajzewicz, Berlin
Umschlag: Goscha Nowak, Berlin (Foto: © Mauritius Images/United Archives/Heinz Pollmann)
Satz: typegerecht berlin
Schrift: Stempel Garamond 10,5/15 pt
Druck und Bindung: GGP Media GmbH, Pößneck
ISBN 978-3-8148-0281-7

www.bebraverlag.de

MIX
Papier | Fördert gute Waldnutzung
FSC
www.fsc.org
FSC® C014496